PESQUISAS E PRODUTOS EDUCACIONAIS EM ENSINO DE CIÊNCIAS E MATEMÁTICA

Conselho Editorial da LF Editorial

Amílcar Pinto Martins - Universidade Aberta de Portugal

Arthur Belford Powell - Rutgers University, Newark, USA

Carlos Aldemir Farias da Silva - Universidade Federal do Pará

Emmánuel Lizcano Fernandes - UNED, Madri

Iran Abreu Mendes - Universidade Federal do Pará

José D'Assunção Barros - Universidade Federal Rural do Rio de Janeiro

Luis Radford - Universidade Laurentienne, Canadá

Manoel de Campos Almeida - Pontifícia Universidade Católica do Paraná

Maria Aparecida Viggiani Bicudo - Universidade Estadual Paulista - UNESP/Rio Claro

Maria da Conceição Xavier de Almeida - Universidade Federal do Rio Grande do Norte

Maria do Socorro de Sousa - Universidade Federal do Ceará

Maria Luisa Oliveras - Universidade de Granada, Espanha

Maria Marly de Oliveira - Universidade Federal Rural de Pernambuco

Raquel Gonçalves-Maia - Universidade de Lisboa

Teresa Vergani - Universidade Aberta de Portugal

Carmem Lúcia Costa Amaral
Norma Suely Gomes Allevato
(Organizadoras)

PESQUISAS E PRODUTOS EDUCACIONAIS EM ENSINO DE CIÊNCIAS E MATEMÁTICA

2024

Copyright © 2024 os organizadores e autores
1ª Edição

Direção editorial: Victor Pereira Marinho e José Roberto Marinho

Capa: Fabrício Ribeiro
Projeto gráfico e diagramação: Fabrício Ribeiro

Edição revisada segundo o Novo Acordo Ortográfico da Língua Portuguesa

Dados Internacionais de Catalogação na publicação (CIP)
(Câmara Brasileira do Livro, SP, Brasil)

Pesquisas e produtos educacionais em ensino de ciências e matemática / Carmem Lúcia Costa Amaral, Norma Suely Gomes Allevato (organizadoras). – São Paulo: LF Editorial, 2024.

Vários autores.
Bibliografia.
ISBN 978-65-5563-478-5

1. Ciências - Estudo e ensino 2. Matemática - Estudo e ensino 3. Pesquisas educacionais 4. Professores - Formação 5. Tecnologias de informação e comunicação 6. Tecnologias digitais I. Amaral, Carmem Lúcia Costa. II. Allevato, Norma Suely Gomes.

24-218959   CDD-370.78

Índices para catálogo sistemático:
1. Pesquisa em educação 370.78

Eliane de Freitas Leite - Bibliotecária - CRB 8/8415

Todos os direitos reservados. Nenhuma parte desta obra poderá ser reproduzida sejam quais forem os meios empregados sem a permissão da Editora.
Aos infratores aplicam-se as sanções previstas nos artigos 102, 104, 106 e 107 da Lei Nº 9.610, de 19 de fevereiro de 1998

LF Editorial
www.livrariadafisica.com.br
www.lfeditorial.com.br
(11) 2648-6666 | Loja do Instituto de Física da USP
(11) 3936-3413 | Editora

SUMÁRIO

APRESENTAÇÃO 9

PARTE 1 - ENTREVISTAS

Cap. 1 – Formação de Professores: realidade e perspectivas 13
João Pedro Mendes da Ponte

Cap. 2 – Educar, Ensinar e Aprender Ciências: um ponto de situação 21
Isabel P. Martins

Cap. 3 – Modelagem e Tecnologias Digitais de Informação e Comunicação na Educação Matemática 35
Mónica Ester Villarreal

PARTE 2 – ENSINO DE CIÊNCIAS E SUAS TECNOLOGIAS

Cap. 4 – O aproveitamento integral dos alimentos e sua relação com a sustentabilidade ambiental: uma abordagem prática nas aulas de ciências 43
Vitor Skif Brito
Regina Coeli Carvalhal Perrotta
Carmem Lúcia Costa Amaral

Cap. 5 – Abordagem humanista no Ensino de Física em um Curso Técnico de Meio Ambiente por meio da Educação CTS 63
Alexandre Vinicius Aleixo Lourenço Conceição
Mauro Sérgio Teixeira de Araújo

Cap. 6 – Explorando a temática da dengue no currículo da cidade de São Paulo: uma sequência didática permeada por tecnologias 87
Uelinton Aparecido Valeriano
Rita de Cássia Frenedozo
Jorge Luiz Costa

Cap. 7 – Alfabetização Científica a partir de atividades experimentais em aulas de Ciências dos Anos Iniciais do Ensino Fundamental.................. 107
Agda Melania Polydoro
Maria Delourdes Maciel

Cap. 8 – O ensino de Astronomia e os itinerários formativos de Ciências da Natureza no Ensino Médio.. 133
Marco Antonio Sanches Anastacio
Marcos Rincon Voelzke

PARTE 3 – ENSINO DE MATEMÁTICA E SUAS TECNOLOGIAS

Cap. 9 – Um quadro de análise de materiais curriculares na perspectiva do letramento matemático... 153
Flavio Medeiros da Silva
Suzete de Souza Borelli

Cap. 10 – Língua materna e linguagem matemática nos Anos Iniciais: habilidades de compreensão leitora em material curricular do 3º ano 169
Kelly Cristina Coutinho
Priscila Bernardo Martins

Cap. 11 – A Matemática no contexto do Enade do Curso de Administração 205
Sônia Maria Martins Corsi
Norma Suely Gomes Allevato

Cap. 12 – Análise quantitativa dos dados da sondagem de Matemática dos estudantes de 6º ano referente a alguns problemas do Campo Multiplicativo.. 227
Marcos Luiz Ribeiro
Edda Curi

Cap. 13 – Sequência didática: construindo o pensamento geométrico...... 245
Talita Freitas dos Santos Mazzini
Márcio Eugen Klingenschmid Lopes dos Santos

Cap. 14 – Guia didático educacional para professores: tecnologias digitais em sala de aula – roteiro de aprendizagem 269
    Terezinha Galli do Rosário
    Juliano Schimiguel
    Alex Paubel Junger

Cap. 15 – Formação de professores: escutando a "voz" dos alunos surdos . 291
    Viviane Regina de Oliveira Silva
    Vera Maria Jarcovis Fernandes

MINICURRÍCULOS DOS AUTORES 313

ÍNDICE REMISSIVO 325

COMITÊ CIENTÍFICO

Aldiogo Martins Gonçalves de Moraes – Faculdade Engenheiro
Alexius Masiukewycz – IFT- SP
Andresa Maria Justulin – UTFPR
Ceres Maciel de Miranda - UNEMAT
Gilberto Januário – Universidade Estadual de Montes Claros
Evonir Albrecht – UFABC
Graciella Watanabe – UFABC
Ivã Gurgel – IFUSP
Kátia Lima – UFRB
Nádia Vilela Pereira – IFT
Rafael Soares Silva – UFRRJ
Sidney Silva Santos – UNICSUL

APRESENTAÇÃO

Este livro, intitulado *Pesquisas e Produtos Educacionais em Ensino de Ciências e Matemática*, é uma coletânea de textos que registram reflexões desenvolvidas no âmbito do Mestrado Profissional em Ensino de Ciências e Matemática, efetivado junto à Universidade Cruzeiro do Sul – São Paulo/SP. Aprovado em 2003, o referido mestrado teve sua implantação em fevereiro de 2004. Agora, em 2024, passados 20 anos, e tendo titulado 286 mestres profissionais, o curso está consolidado, não significando que mantém sua configuração e estrutura iniciais, mas foi se fortalecendo e reestruturando na busca por oferecer uma formação sempre atualizada e de qualidade aos seus alunos. As linhas de pesquisa foram reformuladas; o rol de disciplinas reestruturado a partir de demandas atuais da Educação em geral, e do ensino de Ciências e Matemática, em particular; o corpo docente mudou, com a saída de uns e a entrada de outros, embora haja um grupo de alguns docentes que atuam no curso há muitos anos. Estes últimos contribuem com sua experiência e maturidade adquiridas ao acompanhar essa trajetória de buscas, desafios e conquistas que o Mestrado Profissional em Ensino de Ciências e Matemática percorreu em 20 anos. Os novos docentes imprimem ânimo, energia e renovação com suas, também novas, ideias.

O curso está alocado na área de Ensino (Área 46) da Coordenação de Aperfeiçoamento de Pessoal do Ensino Superior (CAPES) e tem como missão formar o professor pesquisador de sua própria prática, que possa atuar como indutor de transformações sociais, tendo como base a apropriação de saberes necessários ao exercício de docência e pesquisa, à incorporação de conhecimentos científicos e ao domínio de metodologias educacionais e de pesquisa. Tem a finalidade de produzir conhecimentos científicos que possam contribuir de forma direta na formação de educadores de ensino de Ciências e Matemática.

Sua estrutura curricular agrega conteúdos atuais dessas áreas, com abordagens multi e interdisciplinares e foco em pesquisas recentes relativas ao ensino dessas áreas, além do estudo da aplicação de tecnologias digitais de informação e comunicação no ensino. Sua abrangência e vocação se expressam nas linhas de pesquisa que sustentam as atividades do curso e a produção acadêmica dos docentes e alunos, quais sejam: (1) Currículo, Ensino e Formação de Professores de Ciências e Matemática, (2) Elementos e Metodologias no Ensino de Ciências e Matemática, e (3) Tecnologias de Informação e Comunicação no Ensino de Ciências e Matemática.

Desse modo, procura atender aos anseios de seus alunos – professores e gestores – em busca de atualização e de novas possibilidades para a prática profissional, compartilhando e desenvolvendo experiências, práticas e conhecimentos voltados ao ensino nas áreas de Ciências da Natureza e de Matemática, integrando as Tecnologias Digitas de Informação e Comunicação.

No presente livro, organizado em comemoração dos 20 anos de implantação do Mestrado Profissional em Ensino de Ciências e Matemática da Universidade Cruzeiro do Sul, compartilhamos com os profissionais da Educação Básica e Superior que atuam nessas áreas, experiências, práticas e pesquisas que foram ou estão sendo desenvolvidas por egressos e mestrandos, respectivamente, sob a orientação dos docentes do curso.

Além disso, convidamos especialistas das áreas de ensino de Matemática – Prof. Dr. João Pedro da Ponte; de ensino de Ciências da Natureza – Profa. Dra. Maria Isabel Tavares Pinheiro Martins; e das Tecnologias Digitais de Informação e Comunicação no ensino – Profa. Dra. Mónica Ester Villarreal, para apresentar suas compreensões e experiências como pesquisadores nessas áreas. Iniciamos o livro (Parte1) com o registro de três entrevistas, cada uma realizada com um desses especialistas.

Em seguida, organizamos os capítulos, cujos autores são alunos, egressos e docentes do curso, dentro de dois eixos: o de Ensino de Ciências e suas Tecnologias, que engloba os ensinos de Biologia, Física e Química (Capítulos 4, 5, 6, 7, e 8); e o de Ensino de Matemática e suas Tecnologias (Capítulos 9, 10, 11, 12, 13, 14 e 15).

No eixo de Ensino de Ciências, Parte 2 do livro, os Capítulos 4, 5 e 6 apresentam planejamento e construção de sequências didáticas voltadas a auxiliar o professor na discussão de temáticas tais como alimentação, sustentabilidade ambiental e dengue, o segundo apoiado em investigação que busca analisar as contribuições formativas proporcionadas pela Educação em Ciência, Tecnologia e Sociedade (Educação CTS).

O Capítulo 7 traz indicadores de alfabetização científica para auxiliar os professores na análise de materiais didáticos, entre eles o livro didático. Finalizando o conjunto dos capítulos voltados ao ensino de Ciências e suas Tecnologias, no Capítulo 8, os autores oferecem ao leitor o *Design* Instrucional (DI) de um itinerário formativo destinado a trabalhar o Ensino de Astronomia como uma disciplina independente no Ensino Médio.

Na Parte 3 do livro, os Capítulos 9, 10 e 11 explicitam uma *expertise* desenvolvida no curso de Mestrado Profissional ao longo de seus 20 anos, qual seja a da análise de materiais didáticos, curriculares e avaliativos. O Capítulo 9 expressa um estudo que investigou como o letramento matemático se apresenta no Currículo da Rede Municipal da Cidade de São Paulo, para o 1º ano do Ensino Fundamental. O Capítulo 10 registra uma análise de material didático de Matemática também da Cidade de São Paulo, do 3º ano do Ensino Fundamental. Considerando as habilidades de compreensão leitora, ele visa fornecer orientações ao educador para o enfrentamento de conflitos no uso das linguagens, com o intuito de contribuir para a alfabetização matemática dos estudantes. Em mais um texto que aborda análise de materiais, o Capítulo 11 volta-se, agora, à Educação Superior. Considerando as dimensões Formativa, Utilitária e Social do ensino, adota questões matemáticas do Enade, aplicadas ao curso de Administração, como *corpus* de análise, ressaltando as formas e a importância de contemplar tais dimensões nas atividades propostas aos estudantes em sala de aula.

Discutindo dados relativos à escola de atuação do pesquisador, no Capítulo 12 é registrada a análise dos resultados de uma sondagem realizada com estudantes do 6º Ano, referentes a problemas do campo multiplicativo.

Os Capítulos 13 e 14 fornecem orientações práticas para professores. O primeiro propõe uma forma para aplicação e análise de atividades, voltadas ao Ensino Fundamental, que promovam o desenvolvimento do pensamento geométrico, à luz da teoria dos Van Hiele. O segundo consiste em um guia didático para professores que atuam em disciplinas técnicas do Ensino Médio, orientando acerca da utilização das tecnologias digitais como mediadoras para a aprendizagem.

E, finalmente, no último e décimo quinto capítulo, o tema central é a Educação Especial e Inclusiva. Trata-se de uma proposta de formação continuada a ser desenvolvida com professores e outros profissionais de Educação, sob a ótica da inclusão de estudantes surdos ou com deficiência auditiva.

Deste modo, o presente livro constitui um registro comemorativo, em que são apresentados alguns trabalhos recentes desenvolvidos por alunos e egressos do Curso de Mestrado Profissional da Universidade Cruzeiro do Sul. Nos 20 anos de funcionamento, muitas dissertações e produtos educacionais foram desenvolvidos por seus 286 mestres profissionais titulados. Também, tantos outros trabalhos acadêmicos registram pesquisas voltadas ao ensino, à aprendizagem, à avaliação e à de formação de professores. Muitos temas, abordagens metodológicas de ensino e de pesquisa, possibilidades e resultados em todos os níveis e modalidades de ensino – e em todas as áreas envolvidas no Programa: ensino de Matemática, ensino de Biologia, ensino de Química, ensino de Física e Tecnologias – estão registrados neste acervo.

Certamente, diversas outras perspectivas poderiam ter sido adotadas na construção dos capítulos que compõem esta coletânea; elas ficam por ser realizadas e/ou registradas em outros trabalhos. Entretanto, esperamos que o presente livro, embora retratando apenas parcial e provisoriamente as realizações no âmbito do Curso de Mestrado Profissional em Ensino de Ciências e Matemática da Universidade Cruzeiro do Sul, possa apoiar professores e gestores em suas atividades profissionais e inspirá-los em novas alternativas para a prática docente.

Carmem Lúcia Amaral e Norma Allevato
Agosto de 2024

FORMAÇÃO DE PROFESSORES:
realidade e perspectivas

Entrevista com
João Pedro da Ponte[1]

Quando surgiu a ideia de convidar um teórico do campo do Ensino de Matemática para compor uma das entrevistas que fariam parte deste livro, nos preocupamos em trazer a entrevista de um pesquisador reconhecido mundialmente na área, que pudesse revisitar a sua trajetória como professor e pesquisador neste campo de investigação e contribuir para o avanço e consolidação do conhecimento.

Assim, convidamos o professor catedrático, doutor João Pedro Mendes da Ponte, do Instituto de Educação da Universidade de Lisboa/Portugal. Licenciado em Matemática, doutor em Educação Matemática pela Universidade da Geórgia, Ponte adquiriu o título acadêmico de agregado, concedido mediante avaliação pública portuguesa que atesta a qualidade do currículo acadêmico, profissional, científico e pedagógico, a capacidade de investigação e a aptidão para desenvolver um trabalho científico.

Desse modo, a nossa escolha se justifica por reconhecermos que João Pedro traz uma infinidade de contribuições teóricas para a área, que vão desde a formação de professores de Matemática aos estudos acerca dos processos de ensino e de aprendizagem em Matemática. Mas, também, pela proximidade com os programas de Pós-Graduação em Ciências e Matemática da Unicsul. João Pedro, além de palestras e participações em bancas de mestrado e doutorado, também acolheu uma de nossas discentes, no estágio do programa doutorado sanduíche, realizado em 2018, e sempre nos abriu portas para que pudéssemos estabelecer esse intercâmbio.

Frente ao exposto, ao se pensar nas questões para a entrevista, também refletimos muito a respeito do ensino de Matemática, e aproveitamos a oportunidade para destacar que uma de suas características primordiais é

---

[1] Doutor em Educação. Professor catedrático do Instituto de Educação da Universidade de Lisboa – Portugal. E-mail: imartins@ua.pt

dar relevância ao processo de aprendizagem do estudante, numa tentativa de articular as ações do ensino com a produção do conhecimento matemático, com vistas a, primordialmente, fazer com que, de fato, o estudante aprenda Matemática. Conquanto, isso depende também da formação oferecida aos professores e das suas condições de trabalho.

À vista disso, elaboramos algumas questões para proceder com a entrevista. Encaminhamos as questões e um convite formal ao professor doutor João Pedro da Ponte, via e-mail, que gentilmente retornou, após alguns dias, com as respostas e com as palavras que expressam disposição e comprometimento com o programa e, consequentemente, com a comunidade acadêmica *"Estimada Edda. Junto envio as respostas à entrevista. Tive muito gosto em colaborar. Depois envie o livro para eu ver. Com os meus votos de felicidades. João Pedro da Ponte"*.

Passamos, a seguir, à reprodução da entrevista na íntegra. Antes, porém, gostaríamos de destacar aqui que, no dia 01 de junho de 2023, o professor doutor João Pedro da Ponte recebeu uma lição de Jubilação no Instituto de Educação na cidade de Lisboa, na qual foi apresentada "uma breve retrospectiva de 43 anos de vida universitária". Assim, parabenizamos o professor pelo reconhecimento e por sua brilhante trajetória no campo do Ensino/Educação Matemática.

Por: Edda Curi[2]

---

2 Doutora em Educação Matemática. Docente e pesquisadora na Universidade Cruzeiro do Sul – Programa de Pós-Graduação em Ensino de Ciências e Matemática – São Paulo. E-mail: edda.curi@gmail.com

ENTREVISTA

Por: Edda Curi[3]

Questão 1: Tendo em vista o seu trabalho e a grande repercussão deste dentro da área de Educação Matemática, o senhor poderia nos contar um pouco mais sobre a sua trajetória como professor e pesquisador em Educação Matemática?

João Pedro da Ponte: – A minha história de vida tem muitas fases e está repleta de acontecimentos e mudanças. Para resumir, direi que comecei a trabalhar como professor de Matemática em 1975, tendo lecionado em várias escolas durante seis anos. Depois fui para a Universidade de Lisboa e rapidamente procurei fazer o doutoramento – o que se concretizou na Universidade da Georgia, nos Estados Unidos.

De regresso à Universidade de Lisboa, em 1984, criei e lecionei disciplinas na Licenciatura e em um Mestrado em Educação Matemática, que foi criado pela primeira vez nessa época. Nessa altura, começamos também a oferecer o doutoramento em Educação, com a especialidade de Didática da Matemática que, a princípio, tinha muito poucos alunos. Mas, com o passar dos anos, tornou-se em um Doutoramento muito forte.

Para além da lecionação, dediquei-me também à investigação e à intervenção, tendo coordenado projetos em temas como Novas Tecnologias no Ensino, Conhecimento Profissional de Professores, Formação de Professores, Prática Profissional de Professores, sempre com uma atenção especial à Matemática. Coordenei também projetos de investigação sobre o Ensino e a Aprendizagem da Álgebra e o Raciocínio Matemático. Nos últimos anos, tenho dedicado uma atenção especial aos Estudos de Aula (Lesson Study) como processo de desenvolvimento profissional.

Pelo meio, exerci ainda diversos cargos de gestão universitária, os mais importantes dos quais foram os de Presidente do Departamento de Educação da

---

[3] Doutora em Educação Matemática. Docente e pesquisadora na Universidade Cruzeiro do Sul – Programa de Pós-Graduação em Ensino de Ciências e Matemática – São Paulo.
E-mail: edda.curi@gmail.com

Faculdade de Ciências da Universidade de Lisboa e Diretor do Instituto de Educação da Universidade de Lisboa. Realizei ainda diversas atividades a pedido dos Ministérios da Educação e da Ciência, como a proposta para o enquadramento legal dos cursos de formação inicial de professores (2006) e o Programa de Matemática do Ensino Básico (2007). Desenvolvi também muitas atividades de âmbito associativo na Associação de Professores de Matemática, em especial colaborando no GTI – Grupo de Trabalho de Investigação. Desse modo, posso dizer que tem sido uma trajetória com muitas atividades de ensino, de investigação, de gestão universitária e ainda de prestação de serviços à comunidade.

Questão 2: Nos últimos anos, o senhor tem percebido mudanças em relação à Educação Matemática? Em caso positivo, indique quais.
João Pedro da Ponte: – No ensino da Matemática, têm-se registado grandes mudanças nos documentos curriculares oficiais de numerosos países. Essas mudanças têm seguido no sentido de valorizar competências e capacidades transversais como o raciocínio e a resolução de problemas, de valorizar um papel mais ativo do aluno na sua aprendizagem, de enfatizar um uso de recursos diversificados, incluindo os recursos tecnológicos.

No que respeita às práticas dos professores, vemos que existem aqueles que procuram lecionar tendo em conta estas orientações, outros que continuam lecionando segundo formas mais tradicionais. Isso nos mostra que a mudança curricular é um processo lento e complexo que terá de levar o seu tempo a concretizar-se.

Na investigação em Educação Matemática, têm-se registado também muitas mudanças. A investigação tem tirado partido de novos quadros teóricos, indo muito além da simples fundamentação na Psicologia como acontecia há algumas décadas, tem usado processos metodológicos cada vez mais rigorosos e tem seguido critérios de qualidade na avaliação dos trabalhos científicos cada vez mais exigentes.

Tem se tornado também mais especializada, produzindo resultados muito interessantes. Falta saber como levar o campo da prática profissional a tirar partido desse grande acúmulo de conhecimento.

Questão 3: Muito se tem discutido e pesquisado sobre a formação de professores que ensinam Matemática, mas nem sempre essa formação atende às necessidades formativas dos professores. O que o senhor pensa a respeito? O que as suas pesquisas dizem sobre isso?

João Pedro da Ponte: – Penso que é inteiramente verdade o que diz. Muita da formação de professores que tem sido realizada decorre dos resultados e dos quadros conceituais construídos pelos pesquisadores e cuja inserção no campo da prática profissional é muito complexa e depende de muitos fatores, na sua maior parte, desconhecidos dos pesquisadores. Também há a formação que é realizada por formadores pouco preparados e que pouco adianta para uma efetiva mudança de práticas profissionais.

Como resultado, muito de toda esta formação acaba por se perder e não contribuir para que os professores fiquem mais qualificados. Para atender às necessidades formativas dos professores, é preciso trabalhar de perto com eles, desejavelmente em projetos em que os eles possam ter um papel ativo e atuar também como pesquisadores. Se perguntar simplesmente aos professores quais são as suas necessidades formativas, o mais provável é a resposta ser muito pobre. Para terem uma noção esclarecida e refletida sobre as suas necessidades formativas, os professores precisam ter oportunidade de pensar e refletir sobre o que fazem e em que campos precisam efetivamente de mais instrumentos de trabalho.

Questão 4. Que desafios o senhor aponta para a melhoria da formação inicial de professores que ensinam Matemática em Portugal?

João Pedro da Ponte: – Em Portugal, penso que já temos uma formação inicial com uma qualidade muito aceitável. Existe uma legislação sobre o assunto que determina que todos os novos professores e educadores de infância precisam de ter como formação de base um mestrado. Deste modo, têm um primeiro ciclo de ensino superior de três anos (que se chama "licenciatura" – portanto, esse termo tem um significado muito diferente do que é usado no Brasil) e um segundo ciclo de ensino superior de dois anos (que se chama de "mestrado em ensino"). Nessa formação inicial, existe um equilíbrio entre a formação na área de docência, formação educacional geral, formação em didática específica e prática letiva supervisionada.

A grande maioria dos docentes dos cursos de formação inicial tem o doutoramento, portanto, trata-se de um corpo docente bastante qualificado. Seria desejável que esse corpo docente tivesse um maior envolvimento em investigação e impregnasse esses cursos de verdadeiro espírito investigativo. Há sempre melhorias que se podem fazer nos cursos, mas penso que essas melhorias se situam mais ao nível das práticas institucionais do que no enquadramento legal.

Questão 5: Conte-nos sobre a metodologia de formação "Estudo de Aula" e as pesquisas realizadas sobre esse tipo de formação em Portugal. Em que medida esse tipo de formação se difere de outros?

João Pedro da Ponte: – O estudo de aula é um processo formativo que combina várias caraterísticas muito interessantes. A prática tem um papel central, pois o foco está na aprendizagem do aluno e planeja-se e realiza-se uma aula tendo em vista promover essa aprendizagem. A teoria está também presente, pois é ela que permite perceber em profundidade quais os problemas que o aluno enfrenta e encontrar caminhos para os superar. A teoria é também fundamental para analisar se a aula realizada cumpriu ou não os objetivos previstos e se os alunos, de fato, aprenderam o que era pretendido. Assim, os estudos de aula permitem estabelecer uma forte relação entre teoria e prática.

Além disso, o estudo de aula é uma pequena investigação dos participantes sobre a sua própria prática. Como toda investigação, começa por estabelecer um objetivo de pesquisa (o problema de aprendizagem do aluno que se visa superar), passa por um trabalho preparatório (estudo de documentos, pesquisa de materiais, planejamento da aula, e planejamento da observação a fazer), envolve a realização de uma experiência com recolha de dados (a aula de investigação), inclui a análise desses dados (reflexão pós-aula) e culmina na divulgação de resultados (que permite uma apropriação pela comunidade do conhecimento produzido). A investigação é um processo poderosíssimo de construção do conhecimento e a investigação realizada na própria prática tem uma possibilidade de transformação dessa mesma prática como nenhum outro processo formativo.

Questão 6: Qual é a sua opinião sobre a possibilidade da metodologia de formação "Estudo de Aula" se tornar uma política pública de formação em Portugal? Quais desafios podemos enfrentar na sua implementação?

João Pedro da Ponte: – A possibilidade existe, certamente. No entanto, nos anos recentes, os decisores políticos têm estado com uma agenda muito ocupada por outras questões e os problemas da formação de professores têm ficado em segundo plano. Presentemente, começaram a preocupar-se com a formação de professores, mas no aspeto quantitativo – avizinha-se uma grande carência de professores, dado que muitos irão se aposentar num futuro próximo. A necessidade de formar muitos novos professores num curto espaço de tempo tem levado a surgirem propostas que simplificam o processo de formação atual e isso não ajuda a melhorar a qualidade. Por isso, penso que ainda levará algum tempo até que a formação através de "Estudos de Aula" venha a ser efetivamente promovida pelo Ministério da Educação e pelas instâncias intermédias da gestão escolar.

EDUCAR, ENSINAR E APRENDER CIÊNCIAS:[4]
um ponto de situação

**Entrevista com
Isabel P. Martins[5]**

Isabel P. Martins (Maria Isabel Tavares Pinheiro Martins) nasceu em Freguesia da Sé, Nova Coimbra/Portugal, em 1948. Foi escolhida para ser nossa entrevistada devido à relevância de seus estudos e ao reconhecimento internacional de suas pesquisas na área de Educação em Ciências. É licenciada em Química pela Faculdade de Ciências da Universidade de Coimbra (1971); doutora em Ciências da Educação/Didática das Ciências pela Universidade de Aveiro (1990), com a tese "A energia nas reações químicas: modelos interpretativos usados por alunos do ensino secundário", sob a orientação do Professor Dr. António Cachapuz.

É professora catedrática de didática das ciências (aposentada) do Departamento de Educação e Psicologia da Universidade de Aveiro, e membro do CIDTFF – Centro de Investigação em Didática e Tecnologia na Formação de Formadores. De 2012 a 2024 foi presidente da Associação Ibero-americana CTS na Educação em Ciência (AIA-CTS) e atualmente é sua presidente honorária. Foi vice-reitora da Universidade de Aveiro entre 2004 e 2010. Dirigiu projetos de desenvolvimento curricular e de formação de professores em Timor-Leste, no âmbito da cooperação Portugal – Timor-Leste. É consultora do Ministério da Educação de Portugal, autora de programas de química para o ensino secundário e de formação de professores para o ensino experimental das ciências. Galardoada com o prêmio Mulheres na Ciência em 2016, e com o prêmio Ciência Viva Montepio Educação, em 2017.

Entramos em contato com a profa. Isabel que, gentilmente, aceitou nosso convite, e solicitamos a ela que compartilhasse conosco algumas de suas

---

[4] Este trabalho é financiado por Fundos Nacionais através da FCT – Fundação para a Ciência e a Tecnologia, I.P., no âmbito do projeto UID/CED/00194/2020.

[5] Doutora em Ciências da Educação. Docente e pesquisadora na Universidade de Aveiro; CIDTFF-Centro de Investigação Didática e Tecnologia na Formação de Formadores - Portugal. E-mail: imartins@ua.pt

reflexões sobre o significado de educar, ensinar e aprender ciências e sobre o lugar que a educação CTS ocupa na educação em ciências.

Por: Maria Delourdes Maciel[6]

---

[6] Doutora em Educação. Docente e pesquisadora na Universidade Cruzeiro do Sul – Programa de Pós-Graduação em Ensino de Ciências e Matemática – São Paulo.
E-mail: delourdes.maciel@gmail.com; maria.maciel@cruzeirodosu.edu.br

ENTREVISTA

Por: Maria Delourdes Maciel[7]

Questão 1: O que é ensinar Ciências?

Profa. Isabel Martins: – É algo que me é familiar desde os bancos da escola, primeiro como aluna e depois como docente, assistente de química, na Universidade de Coimbra, a partir de 1971. Passaram-se já mais de 50 anos desde que assumi, então, formalmente, essa responsabilidade. Na prática eu procurava, mesmo antes disso, "ensinar" outros alunos meus colegas sobre temas que era suposto eu conhecer melhor do que eles. Em boa verdade o que então se pensava entre nós era que eu tinha "compreendido" melhor as explicações dos professores. Mas será desse "ensino e aprendizagem" que hoje falam os especialistas/investigadores em educação em ciências? Experiências pessoais serão importantes na vida de cada um, seja no domínio da educação, seja em outros, mas não é isso que aqui se pretende registrar.

Ao longo dessas décadas, a população mundial praticamente duplicou. De cerca de 4 mil milhões na década de 1970, atingimos, segundo as estimativas das Nações Unidas, 8 mil milhões em novembro de 2022, prevendo-se ainda algum crescimento durante o presente século. Embora este tema, suas causas e, sobretudo, as suas consequências, não seja, nem possa ser o assunto que nos ocupa hoje, também por falta de formação científica específica na área, não podemos ignorar as implicações para a educação em ciências, praticada hoje e projetada para o futuro, nos seus objetivos, tendo em conta as intervenções e atividades sociais e profissionais daqueles que hoje aprendem ciências. Preparar para o futuro, um dos lemas de bandeira da Escola de Hoje, qualquer que seja a área disciplinar que se considere, obriga a compreender o mundo em que nos situamos, como evoluímos até agora, e o que se projeta, segundo o

---

[7] Licenciada em Ciências Biológicas pela UFRGS, Mestre em Supervisão e Currículo e Doutora em Educação: Psicologia da Educação, pela Pontifícia Universidade Católica de São Paulo-PUCSP; Docente Titular I do Programa de Pós-Graduação em Ensino de Ciências da Universidade Cruzeiro do Sul. E-mail: maria.maciel@cruzeirodosul.edu.br

conhecimento científico atual, para o futuro. Não sabemos o que irá acontecer a nível sanitário, climático, tragédias ambientais naturais ou provocadas, guerras e conflitos bélicos, inovações tecnológicas (algumas já muito preocupantes, como a Inteligência Artificial, segundo alguns pensadores), mas sabemos que o mundo será outro e, porventura, muitas das crianças e jovens que hoje frequentam a escola e a quem ensinamos ciências, acompanharão a transição para o século XXII. Apesar do clima de incerteza quanto ao futuro, vale a pena refletir sobre que educação em ciências advogar, que ensino praticar e que aprendizagens de ciências serão fundamentais. Mais, temos responsabilidade em o fazer enquanto investigadores e formadores de professores.

Tendo em conta o contexto de apresentação do presente texto, assumo tratar-se mais de uma compilação de ideias já apresentadas em outros locais de intervenção e/ou textos publicados, tendo como destinatários professores em exercício ou em formação, investigadores e, por vezes, políticos da educação. Não se trata, pois, de um trabalho de pesquisa direcionado explicitamente para a publicação atual. Ser investigadora, no meu caso didata das ciências, implicou sempre pensar as questões do ensino e da aprendizagem das ciências à luz de contextos referenciais alargados evolutivos no tempo e, também, condicionados por condições socioeconômicas e socioculturais. Significa isto que defender a ciência como cultura não implica que se conceba um padrão único de cultura para todas as regiões do mundo, mas tão-só que não ter nenhuma formação em ciências, ainda que elementar, é ser inculto relativamente a questões do seu tempo, no presente e no passado mais ou menos próximo.

Gostar de acompanhar, ainda que de forma simples, questões com dimensão científico-tecnológica, pode ser comparável a ter interesse por visitar um museu, uma exposição ou assistir a uma representação teatral ou musical. A ciência é um dos maiores empreendimentos humanos da história da humanidade e, por isso, aprender o que é a ciência, distinguir questões científicas de outras que o não são, perceber que muitos problemas atuais precisam, necessariamente, de saberes de várias áreas disciplinares (caso da pandemia COVID-19), deve fazer parte de uma educação científica para todos. Mais, essa educação deve começar nos primeiros anos e ser aprofundada, progressivamente, em anos e níveis de escolaridade seguintes, o que nos remete para a conceção curricular, as práticas didático-pedagógicas e, portanto, para a formação de professores.

Ser culto do ponto de vista científico não implica, obrigatoriamente, conhecer grandes teorias científicas, embora as básicas ou fundamentais sejam indispensáveis (por exemplo, "não há geração espontânea", "nada se perde tudo se transforma, ou seja, os elementos químicos no universo mantêm-se constantes ao longo dos tempos, salvo nas reações nucleares", "um corpo não pode ocupar, ao mesmo tempo, dois lugares distintos no espaço"). Cultura científica é tema de conferências e debates, livros, teses e dissertações, disciplinas acadêmicas, objeto de estudo de filósofos, historiadores, sociólogos, museólogos e muitos outros, mas não é disso que aqui se trata quando se fala na ciência como cultura, no ensino das ciências a nível básico e secundário. Mas, compreender "a beleza" da estrutura helicoidal dupla do ADN ou a amplitude da Tabela Periódica dos Elementos na interpretação de tudo o que pode existir, deveria ser algo a ensinar quando estes temas curriculares de Biologia e de Química são abordados. A contextualização no ensino das ciências é uma abordagem metodológica muito importante, como veremos mais adiante.

Questão 2: A quem deve ser oferecida a Educação em Ciências?

Profa. Isabel Martins: – A generalização do ensino das ciências na escolaridade obrigatória aconteceu depois da Segunda Guerra Mundial. Antes disso, aprender ciências destinava-se a quem queria seguir estudos universitários em ciências. Mas terá sido o lançamento do Sputnik, em 1957, pela União Soviética, o que marcou um *antes e depois* no ensino das ciências, tal foi o impacto que o acontecimento teve nos EUA. Como tinha sido possível os soviéticos ultrapassarem os norte-americanos nesse campo? Era preciso renovar o ensino das ciências e captar mais jovens para a Ciência e Tecnologia (C&T). Essa foi a orientação seguida por decisores políticos norte-americanos apoiados por investigadores, apostando na renovação de currículos, conceção de recursos didáticos e novas metodologias de ensino, com ênfase no trabalho prático.

A importância da educação para todos é hoje um lugar-comum e poucos argumentos novos podem ser acrescentados, dirão alguns. No entanto, há problemas emergentes que cada vez mais alertam para a necessidade de uma educação baseada em princípios e valores, onde se inclui a educação em ciências. Muitos dos textos publicados sobre o tema, há décadas, parecem-nos atuais quanto à pertinência dos princípios e propostas que advogam. Veja-se a Declaração sobre a ciência e a utilização do conhecimento científico emanada da Conferência Mundial sobre a Ciência, realizada em Budapeste em 1999. Os pressupostos e considerações de partida deram lugar a cinco princípios que deveriam ser guias orientadores do papel da Ciência para Todos. Para cada um destes princípios foi apresentada uma Agenda, traduzida num quadro de ação subscrito pelos participantes. Interessante pela pertinência atual é o quadro de ação preconizado para a Educação Científica. Nele se acentua o dever de os governos atribuírem a mais elevada prioridade à melhoria do ensino das ciências em todos os níveis, sem discriminação ou preconceitos sobre os destinatários; o dever de promover o desenvolvimento profissional de professores e educadores, com ênfase para a formação contínua em áreas carenciadas; a necessidade de novos recursos educativos, programas e metodologias de ensino capazes de superar desigualdades sociais na procura e gosto pelas aprendizagens em ciências. Mais ainda, proclamava-se que a educação científica deveria ser para todos, mesmo para os estudantes que não prosseguem cursos de ciências e tecnologias e também para outros públicos, por exemplo, jornalistas.

Se refletirmos hoje, mais de duas décadas passadas, sobre a pertinência destas medidas, diremos que todas são atuais e urgentes, pois o desenvolvimento das redes sociais, um produto do século XXI, contribui para a proliferação de *fake news* de forma nunca imaginada, alimentando também movimentos negacionistas. Conhecer o que é a ciência é absolutamente indispensável na sociedade atual e, por isso, a educação em ciências é considerada um bem público. Mas é preciso refletir como caminhar nesse sentido e qual o papel da escola.

Os políticos, os investigadores em educação e até os professores são muitas vezes interpelados sobre o papel da escola nas competências e saberes necessários dos estudantes nas sociedades atuais e futuras. Mas, atenção, quando se fala de globalização da educação, estamos longe de pensar, ou defender, que a educação em contexto escolar deveria ser a mesma em todo o mundo. Isso não é possível, nem poderia ser praticado, dados os fatores que condicionam o que é exequível fazer, assim como as aspirações legítimas de cada sociedade, em cada época. Aquilo que se constata é que os problemas da escola, em termos de aprendizagens desejáveis a alcançar por todos, a reduzida motivação dos alunos por temas e contextos académicos, por exemplo, são transversais a muitos países. Por isso, compreender o que foi feito por outros poderá ajudar-nos a desenhar formas de ultrapassar os nossos problemas. A investigação científica em educação tem esse propósito: o conhecimento construído sobre casos e contextos particulares abre portas a soluções novas para esses e outros públicos.

Assume-se, como ponto de partida, que a educação em ciências é para todos e todos devem aprender alguma Ciência. As ciências são hoje uma componente curricular da escolaridade obrigatória na maioria dos países, embora não sejam idênticos os anos de escolaridade para o seu início, nem o número de anos em que se estuda ciências, seja de cariz generalista (currículo comum a todos os alunos) ou de escolha/orientação curricular por áreas. Também vai variando a organização disciplinar, de forma progressiva: área integrada nos primeiros anos, multidisciplinar (por exemplo, Ciência da Natureza/Ciências Naturais), bidisciplinar (Física e Química; Biologia e Geologia) e, por fim, disciplinar (Física, Química, Biologia, Geologia).

As razões para a inclusão de ciências (ou das ciências) nos currículos assentam em dois pressupostos. O primeiro é que o conhecimento científico faz parte do patrimônio cultural da humanidade e, portanto, a formação em contexto escolar deve incorporar princípios, leis e conhecimento factual relevantes na história da ciência. Como aprender ciências é uma tarefa árdua, necessita, por isso, de professores preparados cientificamente (didática e saber disciplinar) para o seu ensino. Tampouco se pense que tal preparação é apenas necessária para anos de escolaridade mais avançados. O segundo pressuposto é que o conhecimento científico capacita os indivíduos para melhor saberem compreender o mundo que os cerca e, portanto, melhor saberem tomar decisões sobre situações-problema de dimensão científico-tecnológica. Enquanto o primeiro pressuposto é de natureza cultural, o segundo é de cariz prático-funcional.

Sabemos que todas as disciplinas curriculares deverão contribuir para o perfil desejável do aluno, e as ciências terão aí o seu papel. Mas defende-se que será a orientação didática a dimensão que maior influência poderá ter na construção de competências a alcançar pelos alunos. Essa dimensão tem sido um dos princípios organizadores de muitos projetos de ensino de ciências, de modo a tornar o aluno o centro da aprendizagem e as aprendizagens o centro do processo educativo. Saber ser questionador, crítico, reflexivo, criativo, comunicador, argumentativo, flexível perante a mudança, culto do ponto de vista científico para a sua idade, saber resolver problemas, são competências que a aprendizagem das ciências deve permitir alcançar. E será através da intervenção didática que isso será mais facilmente atingido. A formação de professores, em múltiplas dimensões, é um valor inquestionável, e deve prosseguir ao longo de toda a vida profissional.

Questão 3: E o que dizer dos rituais e do objetivo maior, com relação ao Ensino de Ciências?

Profa. Isabel Martins: – Mais do que descrever o que se faz hoje, importa refletir por que razão novas formas de conceber e conduzir o ensino das ciências são hoje equacionadas por especialistas em desenvolvimento curricular e por didatas de ciências. Mas, sejamos claros desde já: o ensino formal é orientado por princípios que visam atingir metas de aprendizagem desejáveis de serem alcançadas pelo público escolar, consoante o seu nível etário e para a sociedade do seu tempo, tendo em vista evoluções projetadas para o futuro. Mas são, sobretudo, os estudos internacionais que chamam a atenção de políticos e comentadores sobre reformas a fazer. Por exemplo, os resultados dos estudos PISA são muito valorizados nos países da OCDE e o posicionamento de cada país é tomado, em todos eles, como um indicador fiável de caminhos a prosseguir (refiro-me, no presente contexto, à literacia em ciências). Não cabe aqui qualquer análise dos testes usados no PISA (as publicações sobre esse tema são extensas), mas a repercussão social, e também na academia, sobre tais resultados é um fato que não pode ser ignorado. Por exemplo, comentários como "Por que razão o desempenho dos nossos alunos diminuiu relativamente ao estudo anterior?", "O que se faz no país X para os alunos terem melhores resultados do que os nossos?". Não há uma resposta única para essas questões, mas as perguntas existem e são imediatas após a publicação de um novo relatório. Tenhamos consciência: educar *em* ciências ou educar *para* as ciências é uma tarefa muito complexa que carece de investigação própria e de formação de professores muito especializada.

No que respeita à educação em Ciências, e tendo em conta o seu valor a nível individual e social, algumas questões se colocam de imediato. O que ensinar? Quando ensinar ciências e como? A organização disciplinar é importante porquê, se os problemas com que nos confrontamos agora e no futuro, a nível sanitário, ambiental, climático ou outro, não são definidos por disciplinas?

Responder a essas questões implica (re)pensar a organização curricular, recursos didáticos e metodologias de ensino. Por certo, essas preocupações estiveram sempre presentes em tempos passados, mas as respostas hoje terão de ser outras e, sobretudo, seguindo outra metodologia. As transformações consequentes em educação em geral exigem que pensemos e trabalhemos juntos, tal como é definido e defendido no Relatório da UNESCO *Reimagining our futures together: A new social contract for education*, publicado em 2021. A inovação pretendida não resultará de novas reformas, novos métodos ou novas tecnologias, mas muito mais do trabalho de cooperação de todos os agentes educativos. A educação em Ciências necessita do envolvimento ativo e empenhado de investigadores, formadores de professores e professores para a reconstrução de ambientes e espaços educativos.

A grande questão continua a ser: que orientações devem ser seguidas, nas sociedades atuais, para o ensino das C&T? A resposta não poderá, nem deverá ser única, pois o projeto de sociedade varia com o local e a época de que estamos a falar. No entanto, ter como meta um ideal de sociedade mais justa, mais habilitada a desenvolver-se e mais ambiciosa nos valores a atingir, deve ser preocupação de todos. Os Objetivos de Desenvolvimento Sustentável, em particular o ODS 4, convocam-nos a todos para investir mais em educação e a Agenda 2030 deve constituir uma orientação para políticas públicas em todos os países.

Questão 4: Que considerações a senhora faria sobre a Educação CTS?

Profa. Isabel Martins: – Assumem muitos autores que a educação em Ciências deve preparar os estudantes para enfrentarem o mundo sócio-tecnológico em mudança, onde valores sociais e éticos são relevantes. A educação em Ciências de orientação CTS procura abordar temas e conceitos de C&T inseridos em contextos reais, sociais, dando, assim, sentido funcional aos conceitos canônicos. Tal não significa que se aligeiram os conceitos, mas advoga-se a conveniência de mostrar a importância social da C&T. Note-se, no entanto, que a orientação CTS não é exclusiva de disciplinas de ciências exatas e naturais, e tem sentido conceber a abordagem didática de uma dada questão societal do ponto de vista científico-tecnológico e sócio-humanista.. Para alguns autores, a educação CTS é uma abordagem curricular e uma escolha de política educativa.

A compreensão das múltiplas inter-relações CTS tem ocupado acadêmicos e investigadores em vários pontos do mundo, com destaque para a Europa e América do Norte. O lançamento das bombas atômicas de Hiroshima e Nagasaki, 1945, e desastres químicos e biológicos de grande repercussão em populações totalmente indefesas, acentuaram a consciência sobre a responsabilidade social dos impactos do conhecimento científico-tecnológico e, também por isso, a convicção de que o ensino das ciências deveria ser mais humanista, capacitando os indivíduos para a intervenção cidadã consciente e informada, necessária nas sociedades democráticas. A ciência é uma atividade humana e, por isso, os valores da ciência são valores humanos: questionamento, pensamento livre, comunicação aberta e tolerância.

Os programas escolares tradicionais, focados na ciência canônica, tornaram-se, aos olhos dos alunos, cada vez mais desmotivantes, porque apresentavam uma ciência fechada e dogmática, distante dos seus interesses. Mas a questão não está fechada e a natureza do currículo de ciências, com repercussão nas estratégias de ensino, tem sido largamente debatida. Em particular, discute-se se a orientação a ser dada aos currículos deve ser acadêmica e, por isso, de ciência canônica, ou mais "popular"; se deve haver um currículo nacional ou de âmbito regional, pelo menos parcialmente; se deve ser neutro de juízos de valor ou promover o debate sobre questões sócio-científicas e, nesse caso, que temas escolher; se o currículo deve ser uma decisão do poder político vigente à época ou se deve seguir orientações e resultados da investigação educacional.

Muitos têm sido os países a aderir a uma perspectiva de desenvolvimento curricular sobre temas societais pertinentes, conferindo uma visão externalista da ciência, aspecto que o ensino centrado exclusivamente em temas canônicos não pode proporcionar. Mas, porventura, a inovação mais importante estará no campo da Didática das Ciências. Ensinar e motivar os alunos pela aprendizagem é uma tarefa própria de cada época.

Aprender ciências desde cedo, em contextos sociais, e compreender as inter-relações CTS|CTSA, será uma via para rejeitar superstições, irracionalidades e formas primitivas de credulidade. As finalidades da educação CTS, as orientações de ensino que advoga e as aprendizagens a alcançar por essa via serão, em si mesmo, um contributo para uma educação de qualidade, considerada fundamental para promover desenvolvimento humano, social e econômico, traduzida de forma explícita no quarto ODS, da Agenda 2030 para o Desenvolvimento Sustentável.

Corrobora-se a ideia de que não existe uma forma única de aprender, nem de ensinar, mas existem princípios e orientações que podem ser a base do trabalho de professores e alunos. Estudos desenvolvidos em, praticamente, todos os continentes, veiculam a educação em ciência de orientação CTS como uma força cultural capaz de induzir uma participação mais ativa dos cidadãos para uma sociedade mais democrática. Para isso as abordagens não deverão ser casuísticas e dependentes dos conteúdos, mas deverão ser, efetivamente, intencionais. Compreender a sociedade atual e o papel da Ciência e da Tecnologia exige que se tome como objeto de estudo as próprias inter-relações CTS.

O ensino das ciências não deve obedecer a uma tradição secular, ainda que possam ensinar-se hoje conceitos estabelecidos há mais de um século. Todos estamos cientes que os interesses dos jovens de hoje não são os mesmos que os das gerações anteriores. Mais, o ensino praticado hoje não pode ser como o que receberam os seus professores enquanto estudantes. Como fazer, então, se muitos dos saberes disciplinares continuam a ser fundamentais e, por isso, importantes? Uma das vias possíveis e aqui defendidas é o do ensino das ciências contextualizado em temas da atualidade de orientação CTS. Tal não significa que não se relevem também contextos da história da ciência. Mas, como atrás foi explicitado, para que o ensino contextualizado resulte como via para mais e melhor educação científica dos alunos, requer investimentos muito substanciais nos currículos e na formação de professores e, em particular, na sua motivação e empenho para continuarem a aprender ao longo da sua vida profissional.

O ensino contextualizado das ciências é uma abordagem didática. A orientação CTS para o ensino das Ciências é uma perspectiva teórica enquadradora de currículos, programas, recursos didáticos e estratégias de ensino. A Didática das Ciências surge, então, como um campo de conhecimento que interpreta problemas e fundamenta propostas de estratégias organizadoras de práticas de ensino, de aprendizagem e de avaliação, bem como de recursos didáticos capazes de concretizar finalidades da educação em ciências. Esta última orientação intencional é considerada a dimensão política da Didática. Para assumir tal perspectiva reflexiva crítica, a Didática das Ciências valoriza a problematização e a intervenção ativa dos alunos nas situações de ensino e aprendizagem.

Assim, as práticas de ensino das ciências deverão estar condicionadas por três dimensões: o conhecimento científico no campo da Didática; a importância social que a nível local, nacional e global é atribuída ao conhecimento no domínio das ciências e tecnologias; a repercussão que o conhecimento e práticas individuais terão na construção de sociedades mais justas e equitativas. Mais ainda, aquilo que mais diferencia o ensino das ciências (ensino não superior) hoje do de épocas passadas é a abordagem didática e não tanto os conceitos. Isso reflete-se no desenho de currículos e programas.

Questão 5: O que gostaria de acrescentar para concluir a entrevista?
Profa. Isabel Martins: – Ao longo deste texto recompilamos ideias e reflexões feitas em outros momentos e locais. Ensinar e aprender ciências foi inicialmente o nosso foco de intervenção, mas a época atual exige que se vá além disso. Educar *em* ciências e educar *para* a ciência é um objetivo bem mais ambicioso e uma tarefa muito mais exigente. Como despertar a curiosidade pelo conhecimento verdadeiro, tal como hoje é considerado, é uma tarefa que exige múltiplos saberes, de muitas áreas científicas, e a consciência plena de que diferenças individuais e sociais ditam diferentes apetências. Perceber que o conhecimento científico não é um saber democrático, isto é, não é alcançado por votos lançados em urna, mas o ensino das ciências deve ser democrático enquanto bem público e, por isso, dirigido a todos, é um enorme desafio.

Compreender questões da época em que vivemos é uma exigência e um desafio permanente para os professores de ciências. A pandemia COVID-19 desestruturou a vida das escolas e teve impactos, porventura irrecuperáveis para já, nos alunos mais desfavorecidos. O trabalho prático, experimental e laboratorial terá sido uma dimensão do ensino das ciências das mais afetadas. Como recuperar as aprendizagens que ficaram por fazer?

A OMS declarou, em 30 janeiro 2020, a COVID-19 como uma pandemia mundial e em 05 maio 2023 considerou, face aos indicadores registrados, que a pandemia estaria debelada. A infeção provocada pelo vírus SARS-CoV-2 passou a ser uma doença respiratória endêmica. Estaremos preparados para ajudar as crianças a compreender o que isso significa?

Aquilo que melhor a escola de hoje poderá proporcionar aos jovens no domínio da educação científica será ajudar a compreender a essência do pensamento científico, a sua capacidade de examinar problemas sob diferentes perspectivas, de procurar explicações para os fenômenos naturais e sociais e de prever cenários de ocorrência de outros. Fazer isso de forma adequada a cada nível etário é o grande desafio que se coloca aos professores. Inovar o ensino das ciências deve ser uma preocupação permanente de professores, autores de currículos e de recursos didáticos, e de decisores políticos. O ensino contextualizado das ciências, apesar das limitações que lhe são reconhecidas, é uma via para melhorar a compreensão sobre a importância do conhecimento científico *na* e *para* a sociedade. Compreender que o planeta Terra é a fonte de todas as matérias-primas, mas é finito, será o primeiro passo para reduzirmos os níveis de consumo e a necessidade imprescindível de recuperarmos aquilo que usamos. Os Objetivos do Desenvolvimento Sustentável são a grande meta para 2030, segundo as Nações Unidas, e a escola tem de contribuir para a consciencialização de todos. Façamos da educação em ciências uma via para a sua concretização.

Agradecemos imensamente à profa. Dra. Isabel P. Martins por ter compartilhado conosco suas reflexões acerca do que significa, hoje, EDUCAR, ENSINAR E APRENDER CIÊNCIAS. Os desafios para concretizarmos os ODS não são poucos, vamos ao trabalho!

MODELAGEM E TECNOLOGIAS DIGITAIS DE INFORMAÇÃO E COMUNICAÇÃO NA EDUCAÇÃO MATEMÁTICA

**Entrevista com
Mónica Ester Villarreal[8]**

Mónica Ester Villarreal nasceu em Córdoba (Argentina) em 1963. É formada em Matemática pela Universidad Nacional de Córdoba (Argentina, 1985) e tem doutorado em Educação Matemática pela Universidade Estadual Paulista (Brasil, 1999), com a tese "O pensamento matemático de estudantes universitários de Cálculo e tecnologias informáticas, mantendo, ainda atualmente, vínculo de colaboração com o Grupo de Pesquisa em Informática, outras mídias e Educação Matemática (GPIMEM) da UNESP, coordenado por Marcelo de Carvalho Borba. Fruto desse vínculo de colaboração é o livro "Humans-with-media and the reorganization of mathematical thinking. Information and Communication Technologies, Modeling, Visualization and Experimentation", que foi publicado, pela Editorial Springer em 2005.

É professora titular da *Faculdad de Matemática, Astronomia, Física y Computación* da Universidade Nacional de Córdoba e pesquisadora independente do Conselho Nacional de Pesquisas Científicas e Técnicas (CONICET) da Argentina. Atua na formação inicial de professores e professoras de matemática como professora de Didática da Matemática e Metodologia e Prática de Ensino. Participou ativamente na criação do Doutorado em *Educación en Ciencias Básicas y Tecnología* da Universidade Nacional de Córdoba, que se iniciou oficialmente em 2018. Entre 2018 e 2021 foi a diretora deste curso. Seu interesse no desenvolvimento profissional docente, na modelagem matemática e no uso de tecnologias digitais em contextos educacionais inspirou suas pesquisas e publicações nos últimos anos, motivo pelo qual foi convidada a nos conceder a presente entrevista. Dirige e orienta projetos de pesquisa e teses

---
8 Doutora em Educação Matemática. Docente e pesquisadora na Universidade Nacional de Córdoba – Argentina. E-mail: monica.ester.villarreal@unc.edu.ar

sobre esses tópicos. Desde 2016 é a representante argentina na *International Commission on Mathematical Instruction* (ICMI).

Por: Norma Suely Gomes Allevato[9]

---

[9] Doutora em Educação Matemática. Docente e pesquisadora na Universidade Cruzeiro do Sul – Programa de Pós-Graduação em Ensino de Ciências e Matemática – São Paulo. E-mail: normallev@gmail.com

ENTREVISTA

Por: Norma Suely Gomes Allevato[10]

Questão 1: Poderia discorrer um pouco sobre a natureza das pesquisas que você desenvolve envolvendo as Tecnologias Digitais de Informação e Comunicação no ensino?

Mónica Villarreal: – Mis investigaciones han girado en torno a la conjunción de tres tendencias en educación matemática: el desarrollo profesional de profesores o futuros profesores de matemática, la modelización matemática y el uso de tecnologías digitales en diversos contextos educativos. La actividad de investigación la he desarrollado siempre de modo colaborativo con otras investigadoras e inclusive junto a profesoras de educación secundaria. En los últimos años nuestros estudios se han enfocado en las acciones de: 1) futuros/as profesores/as que desarrollan proyectos de modelización matemática acompañados con diversas tecnologías digitales, 2) futuros/as profesores/as que integran el uso de tecnologías e implementan actividades de modelización en sus primeras prácticas docentes en aulas de educación secundaria. En este contexto de práctica docente, también hemos estudiado cómo estudiantes de educación secundaria emplean diversas tecnologías en clases de matemática donde se desarrollan proyectos de modelización matemática abiertos, en los cuales los y las estudiantes eligen un tema de la realidad para investigar y plantean problemas para resolver usando la matemática y siguiendo un proceso de modelización.

Questão 2: Mesmo com tantas pesquisas realizadas e recursos de Tecnologias Digitais de Informação e Comunicação na Educação e em contextos particulares do Ensino (p.e. em Ciências Naturais e Matemática) datarem de muitos

---

10   Doutora em Educação Matemática. Docente e pesquisadora na Universidade Cruzeiro do Sul – Programa de Pós-Graduação em Ensino de Ciências e Matemática – São Paulo. E-mail: normallev@gmail.com

anos, não se vê sua adoção efetiva em sala de aula como elementos facilitadores e transformadores. Por que você acha que isso ocorre?

Mónica Villarreal: – Voy a responder esta pregunta desde mi experiencia como docente en la formación de futuros profesores de matemática en mi universidad y considerando el sistema educativo de mi país. Personalmente, creo que esto obedece a múltiples razones, voy a referirme a dos que considero centrales. Por un lado, la escasa o ausente integración de las tecnologías en la enseñanza de las disciplinas matemáticas que forman parte de la formación inicial de profesores. Esto implica que los futuros profesores tienen pocas experiencias de integración de las tecnologías en sus propios procesos de aprendizaje matemático y, en consecuencia, al no haber vivido procesos de enseñanza y aprendizaje mediados por tecnologías digitales, es difícil que como docentes las integren en sus futuras clases. Por otro lado, pueden existir limitaciones institucionales, como la carencia de equipos tecnológicos actualizados o la existencia de una cultura académica conservadora que no fomente el uso de las tecnologías digitales en la escuela o valore escasamente las contribuciones de las tecnologías para la educación matemática.

Usualmente las tecnologías son consideradas como suplementos o auxiliares en los procesos educativos y suele no aprovecharse el potencial transformador y reorganizador que ellas ofrecen como coautoras en la producción de conocimiento. Si se asume como posición epistemológica que la cognición es una empresa social y que tal empresa incluye los medios (tecnologías de diferente naturaleza) con los cuales se produce el conocimiento, entonces las tecnologías pasan a ser un elemento constitutivo del acto de conocer, de modo que quien produce conocimiento no es un sujeto aislado sino un colectivo conformado por *humanos-con-medios*. Esta es la idea que se postula en el libro *Humans-with-media and the reorganization of mathematical thinking* que escribimos con Marcelo Borba (Borba; Villarreal, 2005). Esta posición epistemológica permite ver las tecnologías desde otra perspectiva y entender que cualquier conocimiento siempre es construido con alguna tecnología y que negar su uso en la educación implica negar a los y las estudiantes nuevas oportunidades de aprendizaje.

Questão 3: Entretanto, com a pandemia de Covid-19, os professores se viram forçados a adotar, ainda que minimamente, soluções tecnológicas em suas aulas, em que pesem muitos problemas de acesso, dada a brecha digital existente na América Latina com relação a isso. Com o fim da pandemia, você acredita que algumas práticas e estratégias desse período emergencial seguem (ou seguirão) sendo usadas pelos professores de Ciências e Matemática, ou voltamos aos patamares pré-pandemia? Quais você considera que continuarão, se for o caso?

Mónica Villarreal: – Creo que en América Latina la pandemia puso más en evidencia las grandes diferencias en las posibilidades de acceso a las tecnologías que existen en la región y que tales diferencias implicaron directamente desigualdades en el acceso a la educación. El pasaje a la educación remota no fue planificado, fue de emergencia, y si bien las tecnologías fueron importantes a la hora de conectarse a una clase o acceder a materiales de estudio, el uso que se hizo de las mismas no necesariamente modificó modelos pedagógicos tradicionales de enseñanza directa y expositiva ya existentes. Sí reconozco que hay prácticas que se implementaron durante la pandemia que se pueden mantener para la presencialidad y que resultan potentes. Por ejemplo, la posibilidad del trabajo en grupo a distancia o la implementación de aulas virtuales que funcionen como organizadores de los cursos presenciales. Si bien estas prácticas ya podían realizarse antes de la pandemia, el pasaje por esta experiencia de enseñanza remota forzada las puso en primer plano y pudimos reconocer su potencial para la presencialidad.

Questão 4: Quais metodologias você sugere mais fortemente para o ensino mediado por tecnologias?
Mónica Villarreal: – Considero que las tecnologías digitales y las posibilidades de exploración y visualización que ofrecen son sinérgicas con propuestas pedagógicas que fomenten la experimentación- con-tecnologías, el planteo de conjeturas, la resolución de problemas o el trabajo con proyectos de modelización de naturaleza más abiertos.

Questão 5: Quais desafios você considera mais relevantes no que diz respeito à formação de professores, para uma adoção efetiva e eficaz de soluções e/ou recursos tecnológicos no Ensino de diferentes áreas, em especial Ciências e Matemática?

Mónica Villarreal: – Creo que un desafío central en la formación (inicial y continua) de profesores es la integración efectiva de las tecnologías digitales en los procesos de enseñanza y aprendizaje de la matemática o las ciencias en cursos disciplinares. Es decir, es central que en la formación docente se aborden los contenidos propios de la matemática o las ciencias (Álgebra, Análisis, Geometría, Estadística, Física, Química, Biología, etc.) con-tecnologías. Asimismo, el diseño de tareas para ser resueltas con-tecnologías y la implementación de prácticas docentes con-tecnologías constituyen otro gran desafío para la formación docente. Entretanto, creo que resulta fundamental -y este quizás sea el mayor desafío en la formación docente- que el empleo que se haga de las tecnologías digitales sea "no domesticado", esto es, que desafíe el status quo de la educación tradicional y haga uso del potencial que las tecnologías tienen para reorganizar la enseñanza y el aprendizaje de las ciencias y la matemática.

Questão 6: Muito se fala da perspectiva/abordagem STEAM de Ensino. Você tem vivência com essa abordagem ou a percebe nos contextos de ensino em seu país? Segundo sua percepção, como trabalhar de maneira interdisciplinar para integrar Ensino de Ciências, de Matemática, Computação, Robótica, entre outras?

Mónica Villarreal: – Mi experiencia es muy limitada en este sentido. Desde el año pasado estamos dando, junto a otras dos colegas, un curso optativo, destinado a futuros profesores de matemática, que se denomina *"Enfoque STEAM y modelización matemática en contextos educativos"*. Em este curso se estudia y debate bibliografía sobre el tema, se analizan propuestas STEAM y se diseñan tareas con potencial STEAM. No hemos desarrollado experiencias en aulas reales todavía.

Creo que la estructura curricular actual de la educación obligatoria en mi país, separada en disciplinas inconexas, hace difícil la implementación de un abordaje de educación STEAM integrada. Entretanto vislumbro que, en el caso de la matemática, el trabajo con proyectos de modelización brinda un escenario para un abordaje interdisciplinar como el que propone el enfoque STEAM, ya que en un proyecto de modelización se puede partir de una problemática del mundo real lo suficientemente compleja como para requerir la interacción de conocimientos de diferentes ciencias, además de la matemática, para su comprensión y resolución. De hecho, hay autores que afirman que la MM puede actuar como un puente para la educación STEAM.

En Argentina, la educación STEAM no aparece mencionada de manera explícita en los diseños curriculares, lo que hace que su inclusión en la educación obligatoria sea meramente especulativa en este momento. Por un lado, estimo que los espacios escolares más propicios para el trabajo con propuestas de tipo STEAM, actualmente, pueden ser los años iniciales de la educación primaria. Por otro lado, las instancias de Ferias de Ciencias escolares son altamente favorables para el desarrollo de proyectos de tipo STEAM, pero estos espacios no son obligatorios, sino de participación voluntaria.

En el caso de la educación STEAM, vuelve a ser relevante pensar en la formación docente. ¿Cuál es la formación docente necesaria para diseñar e implementar propuestas de educación STEAM integrada en las escuelas? Esta es una pregunta para la cual las respuestas son escasas todavía.

Questão 7: Em tempos de Inteligência Artificial Generativa, ferramentas como o ChatGPT vêm trazendo muitas discussões, em especial quanto à sua aplicação na área educacional. Você vê mais perigos ou mais potencialidades em ferramentas como essa?

Mónica Villarreal: – Al igual que con otras tecnologías habrá que pensar como la producción de conocimiento se transforma con esta nueva tecnología. Prohibirla no es el camino, es necesario explorar posibilidades de uso en la educación y, al igual que cuando llegaron otras tecnologías, hay que investigar cuáles son las acciones que posibilita, repensar las tareas que proponemos y observar qué aprendizajes se pueden potenciar. De hecho, ya hay varias publicaciones que se refieren al uso de ChatGPT en la educación en general y en la educación matemática en particular.

Es interesante reflexionar que, hasta el día de hoy, hay quienes consideran que el uso de calculadoras puede perjudicar el aprendizaje de las operaciones. Sin embargo, ya tenemos numerosos estudios y propuestas que contradicen ese prejuicio y muestran que es posible aprender matemática con-calculadoras. Creo que ese es el camino para pensar en las tecnologías como el ChatGPT, ¿qué nuevas oportunidades de aprendizaje trae?, ¿puede esta nueva tecnología empoderar a los y las estudiantes para el aprendizaje de ciencias o matemática?

Nossos mais sinceros agradecimentos à profa. Dra. Mónica Ester Villarreal por ter participado desta entrevista, nos trazendo, com sua experiência, reflexões relevantes acerca da inserção das Tecnologias Digitais de Informação e Comunicação no ensino, em particular, no âmbito da Educação Matemática, em que atua.

Referências

BORBA. M. C.; VILLARREAL, M. E. **Humans-with-Media and the Reorganization of Mathematical Thinking**: Information and Com, Modeling, Experimentation and Visualization. Springer: New York. 2005.

O APROVEITAMENTO INTEGRAL DOS ALIMENTOS E SUA RELAÇÃO COM A SUSTENTABILIDADE AMBIENTAL: UMA ABORDAGEM PRÁTICA NAS AULAS DE CIÊNCIAS

Vitor Skif Brito[11]
Regina Coeli Carvalhal Perrotta[12]
Carmem Lúcia Costa Amaral[13]

Na contemporaneidade, é impossível ignorar as fortes relações entre o prato e o planeta, pois a associação entre alimentação e sustentabilidade ambiental nos mostra que a preocupação com os alimentos que consumimos perpassa as questões nutricionais e estéticas, visto que os impactos ambientais que o alimento acarreta no planeta também devem ser considerados.

Segundo o Programa das Nações Unidas para o Meio Ambiente (PNUMA), em 2019, os consumidores descartaram 17% de todo o alimento adquirido no mundo. Tal problemática global reflete impactos ambientais substanciais no planeta, pois no cenário atual em que a ação climática ainda está atrasada, cerca de 10% de todas as emissões de gases de efeito estufa vêm da produção de alimentos que, em última análise, são desprezados (PNUMA, 2021).

Para refrear esse desperdício, a Organização das Nações Unidas (ONU) criou um plano global intitulado "Agenda 2030", especificamente na meta 3

---

[11] Mestrando no Programa de Pós-Graduação em Ensino de Ciências e Matemática da Universidade Cruzeiro do Sul, Docente e Coordenador do Curso Superior de Tecnologia em Gastronomia do Centro Universitário Nossa Senhora do Patrocínio.
E-mail: vitor.brito@ceunsp.edu.br

[12] Mestre em Ensino de Ciências e Matemática, Docente no Curso Superior de Tecnologia em Gastronomia do Centro Universitário Nossa Senhora do Patrocínio.
E-mail: regina.perrotta@ceunsp.edu.br

[13] Doutora em Química Orgânica, Docente e Vice coordenadora do Programa de Pós-Graduação em Ensino de Ciências e Matemática da Universidade Cruzeiro do Sul.
E-mail: carmem.amaral@cruzeirodosul.edu.br

do Objetivo de Desenvolvimento Sustentável (ODS) 12, que pretende reduzir pela metade o desperdício alimentar global per capita no varejo e no nível do consumidor (IPEA, 2019).

Diante dessa problemática, surgiram as questões: Como sensibilizar os alunos do Curso Superior de Tecnologia em Gastronomia a estabelecer as relações entre a alimentação e a sustentabilidade ambiental e contribuir para o alcance da meta 3 do ODS 12? Contudo, analisamos e relacionamos diversas metodologias de pesquisa que pudessem nos auxiliar nessa resposta e, sobretudo, que permitissem a autonomia e o protagonismo dos alunos. Devido ao caráter intervencionista na condição de prática-teoria e com o objetivo de despertar nos envolvidos o seu potencial como agente transformador da realidade, optamos pela pesquisa-ação que, inclusive, de acordo com Chisté (2016), se inicia com a identificação de um problema, e busca, na interação com um grupo, meios para obter soluções de forma coletiva.

Portanto, este capítulo abordará sobre a aplicação de um Produto Educacional (Brito; Amaral, 2023a), cujo desenvolvimento foi sustentando por uma pesquisa com a intenção de responder às questões mencionadas por meio de uma pesquisa-ação realizada com alunos do Curso Superior de Tecnologia em Gastronomia, que desenvolveram atividades com enfoque no aproveitamento integral de alimentos, como estratégia na diminuição da produção de resíduos sólidos orgânicos na cozinha. A elaboração e a aplicação deste produto, respaldado no referencial teórico metodológico escolhido, resultou em uma dissertação de mestrado intitulada "Alimentação e sustentabilidade ambiental: uma relação possível" (Brito; Amaral, 2023b).

Embora aplicado no curso de Gastronomia, acreditamos que este produto possa contribuir no processo de ensino-aprendizagem de professores da área de Ciências, em todos os níveis de ensino, de modo a desenvolver atividades práticas em sala de aula, relacionando conceitos de sustentabilidade ambiental e alimentação, como forma de favorecer o desenvolvimento de aulas mais significativas, dinâmicas e interativas, despertando uma visão ambiental sustentável e a criatividade nos alunos.

Todavia, com vistas a apresentar os esclarecimentos acerca da alimentação sob a perspectiva da sustentabilidade ambiental, discorreremos alguns tópicos referentes à fundamentação teórica que subsidiou este produto educacional para, em seguida, apresentarmos sua estrutura, desenvolvimento e orientações aos professores.

A alimentação e o meio ambiente

Ribeiro, Jaime e Ventura (2017) defendem que a alimentação envolve mais do que o ato de comer e a disponibilidade de alimentos. Existe uma cadeia produtiva que começa na preparação de sementes, mudas e insumos, e percorre um ciclo desde o plantio até a colheita, no qual os elementos da natureza desempenham um papel vital, mas cada vez mais excessivos, abrangendo aspectos tecnológicos, questões financeiras e sociais.

Para as autoras, o próprio termo sustentabilidade foi concebido com forte intervenção da atividade agrária. Portanto, uma relação antiga e, ao mesmo tempo, muito atual. Durante o percurso do campo à mesa, há inúmeras interfaces com a in/sustentabilidade que precisam ser continuamente entendidas e analisadas.

De acordo com Franco (2010), a agricultura nasceu quando o homem se absteve de consumir parte dos grãos colhidos e os enterrou para que germinassem e se multiplicassem, tornando-se, dessa forma, produtor de alimentos, até que evoluiu da produção em ritmo meramente biológico para um ritmo econômico.

Devido a essa mudança de ritmo, a prática agrícola mundial começou a trazer muitos prejuízos para o meio ambiente, causando impactos ambientais como a degradação dos solos, a poluição do ar e da água, entre outros tantos problemas (PNUMA, 2021).

Perdas e desperdícios de alimentos e seus impactos ambientais

Atualmente, no que se refere às discussões em torno da alimentação, diversas problemáticas sociológicas são destacadas. Com foco na opulência do consumo e no consequente desperdício de alimentos, o PNUMA e a organização parceira Worldwide Responsible Accredited Production (WRAP) investigam as sobras dos alimentos provenientes dos pontos de venda, estabelecimentos alimentícios e residências – considerando as partes comestíveis e não comestíveis a nível global (Zandonai, 2021).

Em 2021, divulgaram o índice de desperdício de alimentos no mundo. O relatório denominado "UNEP Food Waste Index Report 2021", em tradução literal "Relatório de Índice de Resíduos de Alimentos PNUMA 2021", contém a mais abrangente coleta de dados, análise e modelagem de desperdício alimentares até o momento para os países aferirem a perda. No total, 152 unidades de investigação foram identificadas em 54 países (Zandonai, 2021).

Segundo este relatório, em 2019, os consumidores descartaram quase um bilhão de toneladas de alimentos, ou 17% de todo o alimento adquirido, isso inclui os âmbitos residências, varejistas, restaurantes e outros serviços alimentícios. Esse é um problema sério em um mundo onde 690 milhões de pessoas estavam subnutridas no mesmo ano de divulgação do relatório (PNUMA, 2021).

Em quase todos os países onde o desperdício foi mensurado, a maior parte tem origem nas residências, que descartam 11% do total de alimentos disponíveis na fase de consumo da cadeia de abastecimento, independentemente do nível de renda. Já os serviços alimentares e os estabelecimentos de varejo desperdiçam 5% e 2%, respectivamente. Em nível global per capita, 121 quilos de alimentos são desperdiçados por consumidores a cada ano. Desse total, 74 quilos são descartados no ambiente doméstico (Zandonai, 2021).

Tal problemática global reflete em impactos ambientais, sociais e econômicos substanciais no planeta, pois no cenário atual em que a ação climática ainda está atrasada, cerca de 10% de todas as emissões de gases de efeito estufa vêm da produção de alimentos que, em última análise, são desprezados (PNUMA, 2021).

Esses valores são alarmantes para os ambientalistas, principalmente no desperdício de fontes de minerais contidos nos resíduos, como fósforo e potássio, principais nutrientes dos adubos químicos. O gasto exagerado com a água utilizada para irrigar os cultivos agrícolas que resultam em lixo, e não em alimento, também é preocupante, sobretudo, pelas constantes crises hídricas globais (Rodrigues, 2017).

A autora ainda informa que, ao longo da cadeia de produção, os combustíveis fósseis para transporte e a energia elétrica para refrigeração de determinados produtos, até chegar na mesa do consumidor, foram convertidos em lixo e não em alimento. Dessa forma, contabilizar todos os custos implicados no desperdício de alimentos amplia nossa compreensão do sistema alimentar.

Dos alimentos que vão para o lixo, os resíduos sólidos orgânicos representam por volta de 50% dos resíduos sólidos urbanos gerados no Brasil (Rodrigues, 2017). Vale destacar, com base em Lana e Proença (2021), que os resíduos sólidos se classificam como tudo aquilo que chamamos de lixo, isto é, o que descartamos e são gerados pela atividade humana e coletados pelos serviços de limpeza urbana. Os gerados nas cidades, provenientes dos resíduos domiciliares e de limpeza pública, são denominados de resíduos sólidos urbanos e podem ser separados em 3 frações, de acordo com sua composição:

- Orgânicos (restos de alimentos e resíduos de jardins, como cascas, sementes, alimentos deteriorados, grama cortada e podas diversas);

- Recicláveis secos (plástico, papel, metais e vidro) representam 28% no Brasil;

- Rejeitos 22% (o que não pode ser aproveitado nem reciclado, como fraldas descartáveis, bituca de cigarro, entre outros).

Com foco nos resíduos orgânicos, na natureza, se degradam espontaneamente e reciclam os nutrientes presentes em processos como os ciclos da água, do carbono e do nitrogênio. No entanto, quando provenientes de atividades humanas, sobretudo em ambientes urbanos, podem desencadear um sério problema ambiental pela velocidade e volume em que são gerados e pelos locais impróprios em que são armazenados ou dispostos (Brasil, 2019).

Por exemplo, quando descartados em lixões, geram contaminação no solo e da água em decorrência do chorume, que atraem e resultam na proliferação de vetores e doenças e emitem gás metano, responsável pelas mudanças climáticas (Rodrigues, 2017).

Pesquisadores na área de pós-colheita na Embrapa Hortaliças, em Brasília/DF, salientam que, quanto mais alimento é jogado no lixo, mais alimento precisa ser reposto. Por consequência, mais recursos naturais precisam ser usados, com destaque para a água e as terras agricultáveis utilizadas no processo, fazendo com que o setor produtivo recorra à expansão das lavouras em áreas de vegetação nativa e de preservação. Consequentemente, ampliam as perdas de biodiversidade, os processos erosivos no solo e a contaminação do ar e lençóis freáticos por pesticidas e adubos minerais (Rodrigues, 2017).

Para José Graziano da Silva, Diretor-Geral da Organização das Nações Unidas para Alimentação e Agricultura (FAO), o problema do desperdício de alimentos está associado à demanda do consumidor, que evolui constantemente e é motivado por muitos aspectos culturais e sociais que nem sempre seguem racionalidade econômica ou ecológica (Silva, 2022).

Quando questionado sobre o que pode ser feito para reduzir as perdas e desperdícios, Silva informa que algumas soluções técnicas podem ser implementadas para reduzir as perdas no que diz respeito à melhoria no armazenamento, investimento em infraestrutura, embalagens, transporte e comercialização, mas o problema do desperdício de alimentos pode ser mais complexo para resolver, uma vez que requer mudanças na forma como valorizamos e consumimos os alimentos.

Diante desse cenário e para refrear esse desperdício, a Agenda 2030 publicou o ODS 12: "Assegurar padrões de produção e de consumo sustentáveis" com foco em ações globais e locais.

Agenda 2030 e o ODS 12.3

Em 2015, comprometidos em promover o desenvolvimento sustentável, representantes de 193 Estados-membros da ONU reuniram-se para propor medidas transformadoras em prol da erradicação da pobreza e demais privações, surgindo então o documento: "Transformando Nosso Mundo: a Agenda 2030 para o Desenvolvimento Sustentável". Trata-se de um guia com objetivos e metas que acolhem ações necessárias para melhorar a vida das pessoas, em um caminho mais sustentável e resiliente até 2030 (Barbieri, 2020).

A agenda contém um conjunto de 17 ODS e 169 metas que promovem, de forma equilibrada, as três dimensões do desenvolvimento que acerca o tema: a ambiental, a social e a econômica. E apresentam-se como uma lista de tarefas a serem cumpridas pelos governos, a sociedade civil, o setor privado e todos os cidadãos na jornada coletiva sustentável (Barbieri, 2020).

Dos diversos temas, o ODS 12 possui 8 metas que pretendem garantir padrões de consumo e de produção sustentáveis. Concentrando-se na meta 3, que visa reduzir pela metade o desperdício alimentar global per capita no varejo e no nível do consumidor, bem como diminuir as perdas ao longo das cadeias de produção e fornecimento, é possível identificar que um dos indicadores para a meta é o "Relatório de Índice de Resíduos de Alimentos PNUMA 2021", exposto anteriormente.

Segundo Marcus Gover, Chief Executive Officer (CEO) da WRAP, vários países tem medido o desperdício de alimentos nos últimos anos, mas faltando poucos anos para 2030, acredita que não alcançaremos a meta 3 se não aumentarmos significativamente o investimento no combate ao desperdício de alimentos em casa, de forma global. Isso deve ser uma prioridade para governantes, organizações internacionais, empresas e fundações filantrópicas (Zandonai, 2021).

Em complemento, a atual diretora executiva do PNUMA, Inger Andersen, relata que a diminuição do desperdício de alimentos está associada à redução da destruição da natureza para a conversão de terras e da poluição, o aumento da disponibilidade de comida e, consequentemente, a redução da fome, além da economia financeira em um momento de recessão global (Zandonai, 2021).

Identifica-se, portanto, que os nossos padrões de consumo atuais não estão sustentáveis e que esse problema perpassa os eixos sociais, econômicos e ambientais e diversas providências devem ser tomadas por todos os agentes responsáveis: governantes, agricultores, comerciantes e indústria alimentícia. Todavia, ainda que não tenhamos condições de mudar os rumos da política global, podemos participar, com pequenas atitudes, na capacitação e sensibilização dos nossos alunos para que estes se tornem agentes da conservação ambiental, com o objetivo de melhorar as habilidades no planejamento alimentar, no que se refere principalmente ao consumo. Abordar esse tema nas escolas é um importante ponto de partida (Brito; Amaral, 2022).

Nesse sentido, a criação de receitas com aproveitamento integral de alimentos pode ser uma estratégia útil na diminuição da produção de resíduos sólidos orgânicos na cozinha.

O aproveitamento integral dos alimentos

O aproveitamento integral dos alimentos é a utilização completa de suas partes, sejam estes de origem vegetal ou animal, inclusive das partes não convencionais comumente descartadas no preparo de refeições para consumo humano: as cascas, talos, folhas, sementes, flores, entrecascas, entre outros (Gil, 2019).

Seu objetivo é, além de enriquecer a alimentação, diminuir o desperdício, contribuir para um mundo mais sustentável e obter de um ingrediente todo o seu potencial nutricional. Vale evidenciar que há uma economia significativa com o uso de itens normalmente descartados, cujo aproveitamento resulta em pratos criativos, saborosos e nutritivos. Porém, o desconhecimento de tais informações provoca o mau aproveitamento, ocasionando o desperdício de toneladas de recursos alimentares (Gondim *et al.*, 2005; Mattar, 2003; Raimundo, 2018).

Para Mattar (2003), os talos e folhas de legumes e verduras como os da salsa, da cenoura, do coentro e do agrião podem ser usados crus em saladas, como tempero, em caldos e sopas, ou refogados para recheio de tortas. Gil (2019) destaca que as folhas de algumas raízes e tubérculos – como rabanete, beterraba, mandioca, taioba, inhame e batata-doce – são comestíveis apenas cozidas, por conterem cristais de ácido oxálico ou outras substâncias tóxicas, mas servem para refogados ou sopas.

Por hábito, muitas cascas são descartadas, porém, alguns alimentos podem ser consumidos com a casca e outros podem ter as cascas retiradas e consumidas separadamente. Cascas de cenoura, beterraba, abóbora, batata e outros tubérculos e raízes, inclusive de frutas como pera, maçã, pêssego, banana e ameixa podem ser cozidas e consumidas, desde que bem higienizadas (Gil, 2019). E mesmo as que comumente não são consumidas frescas, como as da laranja, do limão, da manga e do abacaxi, podem ser batidas no liquidificador, virar recheio de tortas e bolos doces ou transformar-se em geleias e sucos (Mattar, 2003). Com relação às entrecascas, a da melancia, do melão e do maracujá podem ser aproveitadas em doces e sucos (Raimundo, 2018).

Quanto às raízes, é importante higienizá-las antes do consumo para retirar o excesso da terra. As do coentro, da cebolinha, da taioba e do alho-poró, por serem fibrosas, podem ser preparadas refogadas, empanadas ou grelhadas. Os frutos verdes, ou não maduros, ainda não transformaram seu amido em frutose e têm um sabor mais neutro. Por isso, são bastante versáteis na cozinha em termos de texturas e sabores, como exemplos: mamão, banana, manga, jenipapo e jaca verde podem ser refogados, fritos, assados, cozidos e até mesmo ingeridos crus (Gil, 2019).

As sementes e castanhas, como as de girassol, da abóbora, de baru, de caju, do pequi, da pimenta rosa, do amaranto, do mamão, do quiabo, do melão, da melancia e outras, também podem ser consumidas. Basta lavá-las e secá-las no forno morno (a 60º C por cerca de uma hora) para que fiquem crocantes (Gil, 2019).

Apesar de não apresentarem tantas propriedades medicinais, a utilização das flores traz bastante beleza e delicadeza aos pratos. Alguns exemplos são: da abobrinha, da abóbora, do hibisco, da capuchinha, da ora-pro-nóbis, da maria-sem-vergonha, do amor perfeito, da cravina etc. Depois de higienizadas podem compor a decoração de pratos na versão crua ou serem utilizadas em caldas e geleias (Gil, 2019).

Contudo, utilizar os alimentos em sua totalidade ratifica o aproveitamento dos recursos disponíveis sem desperdício com a finalidade de reciclar, respeitar a natureza e alimentar-se bem com nutrição, prazer e dignidade. Ademais, de acordo com Silva, Perrotta e Monteiro (2020), incorporar aspectos de aproveitamento integral dos alimentos, incluindo as partes não convencionais na prática gastronômica, é uma demanda que deve ser explorada nos cursos de Gastronomia com o intuito de formar profissionais sensibilizados e responsáveis ambientalmente.

Dessa forma, com vistas a sensibilizar os alunos do Curso Superior de Tecnologia em Gastronomia a estabelecer as relações entre a alimentação e a sustentabilidade ambiental e contribuir para o alcance da meta 3 do ODS 12, apresentaremos, a seguir, a estrutura e o desenvolvimento do Produto Educacional (Brito; Amaral, 2023a) cuja realização foi pautada em uma pesquisa-ação realizada com os alunos do curso. Conforme exposto, sua elaboração e aplicação, resultou em uma dissertação de mestrado intitulada "Alimentação e sustentabilidade ambiental: uma relação possível" (Brito; Amaral, 2023b),

Apesar de ter sido aplicado no curso de Gastronomia, as atividades podem contribuir no processo de ensino aprendizagem de professores da área de Ciências, portanto, após esclarecermos a estrutura e o desenvolvimento, também abordaremos como os professores podem implementar as atividades em sala de aula.

Estrutura do produto educacional

Para a aplicação deste produto, recomenda-se que o professor siga as etapas do ciclo da pesquisa-ação a fim de desenvolver a construção do conhecimento e abranger as percepções dos alunos, que são os sujeitos da pesquisa, pois de acordo com Tripp (2005), a pesquisa-ação possui um caráter mais intervencionista do que literalmente experimental e vai exigir a participação do professor no processo de implementação e coleta dos resultados, mas com determinado distanciamento, a fim de evitar a imposição de suas convicções.

Tripp (2005) também reconhece a pesquisa-ação como um dos vários tipos de investigação-ação, que é um termo genérico para qualquer processo que siga um ciclo de aprimoramento da prática, pela oscilação sistemática entre agir no campo da prática e investigar a respeito dela. Por exemplo, a solução de um problema inicia com a identificação do problema, o planejamento de uma solução, sua implementação, seu monitoramento e descrição e a avaliação de sua eficácia.

Para o autor, tanto a investigação-ação quanto a pesquisa-ação podem ser representadas em uma espiral cíclica, pois a ação requer reflexão que, por sua vez, gera uma nova ação, que, consequentemente, requer reflexão, e assim sucessivamente. A Figura 1 apresenta as etapas deste ciclo.

Figura 1 – Representação do ciclo básico da investigação-ação.

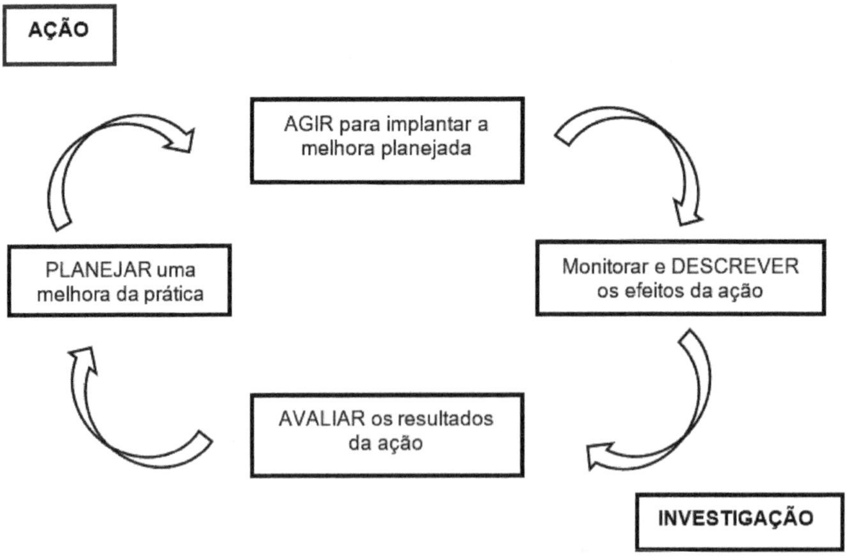

Fonte: Tripp (2005, p. 446).

Com foco na construção deste produto educacional, propomos oito atividades que foram desenvolvidas e organizadas nas quatro etapas para serem aplicadas em sala de aula. Em uma delas, os alunos realizaram duas receitas simples e acessíveis em laboratório de cozinha experimental para elucidar a atividade.

Para facilitar a aplicação deste produto, relacionamos no Quadro 1 os objetivos, a descrição, a carga horária, os recursos necessários (instrumentos e ferramentas) e os atores envolvidos em cada atividade realizada.

Quadro 1 – Etapas e descrição das atividades da pesquisa-ação.

Etapas da pesquisa-ação de acordo com Tripp (2005)	Ativ.	Carga horária	Objetivos	Descrição da atividade	Recursos	Atores envolvidos
1. PLANEJAMENTO	1	50 m	Delinear os conteúdos da tematização	Explicar a ação para todos e diagnosticar os conhecimentos prévios dos alunos quanto à temática	Aula expositiva dialogada e Questionário prévio	Professor e alunos
	2	50 m	Desenvolver a reflexão do assunto e elencar os ingredientes que serão trabalhados	Abordar os conhecimentos teóricos sobre alimentação e sustentabilidade ambiental e discutir sobre os ingredientes que geralmente não são aproveitados integralmente	Aula expositiva dialogada e Computador + tela de projeção e slides ou quadro + caneta hidrográfica ou giz	Professor e alunos

2. IMPLEMENTAÇÃO		3	20 m	Organizar a ação	Dividir os alunos em grupos e estabelecer o ingrediente a ser trabalhado de cada grupo	Sorteio dos ingredientes	Professor e alunos
		4	80 m	Desenvolver o conhecimento e a criatividade dos alunos	Analisar as partes comestíveis e não comestíveis por meio de pesquisa bibliográfica e documental e criar duas receitas com o ingrediente	Biblioteca, computadores, internet e pesquisa empírica	Alunos
		5	150 m	Aproveitar integralmente o alimento e verificar a palatabilidade das receitas	Realizar as receitas com o ingrediente	Ingredientes, utensílios culinários, touca e laboratório de cozinha	Professor e alunos
3. MONITORAMENTO E DESCRIÇÃO		6	50 m	Verificar o aproveitamento do ingrediente nas receitas	Relacionar as partes utilizadas do ingrediente e se as receitas aproveitaram integralmente o ingrediente	Relatório	Professor e alunos
		7	50 m	Apresentar melhorias e intervenções	Propor melhorias e intervenções para as receitas que não aproveitaram de maneira integral o alimento	Aula expositiva dialogada	Professor e alunos
4. AVALIAÇÃO		8	50 m	Verificar se a pesquisa-ação contribuiu na sensibilização dos alunos	Coleta de dados sobre a sensibilização dos alunos quanto à pesquisa	Questionário posterior	Professor e alunos

Fonte: Brito e Amaral (2023a).

Desenvolvimento do produto educacional

Atividade 1 (planejamento): primeiramente, explicamos a proposta da pesquisa-ação e aplicamos um questionário para diagnosticar os conhecimentos prévios dos alunos quanto a relação entre a alimentação e sustentabilidade ambiental a fim de investigarmos o nível de compreensão dos alunos quanto à temática e delinearmos os conteúdos da tematização para expormos e discutirmos essa relação.

Atividade 2 (planejamento): após a análise desse questionário, em um segundo encontro, iniciamos a tematização devido ao caráter intervencionista na condição de prática-teoria da pesquisa-ação, então expusemos e debatemos conteúdos sobre a temática. A atividade foi realizada em sala de aula expositiva-dialogada. Também discutimos sobre os ingredientes que geralmente não são aproveitados integralmente a fim de elencarmos os ingredientes que seriam trabalhados na pesquisa-ação. Os alunos participaram e se envolveram com o conteúdo, gerando discussões, reflexões e questionamentos, que foram respondidos no encontro.

Atividades 3 e 4 (implementação): dividimos os alunos em 10 grupos e sorteamos um ingrediente como objeto de estudo para cada grupo trabalhar. Na sequência, os alunos foram pesquisar sobre todas as partes constituintes e comestíveis do ingrediente. As pesquisas foram realizadas na biblioteca e na internet, por meio de buscas bibliográficas e documentais e, na sequência, os alunos iniciaram a criação das receitas, que não contou com a participação dos pesquisadores, a fim de potencializar a autonomia e permitir o protagonismo de todos os alunos envolvidos, além de não influenciar no desenvolvimento da investigação, criatividade e ação deles.

Atividade 5 (implementação): em laboratório (cozinha experimental), os grupos realizaram as receitas criadas. Um dos objetivos dessa atividade também foi verificar a qualidade das propriedades organolépticas das receitas (visual, aroma, sabor e palatabilidade).

Atividades 6 e 7 (monitoramento e descrição): na sequência, realizamos um relatório a fim de monitorarmos e descrevermos a ação. Então, relacionamos as partes utilizadas do ingrediente e se a receita aproveitou integralmente ou parcialmente o ingrediente.

Essa organização foi essencial para darmos continuidade na pesquisa, quer para analisarmos se a discussão teórica sobre o tema realizado na primeira etapa (planejamento) foi eficaz para estimularmos o grupo quanto a importância sobre a relação alimentação x sustentabilidade ambiental, quer para averiguarmos se a ação realizada na segunda etapa (implementação) foi suficiente para fomentar o desenvolvimento das receitas pelos grupos, quer para sondarmos os efeitos da ação, e se fosse necessário, estabelecermos melhorias/intervenções a fim de apresentarmos novas possibilidades de compreensão sobre a ação. O relatório foi apresentado a todos os participantes em sala de aula expositiva dialogada.

Atividade 8 (avaliação): neste momento, realizamos a avaliação final mediante um questionário posterior a fim de verificarmos se a pesquisa-ação contribuiu na sensibilização dos alunos quanto a relação "alimentação x sustentabilidade ambiental", por meio da criação de receitas sustentáveis a partir da utilização de alimentos em sua forma integral, como forma de diminuir a produção de resíduos orgânicos na cozinha.

As respostas do questionário demonstraram que 100% dos discentes, após a pesquisa-ação, se sensibilizaram quanto a relação entre a alimentação e a sustentabilidade ambiental, favorecendo uma mudança de pensamento coletivo para auxiliar na solução dos problemas ambientais por meio da prática do aproveitamento integral dos alimentos a fim de minimizar a produção de resíduos sólidos orgânicos na cozinha e, consequentemente, mitigar os impactos ambientais provocados em preparações culinárias. Destacamos, na Figura 2, algumas percepções significativas da atividade.

Figura 2 – Respostas sobre a atividade elaboradas por alguns discentes.

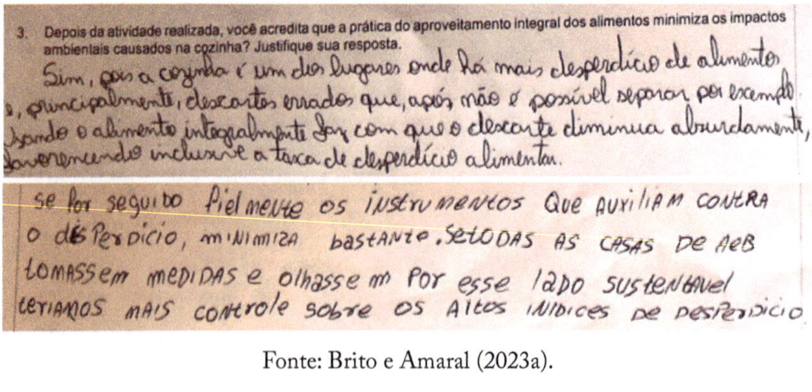
3. Depois da atividade realizada, você acredita que a prática do aproveitamento integral dos alimentos minimiza os impactos ambientais causados na cozinha? Justifique sua resposta.

Sim, pois a cozinha é um dos lugares onde há mais desperdício de alimentos, principalmente, descartes errados que, após não é possível separar por exemplo usando o alimento integralmente faz com que o descarte diminua absurdamente, favorecendo inclusive a taxa de desperdício alimentar.

se for seguido fielmente os instrumentos que auxiliam contra o desperdício, minimiza bastante. Se todas as casas de A&B tomassem medidas e olhassem por esse lado sustentável teríamos mais controle sobre os altos índices de desperdício

Fonte: Brito e Amaral (2023a).

Como os professores podem implementar as atividades

Na **primeira atividade**, sugerimos a utilização do questionário apresentado no Quadro 2 para diagnosticar os conhecimentos prévios dos alunos, com o intuito de delinear os conteúdos da tematização.

Quadro 2 – Questionário dos conhecimentos prévios.

Prezado (a) aluno (a) você está recebendo um pequeno questionário que tem como objetivo identificar seus conhecimentos sobre a relação: alimentação e sustentabilidade ambiental. Responda-o com sinceridade, pois suas respostas nortearão as atividades desenvolvidas na pesquisa-ação.

1. O que você entende sobre sustentabilidade ambiental?

2. A solução dos problemas ambientais, a seu ver, depende mais:

a) Das pequenas ações de todos, no seu dia a dia.
b) Das decisões dos governos e das grandes empresas.
c) Não sei.

3. Qual a relação da alimentação com a sustentabilidade ambiental?

4. Acredita ter conhecimento suficiente para gerir o impacto que você causa ao meio ambiente ao cozinhar?

a) Sim.
b) Não.
Em caso afirmativo, descreva quais ações você considera importantes para minimizar os impactos ambientais causados na cozinha.

Fonte: Brito e Amaral (2023a).

Para facilitar a reflexão do assunto, na **segunda atividade**, sugerimos a abordagem dos conteúdos a seguir, que inclusive foram explanados na fundamentação teórica deste capítulo:

I) A alimentação e o meio ambiente;

II) Perdas e desperdícios de alimentos e seus impactos ambientais;

III) Agenda 2030 e o Objetivo de Desenvolvimento Sustentável 12.3;

IV) O aproveitamento integral dos alimentos.

Se os alunos apresentarem dificuldades ao elencar ingredientes que geralmente não são aproveitados integralmente na cozinha ou quais partes constituintes podem ou não ser comestíveis e como podemos utilizá-las, recomendamos os exemplos demonstrados no referencial teórico deste produto para a realização da **terceira** e **quarta atividades**.

Na criação das receitas, sugerimos que o ingrediente objeto de estudo e todas as suas partes constituintes devem figurar como agente principal, tornando-as indispensáveis nas receitas, e não apenas como um complemento, uma vez que os alunos podem reproduzir receitas clássicas já consolidadas na cozinha e acrescentá-las com algumas dessas partes apenas para perfazer o objetivo da atividade.

Além disso, também aconselhamos que os alunos utilizem outras partes geralmente descartadas de outros vegetais, inclusive algumas Plantas Alimentícias Não Convencionais (PANC[14]), pois, além de ressignificar aquilo que normalmente é recusado, consolidará ainda mais a sustentabilidade nos preparos.

Na **quinta atividade**, caso o professor não possua laboratório de cozinha em seu espaço acadêmico, recomendamos que os alunos realizem as receitas em seus ambientes domésticos e as levem prontas para a degustação em sala de aula.

Para facilitar a elaboração e a organização do relatório realizado na **sexta atividade**, ilustramos no Quadro 3 um exemplo de como o professor pode monitorar e descrever os resultados.

Quadro 3 – Relatório sobre os resultados da etapa do monitoramento/descrição.

	Ingrediente: Melancia
Grupo 1	Receita 1: Salada de serralha com melancia e queijo de búfala
	Partes utilizadas: polpa e sementes
	Partes descartadas de outros vegetais: talos de manjericão
	PANC: serralha
	Propriedades organolépticas: agradáveis
	Receita 2: Antepasto de casca de melancia
	Partes utilizadas: casca e entrecasca
	Partes descartadas de outros vegetais: não
	PANC: não
	Propriedades organolépticas: agradáveis
	Aproveitamento integral: total ( ) parcial (x)
	Melhorias e intervenções: aproveitar as folhas

Fonte: Brito e Amaral (2023a).

---

14 Plantas com potencial alimentício e grande importância ecológica, econômica, nutricional e cultural que geralmente não são consumidas em grande escala. Devido o desenvolvimento espontâneo, auxiliam em uma melhor distribuição e produção dos alimentos, aliando-se à rusticidade e ao fácil manejo. Podem ser encontradas em jardins, matas, quintais e na beira de riachos. Exemplos: Capuchinha, Coração e palmito da bananeira, Begônia, Vinagreira, Serralha e centenas de outras (Kinupp; Lorenzi, 2014).

Na sequência, para a **sétima atividade,** as melhorias/intervenções podem ser apresentadas em sala de aula expositiva dialogada, caso algumas receitas não apresentem o aproveitamento integral do ingrediente estudado. Nesse caso, deve-se apresentar as possibilidades de utilização de algumas partes para os alunos, como no exemplo do Quadro 3.

Na **oitava e última atividade**, sugerimos a utilização do questionário apresentado no quadro 4 para avaliar se a pesquisa-ação contribuiu na sensibilização dos alunos quanto a relação "alimentação x sustentabilidade ambiental". Após a análise das respostas, se algum aluno apresentar dificuldades na compreensão do conteúdo ou considerar que a prática do aproveitamento integral não minimiza os impactos ambientais na cozinha, aconselhamos que o professor realize mais um encontro para debater sobre possíveis melhorias e intervenções com todos.

Quadro 4 – Questionário para o diagnóstico posterior da pesquisa-ação.

Durante a pesquisa-ação, a principal atividade proposta foi a criação de receitas sustentáveis a partir da utilização de alimentos de maneira integral como forma de diminuir a produção de resíduos orgânicos na cozinha. Após as atividades realizadas, responda:
1. Com foco no seu insumo, quais partes comumente descartadas podem ser utilizadas na cozinha?
2. Depois de entender a relação da alimentação e sustentabilidade ambiental, você acredita que a solução dos problemas ambientais depende mais:
( ) Das pequenas ações de todos no seu dia a dia.   ( ) Das decisões dos governos e das grandes empresas.
Justifique sua resposta.
3. Depois da atividade realizada, você acredita que a prática do aproveitamento integral dos alimentos minimiza os impactos ambientais causados na cozinha? Justifique sua resposta.

Fonte: Brito e Amaral (2023a).

Palavras finais

Apresentar e discutir a sustentabilidade ambiental no âmbito educacional por meio do ciclo das pesquisas-ação são formas de favorecer a reflexão crítica dos alunos sobre o seu potencial como agentes transformadores da realidade, principalmente porque este modelo de educação pode favorecer uma visão ambiental sustentável e protagonizá-los como agentes ativos e propagadores deste conhecimento.

Nas etapas de implementação e monitoramento, verificamos que a ação dedicada ao aproveitamento integral dos alimentos é uma maneira de minimizar a produção de resíduos sólidos orgânicos na cozinha e, consequentemente, contribuiu para responder os questionamentos iniciais deste produto.

Embora seja de extrema relevância o incentivo de ações globais organizadas por políticas públicas na realização e divulgação de campanhas de redução do desperdício de alimentos, averiguamos na etapa de avaliação final dos resultados que todos os participantes consideraram que a atividade realizada pode favorecer na diminuição dos impactos ambientais causados na cozinha, demonstrando que, ainda que não tenhamos condições de mudar os rumos da política global, podemos participar, com pequenas atitudes, na capacitação e sensibilização dos alunos.

Por fim, acreditamos que desenvolver essa atividade por meio da pesquisa-ação, considerando todas as etapas e orientações metodológicas, é uma forma de produzir conhecimento de maneira coletiva e uma estratégia para o desenvolvimento de professores para aprimorar seu ensino, resultando no aprendizado dos seus alunos.

Referências

BARBIERI, J. C. **Desenvolvimento sustentável:** das origens à agenda 2030. Ucrânia: Vozes, 2020.

BRASIL. Ministério do Meio Ambiente. **Agenda Nacional de Qualidade Ambiental Urbana:** Programa Nacional Lixão Zero [recurso eletrônico] / Ministério do Meio Ambiente, Secretaria de Qualidade Ambiental, Departamento de Qualidade Ambiental e Gestão de Resíduos, Coordenação-Geral de Qualidade Ambiental e Gestão de Resíduos. – Brasília, DF: MMA, 2019.

BRITO, V. S.; AMARAL, C. L. C. **Proposta de uma pesquisa-ação na construção de um produto educacional:** o aproveitamento integral dos alimentos e sua relação com a sustentabilidade ambiental. Produto Educacional (Mestrado em Ensino de Ciências e Matemática) – Universidade Cruzeiro do Sul, São Paulo,

2023a. Disponível em: https://www.cruzeirodosul.edu.br/mestrado-e-doutorado/mestrado-profissional-em-ensino-de-ciencias-e-matematica/producao-intelectual/

BRITO, V. S.; AMARAL, C. L. da C. **Alimentação e Sustentabilidade Ambiental**: uma relação possível. 2023. 78 f. Dissertação (Mestrado em Ensino de Ciências e Matemática) – Universidade Cruzeiro do Sul, São Paulo, 2023b.

BRITO, V. S.; AMARAL, C. L. da C. O aproveitamento integral dos alimentos e sua relação com a sustentabilidade ambiental sob a perspectiva da Agenda 2030. **Revista Multidisciplinar de Educação e Meio Ambiente**, Fortaleza, v. 3, n. 3, p. 167-175, 2022.

CHISTÉ, P. de S. Pesquisa-Ação em mestrados profissionais: análise de pesquisas de um programa de pós-graduação em ensino de ciências e matemática. **Revista Ciência Educação**, Bauru, v. 22, n. 3, p. 789-808, 2016.

FRANCO, A. **De caçador a gourmet:** uma história da gastronomia. 5. ed. São Paulo: Editora Senac, 2010.

GIL, B. **Da raiz à flor:** um novo olhar sobre os ingredientes do dia a dia. Rio de Janeiro: Globo Livros, 2019.

GONDIM, J. A. M.; MOURA, M. de F. V.; DANTAS, A. S.; MEDEIROS, R. L. S.; SANTOS, K. M. Composição Centesimal e de Minerais em Cascas de Frutas. **Revista de Ciência e tecnologia de Alimentos**, v. 25, n. 4, p. 825-827. São Paulo, 2005.

IPEA – Instituto de Pesquisa Econômica Aplicada. **12. Consumo e Produção Sustentáveis**. 2019. Disponível em: https://www.ipea.gov.br/ods/ods12.html. Acesso em: 29 maio 2022.

KINUPP, V. F.; LORENZI, H. **Plantas Alimentícias Não Convencionais (PANC) no Brasil:** guia de identificação, aspectos nutricionais e receitas ilustradas. São Paulo: Instituto Plantarum de Estudos da Flora, 2014.

LANA, M. M.; PROENÇA, L. C. **Resíduos orgânicos**. 2021. Disponível em: https://www.embrapa.br/hortalica-nao-e-so-salada/secoes/residuos-organicos. Acesso em: 27 jan. 2023.

MATTAR, H. **Caderno temático:** a nutrição e o consumo consciente. Instituto Akatu. São Paulo, 2003. 112 p. Recurso eletrônico.

PNUMA - Programa das Nações Unidas para o Meio Ambiente. **Como o desperdício de alimentos está destruindo o planeta**. 2021. Disponível em: https://www.unep.org/

pt-br/noticias-e-reportagens/reportagem/como-o-desperdicio-de-alimentos-esta-destruindo-o-planeta Acesso em: 25 maio 2022.

RAIMUNDO, M. G. M. (Org.). **Diga não ao desperdício e Panc's**. São Paulo: Coordenadoria de Desenvolvimento dos Agronegócios, 2018.

RIBEIRO, H.; JAIME, P. C.; VENTURA, D. Alimentação e sustentabilidade. **Estudos Avançados**, v. 31, n. 89, p. 185-198, 2017.

RODRIGUES, P. **Os desperdícios por trás do alimento que vai para o lixo.** 2017. Disponível em: https://www.embrapa.br/busca-de-noticias/-/noticia/28827919/os-desperdicios-por-tras-do-alimento-que-vai-para-o-lixo#:~:text=Pode%2Dse%20entender%20todo%20esbanjamento,recursos%20naturais%20escassos%20e%20-finitos. Acesso em: 17 maio 2022.

SILVA, I. F. da; PERROTTA, R.; MONTEIRO, V. A Sustentabilidade e a Agenda 2030 inseridas no curso de gastronomia do CEUNSP. **Artigos Saúde e bem-estar - Reitoria acadêmica programa institucional de iniciação à produção científica**, Itu, v. 1, 01-12, 2020.

SILVA, J. G. da. **Perdas e desperdícios de alimentos:** um desafio para o desenvolvimento sustentável. 2022. Disponível em: https://museudoamanha.org.br/pt-br/perdas-e-desperdicios-de-alimentos-um-desafio-para-o-desenvolvimento-sustentavel Acesso em: 14 jun. 2022.

TRIPP, D. Pesquisa-ação: uma introdução metodológica. **Educação e Pesquisa**, São Paulo, n. 3, p. 443-466, set./dez. 2005.

ZANDONAI, R. **ONU:** 17% de todos os alimentos disponíveis para consumo são desperdiçados. 2021. Disponível em: https://brasil.un.org/pt-br/114718-onu-17-de-todos-os-alimentos-disponiveis-para-consumo-sao-desperdicados Acesso em: 20 maio 2022.

ABORDAGEM HUMANISTA NO ENSINO DE FÍSICA EM UM CURSO TÉCNICO DE MEIO AMBIENTE POR MEIO DA EDUCAÇÃO CTS

Alexandre Vinicius Aleixo Lourenço Conceição[15]
Mauro Sérgio Teixeira de Araújo[16]

Introdução

Este trabalho teve como objetivo central investigar as contribuições formativas proporcionadas pela Educação CTS a 30 estudantes do 2º ano do Ensino Médio Integrado ao Curso Técnico de Meio Ambiente oferecido pela ETEC Paulistano, unidade do Centro Paula Souza, na periferia da zona norte de São Paulo. A investigação visou desenvolver competências cognitivas e socioemocionais gerais previstas na BNCC, juntamente com aspectos humanistas ligados ao propósito de vida e a valores elevados. Desse modo, este texto tem por base uma pesquisa de Mestrado Profissional que está descrita na dissertação de Conceição (2024) e que gerou o Produto Educacional intitulado "Sequência Didática envolvendo os temas Poluição Sonora e Fenômenos da Luz: uma articulação entre objetivos formativos CTS, Educação Humanista e competências gerais da BNCC" (Conceição; Araújo, 2024).

Justifica esta pesquisa o fato de a educação conteudista ainda ser predominante na maioria das escolas brasileiras, em particular nas escolas públicas de periferia, havendo pouca utilização de abordagens temáticas contextualizadas dos conteúdos curriculares, o que poderia conferir à Educação um caráter transformador. Nesse sentido, Soares (2008, p. 140) aponta que, por diversos motivos, se verifica um "enfraquecimento da possibilidade da escola estar, de

---

[15] Discente no Programa de Mestrado em Ensino de Ciências e Matemática da Universidade Cruzeiro do Sul. E-mail: aleblackches@gmail.com
[16] Doutor em Ciências, Docente do Programa de Pós-Graduação em Ensino de Ciências e Matemática da Universidade Cruzeiro do Sul. E-mail: mstaraujo@uol.com.br

alguma forma, contribuindo para o fortalecimento de um projeto contra-hegemônico de sociedade".

Acreditamos que sejam relevantes as iniciativas que visam alterar este cenário complexo, de modo que pesquisar caminhos alternativos que permitam superar as dificuldades observadas se torna imprescindível, pois sinaliza meios de se romper com a estrutura tradicional vigente. Desse modo, esta pesquisa teve apoio na Educação CTS e em elementos da Educação Integral com vistas a promover a desejada ruptura e oferecer um ensino de Física com qualidade, avançando rumo a um novo paradigma educacional voltado ao Curso Técnico de Meio Ambiente, onde a pesquisa foi desenvolvida.

Outro aspecto que mostra a importância desta pesquisa é o fato do profissional oriundo do Curso de Meio Ambiente poder colocar em prática os conhecimentos produzidos e os valores e atitudes desenvolvidos e que sustentarão uma visão de mundo diferenciada e em sintonia com as demandas da sociedade contemporânea. Entendemos que as contribuições de um profissional formado com um perfil diferenciado tendem a gerar impactos positivos na sociedade na medida em que sua formação não se limita apenas a aspectos do conteúdo, mas sim trilha um caminho que valoriza a sensibilidade, a conscientização e a criticidade, que passam a fazer parte do seu modo de entender a vida e o seu papel na sociedade.

Todo indivíduo que se torna consciente de suas responsabilidades sociais, ambientais, e com o processo de autoconhecimento, contribui para ampliar a consciência coletiva, auxiliando no desenvolvimento integral do ser humano e da sociedade em que está inserido. Esse aspecto deve ser considerado como importante objetivo da própria Educação, integrando conhecimentos historicamente produzidos nas áreas de Ciências da Natureza, particularmente na área de Física, com conhecimentos oriundos de outros campos do saber e que favoreçam uma compreensão mais ampla da realidade que nos cerca, o que nos remete à Educação Integral apontada na BNCC (Brasil, 2018).

Portanto, pesquisar os efeitos de intervenções didático-pedagógicas capazes de auxiliar os estudantes a refletirem sobre questões científicas, sociais, ambientais e humanas constitui aspecto crucial para que ocorra uma transformação interna no âmbito individual e com posterior alcance coletivo. Assim, pesquisas educacionais como a aqui relatada e que busca contemplar diferentes facetas e dimensões do ser humano são relevantes no atual momento de pós-pandemia de Covid-19, pois é desejável que não retornemos à mesma situação vivida antes, mas avancemos em busca de novos parâmetros para a organização e convivência da humanidade, contando neste processo com os conhecimentos científicos e tecnológicos abordados sob a perspectiva da Educação CTS.

Desenvolver um olhar mais holístico, integral e humano dentro da Educação pode ser um caminho adequado para que superemos os problemas decorrentes do consumismo, das relações prejudiciais com o meio ambiente e das interações de exploração e manipulação entre os indivíduos, o que confere relevância para esta pesquisa ao favorecer o desenvolvimento de uma consciência ética e crítica nos estudantes, auxiliando-os em seu processo de aprimoramento pessoal e com vistas a contribuir para um mundo melhor.

Outro aspecto que merece destaque é a relevância cada vez maior da Educação CTS no cenário da Educação Científica brasileira, sendo que este trabalho oferece um material capaz de orientar a aplicação de uma SD alinhada à perspectiva educacional CTS associada à Educação Humanista, contribuindo para aprimorar a atividade docente.

O constante progresso da Ciência e da Tecnologia proporciona transformações no estilo de vida e de pensar dos indivíduos, levando-os a buscarem informações e atualizações constantemente. Assim, é importante que os professores promovam a formação do senso crítico e favoreçam a participação ativa dos estudantes nas decisões que afetam a sua vida e o meio em que vivem, objetivos que integram a Educação CTS e que podem ser alcançados por meio de abordagens de "temas que sejam significativos para os alunos", os quais podem ser problematizados "visando despertar o interesse pelos conhecimentos das Ciências Naturais" (Delizoicov; Slongo, 2011, p. 210).

Portanto, ao destacarmos elementos do Produto Educacional intitulado "Sequência Didática envolvendo os temas Poluição Sonora e Fenômenos da Luz: uma articulação entre objetivos formativos CTS, Educação Humanista e competências gerais da BNCC" (Conceição, Araújo, 2024), elaborado com base nos fundamentos da Educação CTS e da Educação Integral, esperamos contribuir com a efetivação de práticas pedagógicas que favoreçam a construção de novos conhecimentos pelos estudantes e ratifiquem o alcance de importantes e amplos objetivos inerentes à essas vertentes educacionais, permitindo articular diversas dimensões formativas em diferentes ambientes educacionais.

A Educação Humanista

Inicialmente, consideramos importante entender em linhas gerais o que é Educação Integral e, para isso, destacamos um apontamento da Unesco (2016, p. 41):

> É o processo educacional onde deve ser garantido o desenvolvimento de certas habilidades e competências que são necessárias para a formação da identidade e do caráter do sujeito de forma ampla e significativa.

Essa abordagem encontra-se definida no documento "Repensar a Educação. Rumo a um bem comum mundial?" (UNESCO, 2016), conceituado hoje como patrimônio educacional. Este documento apresenta um importante conjunto de intervenções e ações relevantes para a concretização de uma educação mais inclusiva e humanizada.

A Educação é vital na vida de todas as pessoas e por isso deve ser prioridade, pois envolve uma multiplicidade de objetivos formativos e contempla uma gama de valores universais como a defesa da dignidade humana, a ética e as atitudes focadas no bem comum, possibilitando alcançar um padrão de vida e de convívio adequados. Abordando o conceito de Educação, Sebastião (2018, p. 64) afirma que:

> O significado do termo educação é amplo e engloba muitos conceitos e definições, sendo um deles, a responsabilidade pelo processo formativo, que envolve a aprendizagem de teorias científicas e aprendizagem de princípios e valores morais também. A educação com responsabilidade integral pode ser definida de diferentes maneiras, uma delas consiste em uma metodologia específica, que segue um rigoroso planejamento, associado com apoio dos recursos básicos para que dê todo o suporte necessário para a sua consolidação.

O documento da UNESCO (2016) sinaliza que é preciso que se concretize uma Educação Integral, o que demanda uma prática alinhada com a perspectiva holística, tanto no que se refere à aprendizagem quanto para a Educação propriamente dita.

De maneira simples, abordagem holística significa desenvolver a capacidade emocional e racional do indivíduo, dois aspectos centrais de grande relevância para uma formação que privilegie um processo de humanização, alcançando o intelectual e o bem-estar físico e mental do indivíduo, interferindo nas esferas cognitivas e emocionais.

Ao se analisar o contexto escolar atual, constata-se que o sistema educacional vem enfrentando uma grave crise, pois não se vislumbra uma direção ou objetivo a ser alcançado (Sgró, 2007). Esse problema se torna um empecilho para que a Educação tenha a qualidade desejada, acarretando diversas falhas e deficiências. Para o referido autor, o processo escolar deve dirigir os indivíduos a um objetivo que precisa ser desenhado com clareza e comprometimento, sendo a Educação Integral um caminho para que se possa alcançar os objetivos mais amplos almejados (Sgró, 2007).

Dessa maneira, vislumbramos a necessidade de se efetivar profundas reestruturações no padrão educacional que temos atualmente, consolidando alguns aspectos previstos na Lei de Diretrizes e Bases e na Constituição Federal relacionados com a Educação, avançando de modo a contemplar um aspecto inovador e adequado frente à realidade que temos vivenciado, marcada por crises de diferentes naturezas, como a econômica, a social e a ambiental. Assim, no sentido de se promover uma Educação de melhor qualidade, cabe ressaltar o relatório Delors de 1998, que aponta para quatro pilares que devem sustentar a Educação, ou seja:

Aprender a conhecer – desenvolver um amplo conhecimento geral, com a oportunidade de aprofundar um pequeno número de conteúdos curriculares.

Aprender a fazer – adquirir não apenas habilidades profissionais, mas também a competência para lidar com muitas situações e trabalhar em equipes.

Aprender a ser – desenvolver a própria personalidade e ser capaz de agir com maior grau de autonomia, julgamento e responsabilidade pessoal.

Aprender a viver juntos – desenvolver uma compreensão do outro e uma apreciação da interdependência.

Esse conjunto de elementos implica que a Educação precisa contemplar novos horizontes formativos, apresentando uma finalidade mais ampla e distinta do que temos hoje, focada quase que exclusivamente na aquisição de conhecimentos específicos dos componentes curriculares. É preciso superar o tradicionalismo que caracteriza o sistema educacional vigente, ampliando o espaço para o desenvolvimento de indivíduos com potencial de reflexão e crítica, com capacidade para atuar de maneira mais consciente na sociedade e tomar decisões que contribuam para a transformação de sua realidade de vida.

Fundamentos da Educação CTS

O movimento Ciência, Tecnologia e Sociedade (CTS) surgiu no contexto marcado pela crítica ao modelo de desenvolvimento científico e tecnológico, envolvendo pressões sociais por razões distintas que vão desde as econômicas, as práticas relacionadas com grandes corporações, as guerras e os graves problemas ambientais.

Dessa maneira, pode-se dizer que o Movimento CTS é caracterizado por dois grandes eixos: a promoção do ideário de um movimento social que defende maiores discussões públicas acerca das políticas de Ciência e Tecnologia e acerca dos propósitos da tecnociência. Segundo Nordmann (2011, p. 468), o termo tecnociência significa a Ciência produzida no contexto da Tecnologia e por esta sendo dirigida.

Por sua vez, Shwan e Santos (2020) salientam que a Educação CTS no ensino de Ciências, vertente educacional do Movimento CTS, enfatiza uma formação voltada para a cidadania, um aspecto reivindicado por docentes em Ciências insatisfeitos com práticas de ensino demasiadamente centradas na formação de cientistas, o que tende a distorcer os objetivos gerais e amplos da Educação em si. Os autores ainda ressaltam que, em contextos distintos, é fundamental promover alterações no ensino de Ciências e, nesse sentido, consideram que a Educação CTS pautada na formação para a cidadania favorece uma revisão curricular em diversas regiões e em diversos países.

Estudos de natureza CTS vêm sendo desenvolvidos na área da Sociologia, de políticas públicas e da Educação. A Educação CTS tem entre suas características a busca por explicitar as inter-relações entre os três elementos da tríade, como indicado na Figura 1, favorecendo com isso a interseção de propósitos do ensino de Ciências, da Educação Tecnológica e da Educação para a cidadania no que concerne a participação dos indivíduos na sociedade (Figura 2). Desse modo, caracteriza-se a proposta curricular CTS como uma integração entre Educação Científica, Tecnológica e Social, em que os conteúdos científicos e tecnológicos são estudados simultaneamente com o debate de seus aspectos éticos, políticos, ambientais e socioeconômicos (Lopes; Cerezo, 1996), demandando mudanças de valores e atitudes e uma reorientação das condutas humanas.

Figura 1 – As inter-relações CTS.

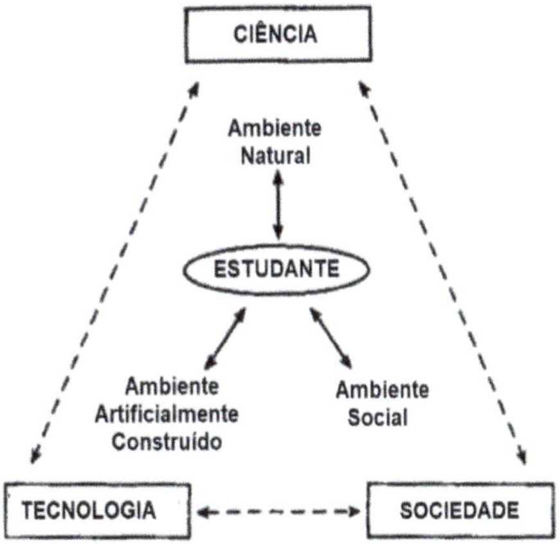

Fonte: Aikenhead (1994, p. 48).

Figura 2 – Educação CTS na confluência entre Educação Científica voltada ao Ensino de Ciências, Educação Tecnológica e Educação Social.

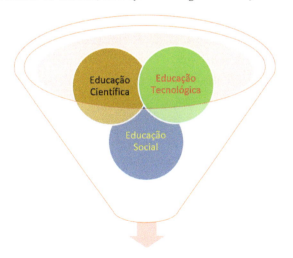

Educação para a Cidadania

A Educação CTS apresenta distintas significações de acordo com diferentes autores e, nesse sentido, Auler e Delizoicov (2001) apontam que a finalidade da Educação CTS está no entendimento da complexidade e das forças de poder presentes nas decisões que envolvem a Ciência e Tecnologia (CT), apresentando duas visões: a reducionista e a ampliada. A visão reducionista reproduz a concepção da neutralidade das decisões em CT, reforçando os mitos da superioridade do modelo de decisões tecnocráticas, da perspectiva salvacionista da CT e do determinismo tecnológico. Por outro lado, a visão ampliada procura entender as interações entre CTS, na perspectiva de problematização desses mitos, e da compreensão da existência de construções subjacentes à produção do conhecimento científico-tecnológico. Essa abordagem favorece análises críticas ao atual modelo de desenvolvimento econômico, propiciando uma leitura crítica do mundo.

Diversos autores buscam aproximar a Educação CTS dos ideais freirianos (Freire, 2018), de modo que a visão crítica da Educação CTS se opõe à visão reducionista que reproduz um modelo ideológico de submissão a um sistema tecnológico já estabelecido, buscando desenvolver novos métodos de desenvolvimento. Tal visão vem sendo defendida por favorecer o caráter libertador da Educação, em oposição a uma educação bancária e em linha com a contextualização e a interdisciplinaridade.

Ressaltamos que o objetivo principal da Educação CTS é contribuir para uma formação voltada para a cidadania, integrando um conjunto de amplos objetivos, contemplando a capacidade de tomar decisões na sociedade científica e tecnológica atual, bem como o desenvolvimento de valores e atitudes que facilitem essa tomada de decisão com consciência e responsabilidade social e ambiental. Nesse sentido, Moraes e Araújo (2012) salientam que a Educação CTS "pressupõe uma alfabetização científica voltada ao exercício da cidadania, da ampliação da sua consciência, da construção de novos conhecimentos e do desenvolvimento de valores e atitudes transformadoras".

Recomendações da BNCC

Os princípios gerais da Educação brasileira constam em documentos orientadores dos currículos desde os Parâmetros Curriculares Nacionais (PCN) (Brasil, 1997), tendo sido reafirmados nas Diretrizes Curriculares Nacionais

(DCN) (Brasil, 2013). Estes princípios estão reunidos na apresentação da Base Nacional Comum Curricular (BNCC) (Brasil, 2018) e constituem seu arcabouço propositivo: os princípios éticos, políticos e estéticos; os princípios de igualdade, de diversidade e de equidade e, ainda, a formação integral. Em seu texto de Introdução, a BNCC (Brasil, 2018, p. 14) ratifica o compromisso com a Educação Integral da seguinte maneira:

> [...] a Educação Básica deve visar à formação e ao desenvolvimento humano global, o que implica compreender a complexidade e a não linearidade desse desenvolvimento, rompendo com visões reducionistas que privilegiam ou a dimensão intelectual (cognitiva) ou a dimensão afetiva. Significa, ainda, assumir uma visão plural, singular e integral da criança, do adolescente, do jovem e do adulto – considerando-os como sujeitos de aprendizagem – e promover uma educação voltada ao seu acolhimento, reconhecimento e desenvolvimento pleno, nas suas singularidades e diversidades.

A necessidade de rompimento com visões tradicionais e reducionistas que privilegiam um aspecto ou outro da Educação é facilmente observada na BNCC. Esse rompimento se configura como uma das grandes questões da Educação Humanista e Integral ao priorizar o acolhimento e o olhar amplo para a criança, o jovem e o adulto em suas diversas e complexas dimensões.

Nesse contexto, não é possível considerar a Educação apenas como um meio de preparação de mão de obra para alimentar o mercado de trabalho, pois ela deve ser um instrumento capaz de gerar reflexões e aprendizagens, desenvolvimento de valores e atitudes, além de aprimoramento da capacidade de argumentação, favorecendo ainda melhores tomadas de decisões ao se trilhar um percurso alinhado com os preceitos da BNCC, da Educação Humanista e da Educação CTS. Na BNCC, a concepção adotada de Educação Integral se refere:

> [...] à construção intencional de processos educativos que promovam aprendizagens sintonizadas com as necessidades, as possibilidades e os interesses dos estudantes e, também, com os desafios da sociedade contemporânea (Brasil, 2018, p. 14).

A BNCC evidencia a importância de se trabalhar temas de interesse dos alunos, relacionados a aspectos voltados à cultura e a questões sociais e econômicas, contemplando a particularidade e complexidade de cada indivíduo, inclusive valorizando elementos da dimensão afetiva. Desse modo, a formação a ser oferecida se alinha com a Educação Humanista que defende esse olhar amplo e o emprego de estratégias educacionais que promovam uma formação mais completa.

Assim, a BNCC se torna um importante documento orientador na construção de uma Educação mais democrática e acolhedora, uma educação baseada em valores e princípios norteados por uma ética de bem-estar comum, havendo confluência com aspectos defendidos na Educação CTS e na Educação Humanista e Integral, cabendo aos docentes identificarem e empregarem as estratégias e recursos educacionais mais apropriados para atingirem os relevantes objetivos formativos que embasam estas importantes vertentes educacionais.

Utilização de Sequência Didática (SD)

A Educação CTS e a Educação Humanista nos permitem trabalhar com diversos recursos, entre os quais destacamos as Sequências Didáticas, favorecendo a efetivação de uma educação contextualizada. Nesse sentido, autores como Zabala (1998), Oliveira (2013) e Dolz, Noverraz e Schneuwly (2004) têm defendido que o trabalho organizado em sequências didáticas constitui um caminho indicado para que os estudantes construam novos conhecimentos a partir do trabalho pedagógico realizado em sala de aula.

Zabala (1998) usa o termo "Sequências Didáticas" como sendo "um conjunto de atividades ordenadas, estruturadas e articuladas para a realização de certos objetivos educacionais, que têm um princípio e um fim conhecidos tanto pelos professores como pelos alunos" (Zabala, 1998 *apud* Batista *et al.*, 2016, p. 5381). Para esse autor, a adoção das SD envolve uma perspectiva de sistematização e, portanto, de planejamento meticuloso vinculado aos objetivos de ensino (Batista *et al.*, 2016).

Os procedimentos contemplados nas SD "têm a virtude de manter o caráter unitário e reunir toda a complexidade da prática, ao mesmo tempo em que permitem incluir as três fases de toda intervenção reflexiva, quais sejam: o

Planejamento, Aplicação e Avaliação" (Cabral, 2017, p. 32). Essa Tríade (PAA) permite ao professor um movimento de constante aperfeiçoamento de suas atividades profissionais.

A Tríade PAA na SD envolvendo a Poluição Sonora (PS) e Fenômenos da Luz (FL)

O Produto Educacional (Conceição; Araújo, 2024) reflete o desenvolvimento de um conjunto de atividades de intervenção realizadas junto a 30 estudantes do 2º ano do Ensino Médio Integrado ao Curso Técnico de Meio Ambiente oferecido pela ETEC Paulistano, o qual teve amparo na Tríade PAA descrita a seguir.

Planejamento

Separamos dois artigos relacionados com o tema da Poluição Sonora intitulados "Como poluição sonora pode prejudicar seu coração – G.1" e "Barulho do trânsito afeta comportamento de pássaros e dificulta busca por comida, aponta estudo – BBC News", para serem debatidos ao longo de duas aulas. O primeiro aponta para as doenças físicas e psicológicas causadas por essa forma de poluição, mesmo nos casos em que nos acostumamos com o ruído. O segundo artigo mostra como a poluição sonora afeta os animais nos grandes centros. Os artigos podem ser usados como uma ferramenta estimulante para o debate de ideias e pontos de vista distintos, servindo como bases de argumentação e fontes de dados. Para a leitura do texto, é possível que o docente solicite que os próprios alunos realizem um revezamento com intervenções do professor e de outros alunos, provocando reflexões para além do texto.

Separamos também dois vídeos que podem ser utilizados em uma aula, explicando sobre a mistura dos sentidos que as pessoas portadoras de sinestesia possuem. O primeiro explica como essa doença rara atua misturando os sentidos de forma simultânea e permitindo que a pessoa veja cores associadas com cada som e inclusive sentindo o paladar dentro dessa experiência, conforme se pode constatar assistindo ao vídeo disponível em: https://www.youtube.com/watch?v=In4WvneS1qM.

O segundo vídeo mostra como o artista Kandinsky, portador de sinestesia, lidou e transformou essa condição nas suas belas obras, disponível em: https://www.youtube.com/watch?v=cJFh07Su1ao. O objetivo desses vídeos é ampliar a relação que os alunos possuem com os próprios sentidos e apresentar uma condição especial desconhecida que pode induzir reflexões sobre a própria condição física e mental, estabelecendo relações com os conceitos físicos de luz e som.

O professor também pode utilizar os simuladores virtuais do PHET COLORADO (https://phet.colorado.edu/), que é um portal da Universidade do Colorado contendo inúmeros simuladores virtuais com conteúdos das mais diversas disciplinas, oferecendo poucas explicações sobre os conceitos envolvidos nos temas de ondas, som, espelhos, lentes e cores. Julgamos oportuno que o professor conheça o portal antes para identificar quais simuladores irá utilizar e verificar como manipular as variáveis envolvidas para observar determinados fenômenos possibilitados pelos simuladores escolhidos.

Pensando em uma turma de 40 alunos, uma possível estratégia seria dividir em dois grupos de 20 alunos, cabendo a um grupo a abordagem de temas relacionados à Poluição Sonora (PS) e o outro grupo ficaria encarregado de abordar temas relacionados aos Fenômenos da Luz (FL), sendo que em cada grupo de 20 alunos seriam formados três grupos de seis a sete integrantes e distribuídos os seguintes subtemas sobre PS e FL:

- Ruídos sonoros e geração de doenças físicas e psicológicas;
- O uso do som em atividades de divulgação e *marketing*;
- Super Audição e os Pets: Vantagens e Perigos;
- Cegueira e Daltonismo, principais causas, características e possíveis correções;
- O uso das cores nos ambientes e mídias para influenciar o consumo;
- Efeito fotoelétrico e energia solar.

Considerando que as aulas apresentam normalmente duração de 50 minutos, os grupos devem ser orientados a utilizar de doze a quinze minutos para fazerem a apresentação oral, de modo que em cada aula teremos duas apresentações, sobrando de vinte a vinte e seis minutos para a realização de debates após as apresentações.

A utilização de seminários favorece que sejam aprofundados diversos aspectos contemplados nas apresentações, atuando o aluno como protagonista de sua aprendizagem e permitindo que contribua com a formação dos seus colegas, o que não seria oportunizado se apenas o professor abordasse todos os temas propostos. O Quadro 1 sintetiza as aulas, as ações e os objetivos proporcionados pela Sequência Didática realizada.

Quadro 1 – Descrição geral da Sequência Didática.

CARACTERÍSTICAS DA SEQUÊNCIA DIDÁTICA			
N° DE AULAS	AÇÃO PEDAGÓGICA	OBJETIVO	DESCRIÇÃO
2	Debate	Apresentar questionamentos para reflexões e observar argumentos e dados.	Leitura de dois artigos sobre a PS com intervenções provocativas relacionadas ao cotidiano.
1	Assistir aos dois vídeos	Ampliar a relação que os alunos possuem com os próprios sentidos apresentando a sinestesia.	Condição do cérebro em combinar os sentidos relacionada à FL, tendo como exemplo o artista Kandinsky.
4	Aulas com simuladores virtuais	Compreender conceitos de Física.	Estudar alguns conceitos de ondas, som, espelhos, lentes e cores com o auxílio dos simuladores virtuais.
1	Divisão dos grupos e temas para posterior apresentação	Organizar as futuras apresentações de seminários.	Os alunos deverão se dividir em seis grupos com seis a sete integrantes, onde três abordarão PS e três FL.
3	Apresentação de seminários	Debater os temas de cada apresentação, visando ampliar a compreensão dos aspectos abordados.	Dois grupos apresentam por doze a quinze minutos e ocorrem debates com vinte a vinte e seis minutos destinados a explorar os temas das apresentações.
1	Autoavaliação	Os alunos realizam uma autoavaliação consistente.	Com argumentos e justificativas, os alunos podem apresentar sua autoavaliação por meio de um texto.

Fonte: Conceição, Araújo (2024, p. 14).

Aplicação

Nesta etapa, é importante que o professor esteja preparado para fazer intervenções com argumentos e provocações que levem os alunos a refletirem sobre a própria realidade que vivenciam e sobre as possibilidades de transformá-la, sendo que as reflexões devem ser estimuladas tanto durante a leitura dos artigos, quanto ao longo das apresentações de seminários e dos debates que as seguem. É desejável que a aplicação proporcione liberdade para que os estudantes atuem com engajamento e protagonismo, devendo-se criar um ambiente lúdico e envolvente, buscando orientar os estudantes para que enriqueçam suas apresentações, empregando processos criativos que facilitem a construção de novos conhecimentos em toda a turma, além de estimular a adoção de comportamentos alinhados aos valores e atitudes almejados na proposta.

Durante a intervenção, os registros e impressões do professor e dos alunos podem servir como importante fonte de dados para que sejam identificadas formas de se melhorar as futuras intervenções, permitindo ajustes, cortes e implementações de conteúdos e recursos de modo a contribuir para o desenvolvimento de habilidades, competências e valores voltados para a Educação Cidadã.

Como a realidade estrutural varia de escola para escola, é fundamental que o professor verifique a possibilidade de utilizar material multimídia nas apresentações de seminários, realizando testes antes das aulas com a finalidade de evitar surpresas desagradáveis como, por exemplo, o mal funcionamento do equipamento.

Visando estimular reflexões, o professor precisa estar atento para o fato que alguns alunos podem ter compreensões e assimilações em momentos diferentes daquele em princípio destinado para isso, o que pode ocorrer, por exemplo, ao serem estimulados por algum outro tema que os levaram a realizar associações de pensamentos e ideias que podem surgir livremente e que, na medida do possível, não devem ser interrompidos ou desestimulados, pois podem conduzir a aprendizagens significativas e permitir uma tomada de consciência mais ampla sobre os diferentes temas abordados.

O Planejamento bem realizado prevê alternativas frente a imprevistos que podem ocorrer, por exemplo, caso haja falta de algum grupo para apresentar o seminário. Porém, os alunos precisam compreender e estar cientes da sequência de atividades previstas nas intervenções planejadas pelo professor, assumindo a sua parcela de responsabilidade para que haja um bom andamento de todo o processo. Entretanto, caso ocorram imprevistos durante a execução e aplicação das intervenções, é fundamental que as alternativas estejam alinhadas com as mesmas habilidades, competências e objetivos do trabalho inicial, de modo a preservar a coerência pedagógica da proposta que foi planejada e estruturada.

Avaliação

O professor pode utilizar diferentes critérios para compor a avaliação dos estudantes como, por exemplo, 40% sendo de autoavaliação e os outros 60% formado por anotações de participações nos debates sobre os artigos e após a apresentação de seminários (20%) e no âmbito dos seminários poderíamos ter 20% para a fala individual e 20% para a apresentação coletiva. Nesse sentido, seria considerada a produção dos slides e a criação de momentos interativos envolvendo experimentos, simulador virtual, observação e descrição de aspectos e objetos pertinentes aos temas abordados.

A autoavaliação é um recurso que estimula os alunos a terem responsabilidade sobre a própria aprendizagem. Essa reflexão quando bem aproveitada pode apresentar bons resultados, principalmente nos bairros de periferia onde a autoestima dos jovens tende a ser muito comprometida. Reforçar as conquistas positivas ao longo do processo de aprendizagem pode ser um elemento fortalecedor e significativo para os estudantes.

Cabe salientar que mesmo os alunos estando acostumados a se envolverem por conta da nota que irão receber, é importante que o professor chame a atenção deles para o fato de que a aquisição do conhecimento pelo conhecimento em si não é tão relevante quanto o desenvolvimento mais amplo dos estudantes em termos de construção de novos conhecimentos, desenvolvimento de valores e atitudes, conscientização, participação e engajamento, protagonismo juvenil, entre outros aspectos, pois a oportunidade vivenciada constitui semente plantada que pode germinar e favorecer a consolidação de aspectos éticos, morais e de valores fundamentais quando se considera a formação de um cidadão crítico e atuante na sociedade.

Resultados alcançados por meio da Sequência Didática

Os registros das anotações das apresentações de seminários dos grupos que abordaram os temas "Super audição e os Pets: vantagens e perigos" e "Ruídos sonoros e geração de doenças físicas e psicológicas" permitiram constatar a presença de diversas informações explicando porque os Pets sofrem tanto com alguns tipos de sons e como funcionam os apitos ultrassônicos para adestramento de cães, sendo mostrado o espectro de frequências e destacadas as faixas de percepções auditivas dos seres humanos e de alguns animais. Os grupos também mostraram como alguns sons, mesmo aparentemente não incomodando, pois nos acostumamos, podem provocar até problemas cardíacos, além de questões ligadas à estresse e problemas psicológicos. Nesse sentido, foram apresentadas algumas tabelas com tempos adequados de exposição à determinados tipos de sons, segundo recomendação da OMS – Organização Mundial da Saúde. Os debates que sucederam as apresentações contaram com ampla participação dos estudantes, sendo necessário interromper a atividade por conta do término da aula.

A construção do saber deve possibilitar aos alunos ampliarem a sua capacidade de pensar e agir com criticidade, corroborando para isso que as abordagens docentes aproximem o mundo da escola do mundo vivencial dos estudantes, o que encontra apoio na contextualização e na valorização de temas contemporâneos relevantes.

As apresentações e os debates ampliaram a capacidade de tomada de decisão com relação aos Pets, por exemplo, permitindo compreender que é preciso evitar expor os animais a lugares com festas e queimas de fogos, bem como limitar o tempo de exposição a determinadas intensidades sonoras, evitando utilizar o fone de ouvido em volume elevado por longos períodos de tempo.

Os registros das apresentações de seminários mostraram que os grupos de estudantes envolvidos com os temas "A utilização do som para a promoção da saúde" e "Som e meditação" abordaram as ondas binaurais, que consistem no indivíduo escutar com fone de ouvido dois sons com frequências ligeiramente diferentes. Ao fazer isso, o cérebro percebe a diferença e passa a focar na correção dessa defasagem, auxiliando a pessoa a ter mais foco, menor nível de ansiedade e de estresse, acalmando seus pensamentos. No caso do tema trabalhado "Som e meditação", os alunos mostraram os benefícios da prática da meditação, enfatizando principalmente estudos que relataram como professores que trabalham em escolas e que passaram a adotar a meditação como uma atividade diária foram capazes de levar seus alunos a apresentarem melhoras no comportamento e na clareza dos pensamentos.

Quando perguntados sobre uma conexão ou desconexão em termos de percepção sonora do meio ao redor, constatou-se compreensão de que a atenção sonora contribui para que se estabeleça foco no momento presente, ampliando assim o estado de consciência quanto ao meio em que se está inserido, diminuindo a dispersão e ampliando a concentração. Por sua vez, a desconexão foi entendida no sentido que, mesmo que o jovem esteja fisicamente no ambiente, por meio do som ele desvia sua atenção dos eventos desse ambiente e passa a focar mais no seu mundo interno, nos seus pensamentos e sentimentos. Um segundo sentido para desconexão é que os sons do ambiente contribuem para uma imersão que tira momentaneamente o indivíduo daquela realidade, colocando-o em um estado de percepção de outra realidade, de forma intencional e direcionada. Nos dois sentidos temos um distanciamento da realidade, porém, no primeiro há uma liberdade maior do indivíduo e no segundo caso a situação é mais provocada pelo meio externo.

Esses entendimentos apontam que as atividades realizadas contribuíram para desenvolver o ser em sua plenitude, em concordância com a Educação Humanista e com a importância de se estimular o autoconhecimento e o autocuidado, aspectos presentes nas competências gerais da BNCC.

Os registros das apresentações de seminários dos grupos que abordaram os temas "Percepção sonora do ambiente" e "Som e religião" enfatizaram conteúdos que envolveram desde a realidade virtual, explorando sistemas de áudio digitais com sons exclusivos para cada ouvido, até vivências mais simples com relaxamentos e sons com batidas únicas durante intervalos de tempos maiores. Esses dois temas foram apresentados no mesmo dia, sendo destacado também como algumas religiões de origem católica utilizam o som pelo canto como uma forma de purificação, como religiões de matrizes africanas utilizam as batidas dos tambores para se religarem a algo maior, enquanto algumas religiões como o Budismo e o Hinduísmo utilizam mantras que são sons sagrados que quando repetidos induzem uma elevação espiritual.

Assim, foi possível fazer um contraponto com o som, ora sendo identificado como um gerador de malefícios, causando problemas cardíacos, dores de cabeça e problemas psicológicos como estresse e ansiedade, ora se apresentando como benéfico ao promover saúde e bem-estar, auxiliando no foco e na concentração, diminuindo a ansiedade, ampliando o autoconhecimento e o autocuidado por meio da meditação e sendo inclusive utilizado como um meio de elevação espiritual.

Entendemos que o desenvolvimento dos indivíduos em sua plenitude contribui para que a sociedade se desenvolva como um todo, o que pode ocorrer dispondo da Ciência e da Tecnologia para acelerar esse processo na medida em que as escolas proporcionem vivências sonoras enriquecedoras. Essas atividades favorecem o alcance dos objetivos da Educação CTS, como salienta Marani *et al.* (2019, p. 70) ao destacar que "O desenvolvimento do Pensamento Crítico (PC) se faz necessário para a formação do cidadão, de forma que ele possa ter uma atuação ativa na sociedade, o que inclui tomada de decisões, juízos de valores e reflexão", o que no contexto das intervenções realizadas envolve a escolha de sons e situações em que os elementos sonoros possam contribuir para a saúde e o equilíbrio dos estudantes participantes.

A partir dos registros das apresentações de seminários, foi evidenciado que a maioria dos alunos estava tendo um primeiro contato com termos e conceitos relacionados com cores primárias e secundárias, formação de imagens nos espelhos planos e curvos, aplicações de lentes e funcionamento do olho humano. O fato de os próprios colegas de turma estarem trazendo as informações permitiu aproximar esses conceitos físicos dos conhecimentos prévios dos estudantes, facilitando o entendimento daqueles conteúdos curriculares.

Aprender Ciência constitui um mecanismo de combate à exclusão, na medida em que favorece a socialização do conhecimento científico para todos de forma crítica (Krasilchik; Marandino, 2004). Alfabetizar científica e tecnologicamente os estudantes, por meio de ações educativas planejadas para atingir os objetivos CTS, potencializa uma compreensão crítica sobre as interações entre C-T-S (Auler, 2003).

Os registros das apresentações de seminários apontam ainda que os alunos já tinham assistido duas aulas teóricas utilizando os simuladores virtuais, uma aula expositiva e outra em que foram feitas discussões sobre as células fotovoltaicas, funcionamento dos simuladores virtuais e aplicações e impactos ambientais gerados pelas atividades científicas e tecnológicas. Essas apresentações focaram em conceitos relacionados à óptica, como princípios da óptica geométrica e aplicações tecnológicas, dualidade onda-partícula da luz e alguns problemas relacionados com a visão, como a cegueira e o daltonismo.

Cabe ressaltar que, em uma das apresentações, um grupo abordou espelhos planos e fez uma dinâmica que levou todos os alunos da turma a refletirem de maneira profunda sobre aspectos presentes na BNCC como autocuidado e autoconhecimento ligados à autoestima. O grupo apresentou conceitos relacionados com o espelho plano como o fato da imagem e do objeto estarem na mesma distância, fazendo com que tanto a imagem quanto o objeto tenham o mesmo tamanho. Também foram abordados fenômenos relacionados com o enantiomorfismo, que consiste na simetria de dois objetos que não podem se sobrepor, sendo selecionado na sequência um voluntário que recebeu uma caixa com uma foto dentro, sendo pedido que fornecesse descrições de qualidades e características positivas da pessoa da foto, de modo que este voluntário permitisse que o restante da turma descobrisse quem era a pessoa na foto.

Na verdade, nessa atividade não havia uma foto, mas sim um espelho plano que mostrava o próprio voluntário que agora na frente de todos deveria descrever apenas suas qualidades e com isso os colegas deveriam adivinhar quem era a pessoa. Essa atividade, relativamente simples, provocou muita reflexão em todos, pois o próprio voluntário não conseguiu descrever muitas qualidades dele mesmo e se emocionou, o mesmo ocorrendo com a grande maioria dos demais estudantes quando entendeu que se tratava de um espelho, fazendo com que o próprio professor pesquisador também se emocionasse.

Para jovens adolescentes de periferia, a autoestima é um tema muito sensível que os afeta de diferentes formas, de modo que proporcionar um desenvolvimento pleno com base na Educação Humanista favorece momentos ricos como este gerado pelo uso dos espelhos, pois a maioria dos estudantes pode se observar com outros olhos, percebendo-se de uma forma mais verdadeira. Assim, mesmo sem se expressar com palavras os estudantes puderam se conectar mais profundamente com o outro, entendendo melhor o que ele estava sentindo. Desse modo, conseguimos desenvolver a empatia, a sensibilidade de compreender o outro e valorizar alguns de seus atributos, o que pode fazer a diferença em seu desenvolvimento pessoal.

Considerações Finais

A proposta do Produto Educacional (Conceição; Araújo, 2024) que subsidiou este trabalho favorece a problematização de temas relevantes como a Poluição Sonora (PS) e os Fenômenos da Luz (FL), tendo por base uma SD que permite vincular diferentes componentes curriculares, contemplando a interdisciplinaridade e a transversalidade, sendo esta uma maneira de se ampliar o entendimento dos estudantes acerca de aspectos da realidade e estimular ações que permitam melhorar a sua qualidade de vida ao apontar caminhos para a superação ou minimização dos problemas identificados.

Nesse tipo de abordagem, é importante que se parta da identificação de problemas relacionados com a realidade do aluno, pois ele é a figura central do processo e seu papel ativo deve ser estimulado. Ao final, o estudante, junto com o docente, deve aplicar as soluções encontradas para alterar algumas características da realidade investigada.

Espera-se, portanto, que os docentes intervenham nos ambientes educacionais visando alcançar importantes objetivos formativos alinhados à Educação CTS, empregando uma variedade de recursos didático-pedagógicos.

O referido Produto Educacional tem por base a pesquisa "Abordagem Humanista no Ensino de Física em um Curso Técnico de Meio Ambiente por meio da Educação CTS" (Conceição, 2024), que investigou os objetivos formativos associados com a Educação CTS e com a Educação Humanista e Integral, contemplando recursos didático-pedagógicos adequados para o alcance desses objetivos, podendo este produto ser aplicado em qualquer modalidade de pesquisa com característica de intervenção no âmbito dessas vertentes educacionais.

Desse modo, é possível explorar a contextualização e estimular abordagens interdisciplinares valorizando conteúdos científicos e tecnológicos, enfatizando temas sociais e ambientais relevantes e contemporâneos, capazes de ampliar o entendimento dos estudantes acerca de diferentes aspectos da realidade que vivenciam.

Nesse percurso, o uso de ferramentas, estratégias e recursos que possibilitem uma educação mais humana e holística se faz necessário para a construção de uma sociedade mais justa, equânime e sustentável. Além disso, o pensamento científico crítico e criativo constitui outra competência importante na formação de um cidadão atuante e compassivo que trabalhe em prol do bem coletivo, estando estes objetivos alinhados com alguns preceitos da Educação CTS e que são destacados por autores como Palacios, Otero e García (1996).

Valorizar uma educação mais humana, holística e integral é o passo inicial para que ocorram mudanças nos papéis que docentes e estudantes exercem nos ambientes escolares e, por conseguinte, na sociedade. O profissional, independente da área de atuação, que se enxerga de forma humana e integral e consegue enxergar o outro dessa mesma forma cria relações mais harmoniosas, sustentáveis e geradoras de prosperidade para todos os envolvidos em sua atividade, gerando reflexos positivos para o meio social em que estão inseridos.

No âmbito educacional, é importante que haja reconhecimento da necessária articulação dos conhecimentos científicos e tecnológicos com o contexto social, com o propósito de preparar cidadãos capacitados a avaliar as consequências desses conhecimentos para suas vidas, emitindo juízos de valor. Desse modo, é possível estimular os indivíduos a tomarem decisões conscientes e fundamentadas em conhecimentos científicos, saberes e valores, sendo este um direcionamento adequado para o ensino de Ciências na atualidade.

A educação científica e tecnológica deve ser considerada como um aspecto prioritário para o desenvolvimento econômico e social de um país, visto que um país será considerado mais democrático quanto maior for a participação dos cidadãos na tomada de decisões (Auler, 2011).

É importante que as instituições de ensino acompanhem os avanços da Ciência e da Tecnologia e promovam o letramento científico dos discentes, proporcionando-lhes não somente a explicação técnica, mas também a compreensão dos conceitos referentes às novas tecnologias, identificando seus impactos na sociedade e no meio ambiente. Dessa forma, a atuação docente tende a contribuir para que os estudantes se tornem cidadãos mais éticos e autônomos, capazes de compreender diferentes processos e fenômenos sociais e científicos e, assim, por meio dos conhecimentos adquiridos e dos valores e atitudes desenvolvidos, possam se integrar à sociedade de forma mais participativa, tomando decisões conscientes e que contribuam para melhorar a sua qualidade de vida e dos demais membros que fazem parte da comunidade em que vivem.

Referências

AIKENHEAD, G. S. What is STS science teaching? *In*: SOLOMON, J.; AIKENHEAD, G. S. (Eds.). **STS education**: international perspectives on reform. New York: Teachers College Press, p. 47-59, 1994.

AULER, D. Alfabetização Científico-Tecnológica: um novo "Paradigma"? **Revista Ensaio**, Belo Horizonte, v. 5, n. 1, p.68-83, 2003.

AULER, D. Enfoque ciência – tecnologia – sociedade: pressupostos para o contexto brasileiro. **Ciência & Ensino**, v.1, p.1-20, 2011.

AULER, D.; DELIZOICOV, D. Alfabetização científico-tecnológica para quê? **Revista Ensaio** - Pesquisa em Educação em Ciências, v. 3, p. 122-134, 2001.

BATISTA, R. C.; OLIVEIRA, J. E.; RODRIGUES, S. F. P. Sequência didática – ponderações teórico-metodológicas. *In*: Encontro Nacional de Didática e Práticas de Ensino, 18, 2016, Cuiabá. **Anais** ..., Cuiabá-MT, 2016, p. 5380-5385.

BRASIL, Ministério da Educação. **Parâmetros Curriculares Nacionais para o Ensino Fundamental**. Brasília: MEC/SEF, 1997.

BRASIL. **Diretrizes Curriculares Nacionais Gerais da Educação Básica**. Ministério da Educação. Secretaria de Educação Básica. Diretoria de Currículos e Educação Integral. Brasília: MEC, SEB, DICEI, 2013.

BRASIL. Ministério da Educação. **Base Nacional Comum Curricular**. Brasília, 2018.

CABRAL, N. F. **Sequências didáticas:** estrutura e elaboração. Belém: SBEM/SBEM-PA, 2017. 104 p.

CONCEIÇÃO, A. V. A. L. **Abordagem Humanista no Ensino de Física em um Curso Técnico de Meio Ambiente por meio da Educação CTS**. Dissertação de Mestrado Profissional, Universidade Cruzeiro do Sul, 2024.

CONCEIÇÃO, A. V. A. L.; ARAÚJO, M. S. T. **Sequência Didática envolvendo os temas Poluição Sonora e Fenômenos da Luz: uma articulação entre objetivos formativos CTS, Educação Humanista e competências gerais da BNCC**. Produto Educacional, Mestrado Profissional em Ensino de Ciências e Matemática, Universidade Cruzeiro do Sul, 2024.

DELIZOICOV, N. C.; SLONGO, I. I. P. **O ensino de Ciências nos anos iniciais do Ensino Fundamental:** elementos para uma reflexão sobre a prática pedagógica. Série-Estudos - Periódico do Programa de Pós-Graduação em Educação da UCDB. Campo Grande, MS, n. 32, p. 205-221, jul./dez. 2011.

DELORS, J. *et al.* **Educação:** um tesouro a descobrir. Relatório para a UNESCO da Comissão Internacional sobre Educação para o Século XXI. São Paulo: Cortez; Brasília, DF: UNESCO, 1998.

DOLZ, J.; NOVERRAZ, M.; SCHNEUWLY, B. Sequências didáticas para o oral e a escrita. *In*: SCHNEUWLY, B.; DOLZ, J. e colaboradores. **Gêneros orais e escritos na escola.** Campinas: Mercado de Letras, 2004, p. 95-128.

FREIRE, P. **Pedagogia do Oprimido.** 66. ed. Rio de Janeiro/São Paulo: Paz e terra, 2018.

KRASILCHIK, M.; MARANDINO, M. **Ensino de Ciências e Cidadania.** São Paulo: Moderna, 2004, 88p.

LÓPEZ, J. L. L.; CEREZO, J. A. L. Educación CTS en acción: enseñanza secundaria y universidad. *In*: GARCÍA, M. I. G., CEREZO, J. A. L., LÓPEZ, J. L. L. **Ciencia, tecnología y sociedad**: una introducción al estudio social de la ciencia y la tecnología. Madrid: Editorial Tecnos S. A., 1996.

MARANI, P. F.; SANTOS, M. C. G.; BALDAQUIM, M. Junior; BEDIN, F. C.; FANTINELLI, M.; SILVEIRA, M. P. Desenvolvimento do pensamento crítico no ensino de ciências: publicações em eventos nacionais. **Scientia Naturalis**, v. 1, n. 2, p. 69-82, 2019.

MORAES, J. U. P.; ARAÚJO, M. S. T. **O Ensino de Física sob o Enfoque CTSA:** caminhos para uma Educação Cidadã. São Paulo: Livraria da Física, 2012.

NORDMANN, A. Science in the context of technology. *In*: CARRIER, M; NORDMANN, A. **Science in the context of application**. Boston: Springer, p. 467-482, 2011.

OLIVEIRA, M. M. **Sequência didática interativa no processo de formação de professores.** Petrópolis: Vozes, 2013.

PALACIOS, F. A.; OTERO, G. F.; GÁRCIA, T. R. **Ciencia, Tecnología y Sociedad.** Madrid: Ediciones Del Laberinto, 1996.

SEBASTIÃO, S. S. **Educação Integral:** um direito de todos. Revista de Pesquisa Interdisciplinar, Cajazeiras, v. 3, n. 2, p. 61-77, 2018.

SGRÓ, M. **Educação pós-filosofia da história:** racionalidade e emancipação. São Paulo: Cortez, 2007.

SOARES, K. C. D. **Trabalho docente e conhecimento**. Tese. (Doutorado em Educação). Universidade Federal de Santa Catarina, 2008.

SCHWAN, G.; SANTOS, R. A. Investigação Temática Freireana e o enfoque CTS no Ensino de Ciências: currículos e práticas no Ensino Fundamental. **Olhar de professor**, Ponta Grossa, v. 23, p. 1-17, 2020.

UNESCO. **REPENSAR A EDUCAÇÃO**: Rumo a um bem comum mundial? Repositório da UNESCO, 2016. Disponível em: https://unesdoc.unesco.org/ark:/48223/pf0000244670. Acesso em: 10 maio 2023.

ZABALA, A. **A prática educativa:** como ensinar. Tradução Ernani F. F. Rosa. Porto Alegre: Artmed, 1998. 224 p.

EXPLORANDO A TEMÁTICA DA DENGUE NO CURRÍCULO DA CIDADE DE SÃO PAULO: UMA SEQUÊNCIA DIDÁTICA PERMEADA POR TECNOLOGIAS

Uelinton Aparecido Valeriano[17]
Rita de Cássia Frenedozo[18]
Jorge Luis Costa[19]

INTRODUÇÃO

Este capítulo faz parte da dissertação de mestrado intitulada "O Uso da sequência didática como estratégia de intervenção: explorando a temática dengue no currículo da Cidade de São Paulo" (Valeirano, 2020a) e parte do Produto Educacional apresentado e avaliado como parte integrante da defesa de Mestrado Profissional em Ensino de Ciências e Matemática com o mesmo título (Valeirano, 2020b).

O texto também colabora na prática docente com diversos temas configurados no contexto do ensino de Ciências e Biologia que têm sido abordados, considerando-se apenas a dimensão natural e biológica. Nessa perspectiva, o ensino volta-se à memorização de ciclos de vida, anatomia e fisiologia de organismos, sem que o conteúdo se faça realmente compreensível em suas múltiplas dimensões, pois se abdica de outros aspectos igualmente importantes tais

---

[17] Biólogo, Mestre em Ensino de Ciências e Matemática, professor da Prefeitura Municipal de São Paulo. E-mail: uelintonap@gmail.com

[18] Bióloga, Doutora em Geociências e Meio ambiente, Docente do programa de Pós-graduação em Ensino de Ciências e Matemática, Universidade Cruzeiro do Sul.
E-mail: rita.frenedozo@cruzeirodosul.edu.br

[19] Biólogo, Mestre em Ensino de Ciências e Matemática, professor do Centro Paulo Sousa ETEC, São Paulo, SP. E-mail: jorgeluisbio@uol.com.br

como os determinantes sociais, econômicos, históricos e conceituais dos fenômenos e, sobretudo, dos temas relacionados à saúde (Assis; Pimental; Schall, 2013).

A busca constante pela melhoria das práticas docentes e, consequentemente, melhoria do aprendizado, tem levado muitos professores a fazerem uso das tecnologias em sala de aula. De modo geral, as unidades educacionais dispõem de aparelhos de televisão, DVD e caixas de som, além de microcomputadores instalados nas salas de informática, o que possibilita a adoção de estratégias didáticas envoltas no uso das Tecnologias de Informação e Comunicação (TICS). No entanto, esses recursos são utilizados muitas vezes apenas pelos professores de informática das instituições ou por alguns poucos professores que se aventuram no uso dos equipamentos.

Evidenciamos em algumas pesquisas uma busca constante pela qualidade e melhoria da educação básica por intermédio do uso da tecnologia. Os pesquisadores mostram que as Tecnologias da Informação e Comunicação (TICs) podem ser utilizadas como importantes ferramentas de interação, sendo capazes de potencializar o aprendizado e permitir maior interação entre os alunos e entre os alunos e o professor. As contribuições das tecnologias para o ensino de Ciências e Biologia, destacando o papel e seus recursos para a melhoria da aprendizagem em sala de aula, tem sido observadas em várias pesquisas a fim de melhorar o desempenho dos alunos, à medida que fornecem aos discentes uma possibilidade de estudo, além de fomentar a troca de ideias e a tomada de consciência sobre seu processo de aprendizagem e sobre a sociedade (Reis *et al*. 2021; Freitas, 2019; Silva; Kalhil, 2018; Rodrigues, 2016; Assis; Pimenta; Schall, 2013; Perioto, 2013).

Visando a formação integral das crianças e adolescentes atendidos nas unidades educacionais da cidade de São Paulo, o currículo da rede municipal de educação contém orientações didático-pedagógicas para que os professores tenham subsídios para suas aulas. Desse modo, propor situações de ensino e aprendizagens contextualizadas com o que os alunos vivenciam é de extrema importância para a formação desses sujeitos. "[...] o currículo pode ser considerado como o cerne de uma proposta pedagógica, pois tem a função de delimitar os aprendizados a serem desenvolvidos e referenciar as atividades a serem realizadas em sala de aula, sempre tendo a compreensão e a melhoria de vida como base da sociedade [...]" (São Paulo, 2019, p. 17).

No quesito de Educação para a Saúde no âmbito escolar, este tem como finalidade básica contribuir para a prevenção a agravos à saúde. Tomou-se aqui o caso da dengue que anualmente causa problemas numa ordem epidemiológica comportamental. Assim, vemos a escola como um ponto de partida para reflexões e promoção para uma educação voltada à saúde (Siqueira; Frenedozo, 2018; Santos, 2020). A temática visa esclarecer os alunos quanto aos cuidados básicos para evitar manter os criadouros do mosquito nas residências, assim como identificar os possíveis locais que possam abrigar as larvas dos insetos, além de propor a identificação de possíveis parceiros institucionais (posto de saúde, defesa civil, entre outros) que podem contribuir no combate à proliferação desse vetor.

Com as transformações que a cidade vem sofrendo, poluição de rios, ocupação de áreas de várzeas, descarte de lixo a céu aberto, as populações que vivem nas grandes cidades começaram a conviver muito de perto com diversos vetores de doenças que foram atraídos por esse ambiente sujo e desorganizado. Podemos observar que nos últimos anos vem aumentando a preocupação da população com relação aos efeitos negativos que o problema ambiental vem causando na saúde pública, preferencialmente as das que vivem nas cidades. Por isso, a necessidade de preservar o bem-estar e o desenvolvimento socioeconômico (Siqueira; Frenedozo, 2018).

Tanto o Ministério da Educação como o Ministério da Saúde sugerem diversas estratégias que cheguem à população e que podem contribuir com a mobilização das comunidades escolares de áreas prioritárias e com o conhecimento relativo à prevenção e à proteção à saúde, assim como envolver e incentivar a participação de todas as escolas municipais ou estaduais, no sentido de fortalecer uma ação ampliada e coordenada no âmbito dos territórios (Marteis; Makowski; Santos, 2020; Brasil, 2016). Embora o tema dengue pareça muito debatido pela mídia e pela própria população, no entanto, ainda é negligenciada por todos esses setores.

Assim, este trabalho pode ser aplicado pelo professor usando o tema dengue para desenvolver uma sequência didática com o uso da tecnologia como recurso didático. Faz parte da dissertação de mestrado intitulada "O uso da sequência didática como estratégia de intervenção: explorando a temática dengue no currículo da cidade de São Paulo" (Valeriano, 2020a), e parte do Produto Educacional apresentado e avaliado como parte integrante da defesa de Mestrado Profissional em Ensino de Ciências e Matemática com o mesmo título (Valeriano, 2020b). Além disso, poderão ser usados os questionários prévio e de Avaliação Final para verificar o conhecimento dos alunos. Com isso o professor poderá verificar as contribuições das TICs no ensino da dengue e *A. aegypti* e verificar a contribuição para a aprendizagem significativa dos aspectos que envolvem o ciclo de vida do mosquito.

Desse modo, entendemos que a tecnologia se torna ferramenta importante tanto para facilitar o processo de aprendizagem sobre as medidas preventivas as quais se fazem urgentes nos períodos do ciclo do animal, quanto para o auxílio dos docentes e ainda para um eventual estreitamento do vínculo família-escola.

Construção de material didático apoiado às TICs

A sequência didática ora proposta nasceu da necessidade e da possibilidade de contribuir para a educação pública, mais especificamente para a disciplina de Ciências Naturais. A produção deste material foi motivada após alguns anos de atuação de um dos autores como docente na disciplina de Ciências Naturais na rede municipal de ensino de São Paulo e pela observação da elevação anual dos índices de infecção pelo vírus da dengue na cidade de São Paulo. Aliado a essa temática, lançou-se o desafio de propor de forma intencional o uso de dispositivos móveis na rotina pedagógica dos professores.

Por fim, almejamos que o(a) professor(a), ao ler essa sequência didática, possa refletir sobre a importância de aliar as tecnologias às estratégias didáticas que são desenvolvidas em sala de aula, com o intuito de aproximar a escola das práticas sociais que os jovens desenvolvem nos contextos sociais, além de subsidiar os alunos com conhecimentos que sejam capazes de motivar a tomada de decisão e o envolvimento nas questões de ordem coletiva.

Dessa forma, surge a questão: a metodologia da sequência didática aliada ao uso de uma estratégia de ensino baseada em dispositivos móveis é capaz de promover aprendizagem?

O processo ensino-aprendizagem: tecnologia e saúde

A educação brasileira tem passado por profundas transformações ao longo dos anos, e isso tem encorajado uma mudança nas metodologias que são empregadas pelos professores durante as aulas. Hoje, já não basta ter acesso à informação que está disponível a um clique, mas é preciso prover meios para que os alunos tenham condições de acessar e articular o conhecimento historicamente construído com as suas vivências cotidianas, atribuindo-lhes significado.

Aprender, portanto, não é acumular informações, mas sim construir novas redes conceituais, utilizando as concepções, a lógica e a linguagem que foram construídas previamente. Com esses elementos é que o sujeito dá significado a toda nova informação e a integra em sua estrutura cognitiva modificando eventualmente, ou seja, o estudante irá incorporar aquela informação a qual pode dar significado específico e que possa integrá-la às já existentes (Santos, 2006, p. 41).

Considerando que as aulas de ciências naturais no Ensino Fundamental devem propor a aquisição dos conhecimentos científicos e instrumentalizar o estudante para compreender o funcionamento do método científico, é imprescindível que o professor de ciências oportunize momentos em que a prática da investigação científica esteja explícita, objetivando a apropriação dos métodos, técnicas e etapas do processo.

Não se trata aqui de selecionar os conteúdos que privilegiem a experimentação, mas sim potencializar as estratégias de ensino, para que os alunos possam se familiarizar com o fazer científico. "Assim, a leitura de um texto pode ser uma atividade investigativa tanto quanto um experimento de laboratório" (Carvalho, 2018). De acordo com esses autores, fica evidente que mais do que possibilitar a experimentação em laboratórios modernos, o professor precisa organizar situações didáticas em que os alunos possam refletir, propor hipóteses, refutá-las ou confirmá-las.

Nesse processo, é importante que o professor reconheça a escola como um espaço capaz de desenvolver a investigação científica e esta deve estar relacionada a temas vivenciados por aquela comunidade, possibilitando aos sujeitos maior afinidade com a questão, e reconhecendo-se como agente da transformação. Para Carvalho (2018), "[...] o planejamento de uma investigação deve levar em consideração os materiais oferecidos e/ou solicitados aos alunos, os conhecimentos prévios importantes para que ocorra a discussão, os problemas que nortearão a investigação e, é claro, o gerenciamento da aula [...]".

Assim a temática dengue se apresenta como estratégia viável, uma vez que a escola onde foi feita a pesquisa está inserida em área urbana e densamente povoada. Tais fatores, além de favorecer o aparecimento do mosquito, ainda pode permitir que haja uma proliferação acentuada da espécie. Além disso, o estudo do ciclo de vida do mosquito, bem como a transmissão da doença, pode fornecer pistas importantes para o processo de investigação científica.

Durante o processo de investigação, é importante que os alunos registrem suas ideias e impressões. Esses registros podem ser realizados por meio de desenhos, relatórios descritivos, ou ainda por registros gráficos e vídeos que irão colaborar para a elucidação das vivências realizadas (Carvalho, et al., 2018).

Desse modo, as TICs passam a permear as relações sociais e atravessam os espaços escolares de modo a permitir que os professores e alunos possam problematizar situações por intermédio das tecnologias. As escolas de educação básica têm sido abastecidas de recursos tecnológicos com o intuito de fomentar práticas escolares pautadas nas tecnologias.

A inclusão de aulas ou disciplinas com viés tecnológico, tais como aulas de informática e robótica, tem sido motivada pelas esferas governamentais ao longo dos últimos anos. Comumente podemos encontrar nas escolas um espaço destinado ao uso dos computadores de mesa. No entanto, nota-se uma forte inclinação para a adoção de recursos de tecnologias mais leves e versáteis como os *tablets* e os celulares. "Estes dispositivos móveis apresentam como característica serem leves, ágeis, com baixo custo e permitem a mobilidade das pessoas ao utilizá-los".

Muitos alunos possuem acesso a celulares assim como as diversas ferramentas que esses aparelhos proporcionam, inclusive aquelas que dependem de acesso à internet.

Para Ferreira e Tomé (2010, p. 25):

> A presença de jovens é indissociável da presença de [celulares]. Podem estar a falar, a escrever SMS, a ler mensagens, a ouvir música, a tirar fotografias, a partilhar informação, a mostrar algo

aos amigos, ou qualquer outra atividade, mas certamente têm um [celular] ligado e pronto a funcionar.

A utilização desses dispositivos pelos jovens é incontornável, então cabe aos professores buscarem formas de potencializar o seu uso em sala de aula, objetivando a aprendizagem e o uso eficiente e educativo desse recurso tecnológico. Para Fava (2014, p. 38), "o professor não é mais o cerne do processo – talvez ainda seja o mais importante, imprescindível e fundamental ator, mas o centro é o estudante".

Assim, pensar processos educativos exige do professor da contemporaneidade a adoção de metodologias e recursos tecnológicos mais eficientes e ágeis que sejam capazes de promover a articulação entre os atores do processo educativo.

A dengue no currículo escolar

Dentre algumas arboviroses humanas estão os da febre amarela e da dengue (formas clássica e hemorrágica) que ocorrem em diversas regiões do mundo como Ásia, Índia, Paquistão, Ilhas do Pacífico, Filipinas, México, Caribe, Américas Central e do Sul, inclusive no Brasil. Os arbovírus da febre hemorrágica Chikungunyia, zoonose que ocorre na África e Ásia, desde 2015 se instalaram no Brasil. Atualmente, o mais novo vírus transmitido pelo Aedes é conhecido como Zika, cuja contaminação está deixando os pesquisadores, a população e até mesmo a Organização Mundial da Saúde (OMS) em estado de atenção, devido ao aumento do número de casos de pessoas contaminadas e doentes em todo o país. O país perdeu o controle populacional do mosquito *Aedes aegypti* e, nesse momento, combater o inseto, eliminar focos de proliferação e desenvolver vacinas para essas duas doenças tornaram-se prioridades.

O Ministério da Saúde, em parceria com Ministério da Educação, recomenda que as escolas incluam em seus currículos o estudo da dengue, seus vetores, suas formas de transmissão, sintomas e tratamento, como forma de disseminar o conhecimento e instrumentalizar a população no combate ao mosquito *Aedes aegypti*. No entanto, de acordo com os documentos oficiais, o tema dengue está relacionado à saúde, sendo, portanto, um dos temas transversais propostos pelos Parâmetros Curriculares Nacionais (Brasil, 1998) e pela

Base Nacional Comum Curricular (Brasil, 2013) nas Ciências. Devem ser propostas situações que promovam o desenvolvimento da capacidade de observar, perguntar, analisar as demandas e propor hipóteses, elaborar modelos e explicações e desenvolver, divulgar e implementar soluções para resolver problemas cotidianos utilizando conhecimentos científicos.

O ensino de Ciências Naturais no Ensino Fundamental tem o compromisso com o desenvolvimento de habilidades importantes para que os estudantes possam apreciar a natureza, ter contato com os conhecimentos construídos pelos cientistas ao longo dos tempos, ampliar os conhecimentos que já possuem, desenvolver modos de raciocinar sobre acontecimentos e de avaliar situações, aprimorar e incrementar formas de analisar situações, considerando a crítica como elemento central [...] (São Paulo, 2019, p. 68).

A dengue tem se constituído como uma epidemia no final do século XX e início do século XXI, cujo aumento de casos está associado a aspectos socioambientais. A complexidade da doença se intensifica na globalização, com os fluxos populacionais e a densidade populacional. Por exemplo, até o momento, o número de casos registrados na cidade de São Paulo cresceu 47% em relação ao mesmo período do ano de 2022 e já é maior desde 2019 para o período (até 04/03/2023), registrando 938 casos contra 637 em 2022.

A escola se destaca como espaço de educação formal e de prevenção da dengue no qual as práticas educativas podem ser continuadas e contextualizadas com os problemas locais. Várias pesquisas com intervenções didáticas envolvendo alunos da educação básica foram e têm sido desenvolvidas (Pastoriza; Silva 2014; Siqueira; Frenedozo, 2017; Siqueira; Vilaça; Frenedozo, 2018).

Segundo Barreto e Teixeira (2008), a dengue é uma doença sazonal que possui altas taxas de proliferação no início do ano, alcançando picos de casos entre os meses de março e maio. De acordo com esses autores, esse fator "[...] tem sido explicado pelo aumento na densidade das populações do *Aedes aegypti*, em virtude do aumento da temperatura e umidade, que são registradas em grandes extensões de nosso território, durante o verão e outono" (p. 22). Os sintomas da dengue incluem febre alta, dores musculares intensas, dor ao movimentar os olhos, mal-estar, falta de apetite, dor de cabeça e manchas avermelhadas pelo corpo (Barreto; Teixeira, 2008).

De acordo com Branco (2014),

> Segundo Fundação Osvaldo Cruz (IOC/Fiocruz, 2019), o ciclo de vida do mosquito *Aedes aegypti* consiste em quatro fases: ovo, larva, pupa e adultos. As larvas e a pupa são fases aquáticas enquanto o adulto é terrestre, com machas brancas alternadas com escuras e um desenho no tórax de fácil reconhecimento (Figura 1). O mosquito se distribui por todo planeta nas regiões dos trópicos, devido às elevadas temperaturas que ocorrem nessas regiões na maior parte do ano. O mosquito é extremamente adaptado ao ambiente urbano, uma vez que encontra diversos criadouros e uma grande disponibilidade de alimento, propiciando sua proliferação nesses ambientes. Os ovos são postos em objetos facilmente encontrados nos grandes centros e são capazes de permanecerem no local, por um período de até um ano, resistindo assim à dessecação (IOC/Fiocruz, 2019).

A disponibilidade de criadouros para colocação dos ovos do mosquito está relacionada aos hábitos da população. Por ser um inseto que vive próximo ao homem, sua presença é mais comum em áreas urbanizadas, onde a infestação ocorre predominantemente por conta das altas taxas de concentração populacional, principalmente em locais de ocupação desordenada, o que sujeita as pessoas a adotarem hábitos que favorecem a proliferação do vetor, como o armazenamento de água em recipientes sem a devida proteção (Shimada, 2016). Para IOC/Fiocruz (2019), "Grandes reservatórios, como caixas d'água, galões e tonéis (muito utilizados para armazenagem de água para uso doméstico em locais dotados de infraestrutura urbana precária) são os criadouros que mais produzem *Aedes aegypti* e, portanto, os mais perigosos. O descarte irregular de lixo (Figura 2) aliado aos baixos índices de saneamento básico em algumas regiões também contribuem para a infestação do mosquito.

Embora muito se conheça sobre a doença, pouco dessas informações chegam à escola e, para controlar a reprodução do vetor, é preciso conhecer seu ciclo de vida e hábitos do mosquito. A dengue tem se constituído como uma epidemia no final do século XX e início do XXI, cujo aumento de casos está associado a aspectos socioambientais. A complexidade da doença se intensifica na globalização, com os fluxos populacionais e a densidade populacional.

Figura 1 – Larvas do mosquito *Aedes aegypti*.

Fonte: https://meuartigo.brasilescola.uol.com.br/saude/pesquisando-mosquito-dengue.htm

Figura 2 – Descarte irregular de lixo.

Fonte: https://amazonasatual.com.br/multa-de-ate-r-92870-para-quem-jogar-lixo-na-rua/

A escola se destaca como espaço de educação formal e de prevenção da dengue no qual as práticas educativas podem ser continuadas e contextualizadas com os problemas locais.

METODOLOGIA

Este documento contém orientação sobre a gestão da aprendizagem, assim como para a avaliação e recuperação das aprendizagens dos alunos.

As atividades apresentadas partiram de conteúdos provenientes de "Seres vivos e ambiente". Entretanto, o enfoque principal foi a abordagem dos conceitos provenientes da Biologia, evidenciados no estudo do ciclo de vida do mosquito transmissor da dengue e consequências para a saúde humana, sem aprofundamento da teoria científica envolvida. Como itens, foram escolhidos os seguintes: conhecer e identificar o mosquito transmissor *Aedes aegypti*; (re)conhecer e saber identificar os sintomas da dengue; (re)conhecer os hábitos de higiene ambiental que ajudam a prevenir a dengue.

A descrição da sequência didática principal a ser estruturada dentro do ambiente escolar com aulas presenciais está relatada a seguir. Maiores detalhes poderão ser consultados nos trabalhos de (Valeriano, 2020a; Valeriano, 2020b). Na primeira aula, o professor responsável apresentará o planejamento das atividades para os alunos e como eles devem proceder. Os conhecimentos prévios dos alunos deverão ser levantados no início da aula.

A sequência didática (SD) foi elaborada para alunos do Ensino Fundamental II e pode ser utilizada 7º, 8º ou 9º anos. A SD consta de 5 etapas: a) aspectos iniciais e motivação da elaboração do estudo; b) aplicação de um questionário para avaliar o conhecimento prévio; c) a seguir, segue a sequência das atividades realizadas com os alunos; d) finalmente, a avaliação dos envolvidos com a análise do conhecimento após a intervenção realizada. O envolvimento dos alunos com as atividades é objeto de análise, e a análise dos dados coletados, embora subsidiada pelos referenciais teóricos que fundamentam a pesquisa, vem cercada de compreensão e entendimento dos pesquisadores. O quadro 1 apresenta as atividades desenvolvidas durante a sequência didática sobre a dengue.

Quadro 1 – Sequência didática sobre dengue desenvolvida na sala de aula.

Aula	Atividade Desenvolvida	Objetivos
1	Aula expositiva sobre os conteúdos a serem abordados na pesquisa sobre dengue. Roda de conversa sobre educação ambiental e dengue. Diagnóstico socioeconômico dos alunos e familiarização com as TICS. Diagnóstico do conhecimento sobre dengue.	Apresentação da pesquisa. Levantamento dos conhecimentos prévios. Aplicação de questionário.
2	Uso de vídeo: Sintomas da dengue, publicado no portal do médico Dráuzio Varela. Disponível em:<https://www.youtube.com/watch?v=NWvkpEg1TN0>.	Reconhecer os sintomas da dengue.
3	Uso do vídeo: O combate aos criadouros do mosquito, reportagem produzida e publicada no portal da TVBrasil no YouTube. Disponível em: https://www.youtube.com/watch?v=_QNfB6LAaRo.	Identificação de criadouros.
4	Saída dirigida pelo terreno da escola, com a finalidade de identificar os possíveis criadouros do mosquito *Aedes aegypti*.	Identificação dos criadouros.
5	Vídeo produzido pelo ministério da saúde no ano de 2016, intitulado: ciclo de vida do mosquito *Aedes aegypti*. Disponível em: < https://www.youtube.com/watch?v=8oGwkbBzs3o>.	Reconhecer a metamorfose do inseto.
6	Roda de discussão problematizada sobre a seguinte questão: de que forma a degradação ambiental do seu bairro se relaciona com a proliferação dos vetores na sociedade urbanizada?	Relacionar as ações humanas à problemática da dengue.
7	Leitura do texto: "Vacina da dengue 2024, quem pode tomar e outras respostas sobre a Qdenga". Disponível em: https://saude.abril.com.br/medicina/vacina-dengue-quem-pode-tomar-qdenga?utm_source=google&utm_medium=cpc&utm_campaign=eda_vejasaude_audiencia_institucional&gad_source=1&gclid=CjwKCAiAopuvBhBCEiwAm8jaMbwCqoCY3ZeywCVb-A6A3CND10zAD77eCnQawejNW6_iRRe8nct4RxoCIYwQAvD_ Acesso em: 02/2024.	Reconhecer as formas de tratamento da doença.
8	Uso de dispositivos móveis (celulares) para filmar vídeos de até 2 minutos abordando algum aspecto da temática dengue.	Avaliar a compreensão dos alunos acerca da temática dengue.
9	Reaplicação de questionário sobre a dengue.	Avaliar o aprendizado da SD.

O questionário socioeconômico (Atividade 1) aplicado pode gerar dados sobre a eficiência das atividades propostas, além de se compreender que as desigualdades sociais presentes nas respostas são oriundas das classes sociais dos alunos. Já o questionário para se avaliar o conhecimento prévio do aluno busca entender o nível educacional dos alunos sobre o tema. Inicie a aula perguntando aos alunos se eles já ouviram sobre a dengue; sobre os mosquitos *Aedes aegypit* e, em caso afirmativo, quais as informações que possuem sobre ela. Espera-se que por conta das diversas campanhas em veículos de comunicação, os alunos já tenham ouvido falar.

Com o intuito de conhecer as ideias dos alunos sobre a temática dengue, o professor deverá organizar os alunos em uma roda e iniciar uma conversa sobre a dengue, e como esta está disseminada no bairro. Perguntas norteadoras tais como: "Por que, mesmo o *Aedes aegypti* sendo um mosquito conhecido, ainda temos altos índices de pessoas contaminadas todos os anos?" ou "De que maneira a cidade pode contribuir para a manutenção do vetor da doença?"

Na atividade 2, o objetivo será reconhecer os sintomas da dengue. Para essa atividade propõe-se o uso de microcomputador, *pendrive* e *DataShow*. Para essa atividade, propõem-se duas aulas de 45 minutos de duração. Poderá ser usado o vídeo "Sintomas da dengue", com 4:00 minutos de duração, publicado no portal do médico Dráuzio Varela. Em seguida, o professor deve separar os alunos em grupos para que pesquisem doenças que podem manifestar sintomas parecidos com os da dengue e indicar as formas mais comuns para uma diferenciação correta.

Atividades 3 e 4

Na atividade 3 será abordada a identificação dos criadouros do mosquito da dengue, com o tempo de duração de 90 minutos. Nessa proposta de atividade, o professor deverá distribuir com os grupos de alunos diversos QRCodes (Figura 3) para que eles possam escanear a imagem e acessar o vídeo: **"Instituições públicas fazem ações para eliminação de criadouros do mosquito Aedes"**. Posteriormente, deverão elaborar cartazes capazes de alertar a população sobre os riscos de manter criadouros em casa (Figura 4).

Figura 3 – Aluno fazendo a leitura de QRCode.

Acesse: https://br.qr-code-generator.com/ para criar código de barras no formato QRCode.

Na atividade 4, os alunos devem ser levados ao terreno da escola para que seja possível procurar por possíveis criadouros do mosquito *Aedes aegypti*. A turma deve ser instruída a fazer registro com o uso do celular. Ao retornar para a sala, o grupo deve ser convidado a partilhar suas impressões a respeito dos registros fotográficos e quanto ao cuidado necessário para manter o ambiente escolar livre de criadouros e focos do mosquito.

Atividade 5

O objetivo da atividade é reconhecer a metamorfose do mosquito. Para visualizar as larvas dos mosquitos é necessário coletar águas provavelmente contaminadas. Para realizar essa atividade são utilizadas duas aulas de 45 minutos. Também se utiliza uma folha com QRCode para acessar vídeo produzido pelo Ministério da Saúde sobre o ciclo de vida do *A. egypti*. O vídeo poderá ser assistido de maneira individual ou em duplas. Após a visualização do vídeo, o professor deve propor que os alunos baixem no aplicativo SPxDengue, que está disponível para celulares com sistema operacional Android e iOS. O jogo vai ajudar os alunos a obterem maiores informações sobre o mosquito da dengue enquanto brincam.

Atividade 6

Essa atividade tem como objetivo entender o aumento dos casos de dengue e relacionar com as atividades humanas e a problemática ambiental da dengue. Aqui, pretende-se preparar cartazes, banners para exposição das pesquisas feitas pelos alunos. Se sugere como situação-problema a seguinte questão: "de que forma a degradação ambiental do seu bairro se relaciona com a proliferação dos vetores na sociedade urbanizada?" Os alunos são separados em grupos para a pesquisa na internet e a apresentação posterior junto à comunidade escolar. Espera-se que os alunos relacionem os altos índices da doença com o descarte irregular do lixo, além da degradação ambiental. Posteriormente, os cartazes produzidos podem ser fixados nos murais da escola. Para a divulgação, os alunos deverão fotografar cenas de degradação ambiental que eles encontram no caminho de casa para a escola.

Atividade 7

Na próxima proposta de atividade de aula invertida, o objetivo é reconhecer as formas de sintomas, diagnósticos e tratamentos da doença. O texto utilizado apresenta informações sobre as vacinas que se encontram em desenvolvimento contra 4 sorotipos da dengue DENV-1, DENV-2, DENV-3 e DENV-4. Os alunos deverão realizar a leitura e, posteriormente, questionar o professor sobre elas. Como procedimento é sugerida a organização dos alunos em pequenos grupos de até cinco componentes e peça para que leiam o texto: "Vacina da dengue 2024, quem pode tomar e outras respostas sobre a Qdenga". Em seguida, o professor deve solicitar para que os alunos falem sobre suas impressões após a leitura. Peça para que eles indiquem novas possibilidades de se combater a doença.

Atividades 8 e 9

Como parte do processo avaliativo da sequência didática, deve ser solicitado no questionário a criação de um vídeo de até 2 minutos de duração (em grupo de alunos) com o uso do celular sobre o tema da dengue. Após a gravação, os alunos devem editar os vídeos e inserir os efeitos que estão disponíveis nos Apps de celular. Ao fim da aula, os vídeos devem ser apresentados para a toda a turma e compartilhado via mensagens instantâneas para outros alunos, com o intuito de alertar a comunidade sobre a importância de combater o mosquito da dengue. Os vídeos também poderão ser publicados no perfil que a escola mantém nas redes sociais.

ORIENTAÇÕES AO PROFESSOR

O professor deverá dispor de mais tempo para o planejamento e preparação das atividades e, sem dúvidas, os alunos terão uma experiência bem diferente e enriquecedora que será capaz de motivar os estudos de forma contínua.

CONSIDERAÇÕES FINAIS

A principal contribuição deste produto foi fornecer aos professores alternativas possíveis usando a tecnologia em sala de aula, tornando-as ferramentas didáticas interessantes capazes de promover a motivação e o envolvimentos dos alunos com os conteúdos que são apresentados pelo professor. Também poderá servir como instrumento norteador para professores que atuam nas demais disciplinas do currículo do Ensino Fundamental, médio e até mesmo ensino superior, inserindo em suas rotinas pedagógicas as tecnologias de informação e comunicação disseminadas entre os jovens.

Outro aspecto deste trabalho foi fornecer orientação prática para professores de Ciências Naturais que atuam no Ensino Fundamental, garantindo e contribuindo para a melhoria da qualidade das aulas. Essa qualidade tem a ver com o êxito do professor ao alcançar os objetivos propostos, que contribuem para o desenvolvimento de habilidades e competências que são necessárias para a vida em sociedade.

O uso do celular é um aspecto interessante e pode ser aplicado em ambientes de educação formal sob a orientação e requisição do professor, podendo ainda facilitar a aplicação de metodologias ativas de aprendizagem, já que permite ao professor realizar diferentes atividades sem necessidade de se deslocar ou reservar espaços especiais da escola.

REFERÊNCIAS

ASSIS, S. S.; PIMENTA, D. N.; SCHALL, V. T. Conhecimentos e práticas educativas sobre dengue: a perspectiva de professores e profissionais de saúde. **Revista Ensaio**. Belo Horizonte. v. 15. n. 01. p. 131-153. jan-abr. 2013. Disponível em: https://www.scielo.br/j/epec/a/5D5MfFBYBCZsCKwM7XqTCmn/?lang=pt&format=pdf. Acesso em: 20 abr. 2023.

BARRETO, M. L., TEIXEIRA, M. G. Dengue no Brasil: situação epidemiológica e contribuições para uma agenda de pesquisa. **Estudos avançados**, v. 22, n. 64, p. 53-72, 2008. Disponível em: https://www.scielo.br/j/ea/a/7FKpQj7MLZ7WbcGtfccxZrd/?format=pdf. Acesso em: 28 fev. 2024.

BRASIL. MEC. Parâmetros curriculares nacionais / Secretaria de Educação Fundamental. – Brasília: MEC/SEF, 1998. 138p. Disponível em: http://portal.mec.gov.br/seb/arquivos/pdf/ciencias.pdf. Acesso em: 02 fev. 2024

BRASIL. Ministério da Educação; Secretaria de Educação Básica; Secretaria de Educação Continuada, Alfabetização, Diversidade e Inclusão; Secretaria de Educação Profissional e Tecnológica. Conselho Nacional de Educação; Câmara de Educação Básica. Diretrizes Curriculares Nacionais da Educação Básica. Brasília: MEC; SEB; DICEI, 2013. Disponível em: Acesso em: 12 dez. 2023.

CARVALHO, A. M. P. de. Fundamentos Teóricos e Metodológicos do Ensino por Investigação. **Revista Brasileira De Pesquisa Em Educação Em Ciências**, v. 18, n. 3 p. 765-794. 2018. https://doi.org/10.28976/1984-2686rbpec2018183765. Acesso em: 20 fev. 2024.

FERREIRA, E.; TOMÉ, I. **Jovens, Telemóveis e Escola. Educação, Formação e Tecnologias.** Nº extra, p. 24-34. Disponível em <https://eft.educom.pt/index.php/eft/article/download/148/85>. Acesso em: 14 jan. 2024.

FREITAS, S. L. S. Arboviroses nas aulas de Biologia: o uso de mídias digitais em diferentes contextos metodológicos. UFPE: Dissertação de mestrado. 2019. 116p. Disponível em: https://repositorio.ufpe.br/bitstream/123456789/35867/1/DISSERTA%c3%87%c3%83O%20Suzana%20de%20Lourdes%20Sousa%20Freitas.pdf. Acesso em: 20 fev. 2024.

MARTEIS, L. S. MAKOWSKI; R. L. C. SANTOS. Abordagem sobre Dengue na educação básica em Sergipe: análise de cartilhas educativas. **Scientia Plena**. v. 7, n. 6, p. 1-8. 2011. Disponível em: https://scientiaplena.org.br/sp/article/view/191/148. Acesso em: 19 abr. 2023.

PASTORIZA, T. B.; SILVA, E. N. O ensino interdisciplinar do tema dengue: uma proposta para a Geografia. Hygeia, ISSN: 1980-1726. **Revista Brasileira de Geografia Médica e da Saúde**, v. 10, n. 8, p. 71-81. 2014. Disponível em: http://www.seer.ufu.br/index.php/hygeia. Acesso em: 18 abr. 2023.

PERIOTTO, F. Uso de TICs no ensino de biologia: um olhar docente. UFTPR: trabalho de conclusão de curso. 2013, 35p. Disponível em: http://repositorio.utfpr.edu.br/jspui/handle/1/20897. Acesso em: 19 abr. 2023.

PORTAL FIOCRUZ – Como é o ciclo de vida do *Aedes aegypti*? Disponível em: <http://www.ioc.fiocruz.br/dengue/>. Acesso em: 10 abr. 2023.

REIS, P.; BAPTISTA, M.; TINOCA, L. LINHARES, E. Potencialidades educativas do desenvolvimento pelos alunos de exposições interativas sobre controvérsias socio científicas. **Debates em educação**, v. 13 n. especial, 2021. Disponível em: https://www.seer.ufal.br/index.php/debateseducacao/article/view/13043. Acesso em: 22 fev. 2024.

RODRIGUES, J. V. F. C. Formação inicial de professores no uso das TICS para o ensino de biologia da Universidade Federal do Amazonas. **Revista Aretê**, v. 9, n. 19, p. 176-187, 2016. Disponível em: http://repositorioinstitucional.uea.edu.br//handle/riuea/2856. Acesso em 18 abr. 2023.

SANTOS, P. A. Aprendizagem investigativa sobre a dengue empregando a educação STEAM e métodos ativos no Ensino Médio. Dissertação de Mestrado, Cuiabá, MT, 84p. 2020. Disponível em: https://www.profbio.ufmg.br/wp-content/uploads/2021/09/Dissertacao-Patricia-Alves-dos-Santos.pdf. Acesso em: 18 abr. 2023.

SILVA, W. A.; KALHIL, J. B. Tecnologias digitais no ensino de Ciências reflexões e possibilidades na construção do conhecimento científico. E-BECEM - **Revista Brasileira da educação em Ciências e educação matemática**, v. 2, n. 1, p. 2018. Disponível em: https://e-revista.unioeste.br/index.php/rebecem/article/view/19155. Acesso em: 02 fev. 2024.

SIQUEIRA, A.C.; VILAÇA, F.A.; FRENEDOZO, R.C. Concepção dos licenciandos em Ciências Biológicas sobre a influência dos fatores ambientais no aparecimento do *Aedes aegypti*. **Rencima – revista de ensino de ciências e matemática**, v. 9, n. 3, p. 70-86. 2018.

SIQUEIRA, A. C.; FRENEDOZO, R. C. Ambiente e saúde: estratégias educativas voltadas ao controle do mosquito *Aedes aegypti*. 2017. Produto Educacional. Disponível em: https://educapes.capes.gov.br/bitstream/capes/599467/2/PE-ANA%20CLAUDIA%20SIQUEIRA.pdf. Acesso em: 18 abr. 2023.

VALERIANO, U. A. **O uso da sequência didática como estratégia de intervenção: explorando a temática dengue no currículo da cidade de São Paulo**. 2020. Dissertação (Mestrado em Ensino de Ciências e Matemática) Universidade Cruzeiro do Sul, São Paulo, 2020. Disponível em: https://educapes.capes.gov.br/handle/capes/599422. Acesso em: 14 ago. 2023.

VALEIRANO, U. A. **O uso da sequência didática como estratégia de intervenção: explorando a temática dengue no currículo da cidade de São Paulo**. 2020. Produto Educacional. 20p. Disponível em: https://cruzeirodosuledubr0-my.sharepoint.com/personal/stricto_sensu_cruzeirodosul_edu_br/_layouts/15/onedrive.aspx?id=%2Fpersonal%2Fstricto%5Fsensu%5Fcruzeirodosul%5Fedu%5Fbr%2FDocuments%2FCRUZEIRO%20%2D%20Stricto%5FSensu%2FSucupira%2F2020%2FProdutos%20Educacionais%2FUELINTON%20APARECIDO%20VALERIANO%2Epdf&parent=%2Fpersonal%2Fstricto%5Fsensu%5Fcruzeirodosul%5Fedu%5Fbr%2FDocuments%2FCRUZEIRO%20%2D%20Stricto%5FSensu%2FSucupira%2F2020%2FProdutos%20Educacionais&ga=1. Acesso em: 14 ago. 2023.

ALFABETIZAÇÃO CIENTÍFICA A PARTIR DE ATIVIDADES EXPERIMENTAIS EM AULAS DE CIÊNCIAS DOS ANOS INICIAIS DO ENSINO FUNDAMENTAL

Agda Melania Polydoro[20]
Maria Delourdes Maciel[21]

Introdução

A alfabetização científica (AC) é compreendida "[...] como o processo pelo qual a linguagem das Ciências Naturais adquire significados, constituindo-se um meio para o indivíduo ampliar o seu universo de conhecimento, a sua cultura, como cidadão inserido na sociedade" (Lorenzetti; Delizoicov, 2001, p. 8-9).

O ensino de Ciências nos Anos Iniciais do Ensino Fundamental (EF) tem como tarefa propiciar a AC, o autoconhecimento, o desenvolvimento da autonomia e do pensamento crítico, o conhecimento do outro e do mundo, aspectos fundamentais para a vida de todos os cidadãos. Brandi e Gurgel (2002, p. 113) afirmam que "[...] as Ciências, naquilo que têm de mais relevante, como a possibilidade de exploração e compreensão do meio social e natural, poderão contribuir para a inserção da criança à cultura científica". Os conteúdos de ensino de Ciências devem contribuir para o desenvolvimento do pensamento e da capacidade de reflexão, observação e comunicação, principalmente das

---

20 Pedagoga pela Universidade Cruzeiro do Sul e Mestre em Ensino de Ciências e Matemática pelo Programa de Mestrado Profissional em Ensino de Ciências e Matemática da Universidade Cruzeiro do Sul. E-mail: agdapolydoro@gmail.com

21 Licenciada em Ciências Biológicas pela UFRGS, Mestre em Supervisão e Currículo e Doutora em Educação: Psicologia da Educação, pela Pontifícia Universidade Católica de São Paulo-PUCSP; Docente Titular I do Programa de Pós-Graduação em Ensino de Ciências da Universidade Cruzeiro do Sul. E-mail: maria.maciel@cruzeirodosul.edu.br

crianças em formação, que têm a possibilidade de aprender a pensar de modo crítico.

A Educação em Ciências nos Anos Iniciais do EF tem como um dos seus desafios possibilitar, desde cedo, a Alfabetização Científica (AC) das crianças, como apontam diversos documentos oficiais, entre eles a Base Nacional Comum Curricular (BNCC). Assim, conhecer e compreender os indicadores de AC se faz necessário para potencializar a promoção de uma educação de qualidade e assegurar a promoção da AC dos estudantes.

Para que a criança compreenda e interprete o mundo natural, social e tecnológico, a BNCC (Brasil, 2018) propõe a formação integral para o exercício pleno da cidadania, e a disciplina de Ciências deve ter o compromisso com o desenvolvimento da AC do estudante. Nas palavras de Chassot (2011, p. 91) "a alfabetização científica pode ser considerada como uma das dimensões para potencializar alternativas que privilegiam uma educação mais comprometida".

Sasseron e Carvalho (2011) concebem a apropriação da Ciência como uma construção social. A partir dos indicadores de AC, propostos pela autora, investigou-se as atividades experimentais propostas para os Anos Iniciais do EF na coleção de livros didáticos Aprender Juntos, a fim de verificar se esses livros continham indicadores de AC e, em caso positivo, quais indicadores. A importância de se conhecer os eixos estruturantes da AC e seus indicadores se deve às atuais tendências de Ensino de Ciências que enfatizam o modo como este ensino deve acontecer, passo a passo, desde o seu planejamento até o alcance dos objetivos, visando a promoção da AC do estudante. O conhecimento e a compreensão dos indicadores de AC servem de ferramenta para o ensino e aprendizagem de Ciências, possibilitando ao professor desenvolver a competência argumentativa do seu aluno, tornando-o receptivo às novas aprendizagens, favorecendo as mudanças de postura diante dos conteúdos científicos que são ensinados e aprendidos, bem como suas implicações no cotidiano.

O ensino de Ciências nos Anos Iniciais do EF apresenta algumas peculiaridades, como a existência de um professor polivalente, um generalista, de quem se espera o domínio de conhecimentos de diversas áreas. Segundo Bizzo (2007), isso implica algumas adversidades para esses professores em relação aos conteúdos de Ciências, como algum tipo de inabilidade para ensinar alguns conteúdos da disciplina, o que leva ao uso exclusivo do livro didático e à realização de poucas atividades experimentais investigativas, entre outros fatores. A análise de Livros Didáticos se justifica, assim, pelo fato de o livro ainda ser o principal recurso teórico-metodológico utilizado pelos professores.

Cachapuz, Praia e Jorge (2004), afirmam que o caráter acadêmico e não experimental, que marca em grau variável os currículos de Ciências, é o maior responsável pelo desinteresse dos alunos pelos estudos da disciplina. Existe hoje um grande desafio para o professor que ensina Ciências nos Anos Iniciais, que é o de estimular a curiosidade e reforçar o gosto da criança pela participação nas atividades experimentais e pelo desejo de aprender.

Santos (2006) afirma que o ensino de Ciências nos Anos Iniciais do EF deve assegurar a inserção da criança na cultura científica desde os primeiros anos escolares, de modo que o estudante possa ler e compreender os conteúdos de Ciências que permeiam o seu universo. Em geral, os Anos Iniciais representam o primeiro contato da criança com os conhecimentos científicos, como apontam Carvalho e Gil-Pérez (2011).

O conhecimento científico "se transforma em instrumento, com vistas à resolução de problemas do cotidiano", podendo "contribuir para a formação de um cidadão mais consciente e comprometido com questões que são vitais para a sociedade" (Chassot, 2011, p. 91).

Este capítulo é resultado de uma dissertação de mestrado profissional intitulada "Indicadores de Alfabetização Científica Identificada nas Atividades Experimentais Propostas em Livros Didáticos de Ciências nos Anos Iniciais" (Polydoro, 2019), que foi pautada pela abordagem qualitativa do tipo documental, defendida no final do ano de 2019, e que resultou no produto educacional "Indicadores e alfabetização científica em atividades experimentais nos anos iniciais" (Polydoro; Maciel, 2019), cujo objetivo foi auxiliar os docentes dos Anos Iniciais a identificarem indicadores de AC durante as análises dos livros didáticos (LD) por eles utilizados. Para facilitar o trabalho dos professores, o produto e a dissertação receberam o mesmo título: Indicadores de Alfabetização Científica identificados nas atividades experimentais propostas em livros didáticos de Ciências nos Anos Iniciais. Lançamos nosso olhar para os LD, representantes da cultura escolar no Brasil, distribuídos de forma gratuita pelos órgãos governamentais, através do Programa Nacional do Livro Didático (PNLD).

Acreditamos que a aprendizagem por meio da experiência melhora a aquisição de conhecimentos científicos e a reformulação de conhecimentos conceituais, quando ocorre uma integração da experimentação ao ensino. Assim, analisamos as atividades experimentais propostas no Livro do Professor da coleção Aprender Juntos Ciências, aprovada pelo Programa Nacional do Livro Didático (PNLD), 2019, para os Anos Iniciais do EF (1º ao 5º ano), escolhido por uma escola pública da zona sul da Cidade de São Paulo, com o objetivo de verificar se e quais indicadores de AC estão presentes nas atividades experimentais propostas nesta coleção e sinalizar para os docentes alguns limites e possibilidades para o uso da coleção no processo ensino-aprendizagem de Ciências.

Sabemos que são características das boas atividades experimentais, proporcionar a resolução prática de problemas; estimular a curiosidade da criança; levar à investigação; possibilitar a construção de pensamentos reflexivos, a interação e o compartilhamento de ideias entre os colegas, respeitando os caminhos percorridos por cada aluno, ou grupo de alunos. Tudo depende das condições estabelecidas na proposta lançada no experimento, com elaboração de hipóteses e discussões sobre as diferentes respostas, desde que coerentes com a proposição. Analisamos as abordagens didáticas relacionadas à AC e seus indicadores, presentes nas atividades experimentais desses livros de Ciências.

Experimentação e Alfabetização Científica

A experimentação no ensino de Ciências, segundo Prodanov e Freitas (2013, p.37), é o melhor caminho para a aprendizagem, e "não seria exagero considerar que parte significativa dos conhecimentos obtidos nos últimos três séculos se deve ao emprego do método experimental, que pode ser considerado como o método por excelência das ciências naturais". Em 1991, Axt (1991) já afirmava a importância de integrar a atividade experimental ao conteúdo e ao desenvolvimento do aluno. Para o autor, a atividade experimental inserida corretamente no meio educacional, ou seja, contextualizada, privilegia para que o aluno desenvolva saberes e uma postura ativa no processo de ensino-aprendizagem. Segundo o autor, as atividades experimentais se sobressaem às atividades rotineiras em sala de aula, são transformadoras, ajudam na construção do conhecimento científico; permitem que os alunos observem, questionem e analisem, desde sua proposta até o esgotamento das possibilidades de investigação. Oliveira (2010) esclarece que:

I) Nas atividades experimentais de demonstração, o professor executa o experimento fornecendo as explicações para os fenômenos; o estudante observa o experimento que tem, geralmente, roteiro fechado, estruturado de posse exclusiva do professor. Demandam pouco tempo e podem ser integradas à aula, sendo úteis quando não há recursos materiais ou espaço físico suficiente para realização de atividades experimentais. Porém, a simples observação do experimento pode ser um fator de desmotivação e desinteresse do estudante.

II) Nas atividades experimentais de verificação, o estudante executa a atividade, a partir de um roteiro fechado, e o professor fiscaliza, diagnostica e corrige erros. Geralmente ocorre após a abordagem do conteúdo em aula expositiva, favorece a elaboração de explicações para os fenômenos por parte dos estudantes, permitindo ao docente verificar através de tais explicações se os conceitos abordados foram bem compreendidos. No entanto, podem não acrescentar muito do ponto de vista da aprendizagem de conceitos e não estimular a curiosidade dos estudantes.

III) Nas atividades experimentais de investigação, o docente orienta as atividades, incentiva e questiona as decisões dos estudantes que pesquisam, planejam e executam a atividade, discutindo explicações. Pode, ou não, ter roteiro. Quando tem, este é aberto ou não estruturado. Este tipo de atividade pode ser a própria aula ou pode ocorrer previamente à abordagem do conteúdo; remete o estudante para a posição ativa; incentiva a criatividade; e o erro pode contribuir para o aprendizado, mas demanda tempo para sua realização e das experiências por parte dos estudantes na realização de atividades (Oliveira, 2010, p. 147-150).

Cabe ao professor fazer a mediação necessária e as intervenções adequadas, a começar pela escolha e o uso do livro didático, ciente de que as atividades experimentais propiciam a relação entre teoria e prática; permitem o desenvolvimento do pensamento crítico como forma de cultura; têm como principais funções despertar e manter o interesse do aluno, fazer com que este se familiarize com o tema e se envolva em investigações científicas; compreender conceitos científicos básicos, além de contribuir para o desenvolvimento de habilidades e competências e de aprender a resolver problemas, como afirma

Krasilchik (2004). Neste trabalho, percebemos a importância da escolha dos professores pela coleção Aprender Juntos Ciências. Uma das razões foi a ênfase na experimentação e nas estratégias de ensino de Ciências propostas nos livros.

Gaspar (2003) afirma que a primeira vantagem da escolha de um livro é quando, no decorrer de uma atividade experimental, o aluno consegue interpretar melhor as informações, relacionar o conhecimento científico com aspectos de sua vivência, elaborar os significados dos conteúdos aprendidos. A segunda é possibilitar uma interação social mais rica, devido à quantidade de informações discutidas, estimulando a curiosidade do aluno e questionamentos importantes. A terceira é a participação quase que unânime dos alunos nas atividades experimentais. Isso ocorre devido à possibilidade da observação direta e imediata da resposta, e o aluno, livre de argumentos de autoridade, obtém uma resposta isenta diretamente da natureza (Gaspar, 2003).

No livro do professor da coleção analisada existe um roteiro de aula bem especificado. A coleção atende a proposta dos documentos oficiais vigentes (BNCC) e fortalece a AC e o Ensino de Ciências pautado pela Educação em Ciência, Tecnologia e Sociedade (Educação CTS); esclarece quais habilidades serão trabalhadas nas atividades e quais as competências desenvolvidas em cada uma delas. Apresentam as sessões na prática, onde os alunos realizam a atividade experimental como um fechamento de um tema aprendido.

A AC está em todas as culturas e em todos os setores da sociedade. De acordo com Bazzo (2002, p. 93), o ensino de Ciências pautado pela Educação CTS deve ser compreendido "como uma área de estudos onde a preocupação maior é tratar a Ciência e a Tecnologia (C&T), tendo em vista suas relações, consequências e respostas sociais". Precisamos fazer com que os alunos aprendam a participar na tomada de decisões relativas a novos conhecimentos, melhorar sua participação na sociedade e no desenvolvimento de novas habilidades, enriquecendo sua visão de mundo. Numa perspectiva CTS, a AC tem a finalidade de promover uma alfabetização de caráter interdisciplinar, como processo social. Segundo Maciel (2023), percebe-se que a AC e Tecnologia deve e pode ser desenvolvida de maneira gradual e ao longo de toda a vida. Logo, deve fazer parte da proposta curricular de todos os níveis escolares.

Na visão de Fourez (2003, p. 45), "o objetivo da Alfabetização Científica e Tecnológica não é uma série de conhecimentos particulares, mas um conjunto global que nos permite reconhecermo-nos no universo". Logo, a AC não tem como característica a formação de um cientista, pois visa ampliar os conhecimentos e a percepção que os alunos nesta faixa etária possuem acerca das Ciências Naturais e, com isso, compreender, relacionar e aplicar o conhecimento da sua realidade.

A Ciência pode ser considerada como uma tecnologia intelectual ligada a projetos humanos de dominação e de gestão do mundo material (Fourez, 1995, p. 139). O ensino de Ciências pautado pela AC representa uma forma de inclusão social, ao possibilitar o acesso à linguagem científica e valorizar o papel do sujeito na construção social, corroborando para sua autonomia e melhor comunicação no meio em que vive (Fourez, 1997).

Sasseron (2008) destaca alguns indicadores de AC que nos ajudam a identificar, verificar e categorizar as habilidades a serem trabalhadas, servindo de roteiro de aprendizado junto aos alunos. A compreensão acerca dos indicadores de AC se faz necessária para que os professores potencializem a promoção de uma educação de qualidade, assegurem em seu processo didático a investigação e o desenvolvimento do pensamento crítico, contribuindo para uma melhor percepção da Ciência, contemplando as relações existentes entre CTS. Alguns desses indicadores de AC podem ser identificados durante as aulas de Ciências e nos proporcionar evidências de que o processo de AC dos alunos está se desenvolvendo.

Sasseron e Carvalho (2008) apontam alguns indicadores de AC que devem ser trabalhados pelo professor: seriação de informações, organização de informações, classificação de informações, raciocínio lógico, raciocínio proporcional, levantamento de hipóteses, teste de hipóteses, justificativa e explicação; sendo que na prática docente, o aluno consiga demonstrar suporte e apoio nos indicadores como uma sequência em seu relato de atividades experimentais. Como nosso olhar está voltado para os primeiros anos do EF, contamos com a curiosidade, a perspicácia e a sagacidade próprias das crianças desta faixa etária como motores de propulsão para as diferentes formas de buscar resolver problemas e explicá-los aos demais.

Ao conceber a realização de atividades experimentais de Ciências verdadeiramente estimulantes e interessantes, como fator de motivação para o trabalho, os alunos poderão fazer uso de diferentes indicadores em cada situação proposta, conforme a tarefa com a qual estejam envolvidos (Sasseron; Carvalho, 2008). Não podemos esquecer que as atitudes relacionadas com

C&T também devem ser trabalhadas desde os primeiros anos de escolarização a fim de preparar o estudante em relação ao desenvolvimento da sua AC e tecnológica para a vida adulta. Por esse motivo, a escola deve prever o desenvolvimento de hábitos que propiciem uma formação permanente do cidadão (Maciel, 2023).

De acordo com Sasseron e Carvalho (2008), os indicadores de AC (Quadro 1) colaboram para o acompanhamento e a avaliação durante o processo de aprendizagem. A presença deles, como parte de estratégia de ensino, pode alterar, demonstrar ou verificar se a AC está sendo assegurada durante o processo de aprendizagem, pelo desenvolvimento de habilidades e competências demonstradas pelos alunos, seja de forma oral ou escrita.

Quadro 1 – Indicadores de AC propostos por Sasseron e Carvalho (2008).

Seriação de Informações	É um indicador que não necessariamente prevê uma ordem a ser estabelecida, mas pode ser um rol de dados, uma lista de dados trabalhados. Deve surgir quando se almeja o estabelecimento de bases para a ação.
Organização de Informações	Ocorre nos momentos em que se discute sobre o modo como um trabalho foi realizado. Este é um indicador que pode ser vislumbrado quando se busca mostrar um arranjo para informações novas ou já elencadas anteriormente. Por isso este indicador pode surgir tanto no início da proposição de um tema quanto na retomada de uma questão.
Classificação de Informações	Ocorre quando busca conferir hierarquia às informações obtidas. Constitui-se em um momento de ordenação de elementos com os quais se está trabalhando, procurando uma relação entre eles.
Raciocínio Lógico	Compreende o modo como as ideias são desenvolvidas e apresentadas e está diretamente relacionada à forma como o pensamento é exposto.
Raciocínio Proporcional	Como o raciocínio lógico, o raciocínio proporcional dá conta de mostrar como se estrutura o pensamento, e refere-se também à maneira como variáveis tem relações entre si, ilustrando a interdependência que pode existir entre elas.
Levantamento de Hipóteses	Aponta instantes em que são alçadas suposições acerca de certo tema. Este levantamento de hipóteses pode surgir tanto da forma de uma afirmação como sendo uma pergunta (atitude muito usada entre os cientistas quando se defrontam com um problema).
Teste de Hipóteses	Concerne nas etapas em que se coloca à prova as suposições anteriormente levantadas. Pode ocorrer tanto diante da manipulação direta de objetos quanto no nível das ideias, quando o teste é feito por meio de atividades de pensamento baseadas em conhecimentos anteriores.
Justificativa	Aparece quando, em uma afirmação qualquer proferida, lança mão de uma garantia para o que é proposto. Isso faz com que a afirmação ganhe aval, tornando mais segura.
Previsão	É explicitado quando se afirmar uma ação e/ou fenômeno que sucede associado a certos acontecimentos.

Explicação	Surge quando se busca relacionar informações e hipóteses já levantadas. Normalmente a explicação sucede uma justificativa para o problema, mas é possível encontrar explicações que não se recebem essas garantias. Mostram-se, pois, explicações ainda em fase de construção que certamente receberão maior autenticidade ao longo das discussões.

Fonte: Adaptado de Sasseron e Carvalho (2008, p. 338-339).

Aulas de Ciências voltadas à AC do estudante, tendo como referencial teórico os indicadores de AC propostos por Sasseron e Carvalho (2008), quando empregados nas atividades experimentais dos Livros Didáticos, promovem desafios, construção e desconstrução de hipóteses e ideias, argumentação e resolução de problemas, entre outras habilidades, fomentadas a partir do trabalho coletivo e colaborativo em sala, para que o aluno não dissocie o conhecimento escolar da sua realidade e tenha sua aprendizagem assegurada para a vida.

Análise dos livros

Após a escolha da coleção que seria analisada, seguimos os passos propostos pela pesquisa documental: exploração do material (1), analisando as atividades experimentais na seção "Na prática". Após a seleção das atividades, fizemos o registro (2) delas, separado por livro e por ano, indicando os temas que poderiam ser estudados com o objetivo de alfabetizar cientificamente os alunos. Na etapa de tratamento dos resultados (3), foi realizada a condensação e o destaque das informações (4) para uma posterior análise dos indicadores de AC. Na etapa de inferência e interpretação (5) foram realizadas a análise e a discussão dos resultados.

No transcorrer das análises dos livros, durante a exploração do material, foram elaborados quadros, um para cada livro, com o registro das atividades experimentais e o número da página no livro para facilitar a identificação e o assunto tratado, ou seja, qual conteúdo a ser trabalhado. No Quadro 2 temos a compilação desses quadros.

Quadro 2 – Registro das Atividades Experimentais do Livro Aprender Juntos 1º ao 5º Ano do Ensino Fundamental.

ATIVIDADES E CONTEÚDOS A SEREM DESENVOLVIDOS DURANTE A PRÁTICA - 1º ANO		
Tema das Atividades Experimentais	Páginas	Conteúdo a ser desenvolvido durante a aplicação da prática
Eu sou assim	34	Localizar e nomear partes do corpo
Eu me comunico brincando	49	Comunicação oral em médias distâncias
Identificando objetos pelo tato	62	Comparar características de diferentes objetos/sentidos
Como o sabão limpa	72	Água e óleo não se misturam e usar sabão junto
Corrida de balões	84	Conceitos de energia, matéria, espaço e transformação
Rampa de corrida	86	Conceitos de tempo, sistema e equilíbrio da vida
Oficina de sucatas	95	Reuso, reaproveitamento, brinquedos de sucata
ATIVIDADES E CONTEÚDOS A SEREM DESENVOLVIDOS DURANTE A PRÁTICA - 2º ANO		
Tema da Atividade Experimental	Páginas	Conteúdo a ser desenvolvido durante a aplicação da prática
O calor do sol e os diferentes materiais	12	Comparar e registrar a radiação solar/temperatura
Corpos iluminados: como as sombras variam	17	Horário do sol e as sombras
Descobrindo os ambientes	22	Explorar e registrar entornos e características
Água para as plantas	35	Observar presença e ausência de água e luz
Por que as aves não se molham quando mergulham?	44	Características de animais e plantas
Como os patos nadam?	49	Características de animais e plantas
Necessidades básicas das plantas	84	Observar presença e ausência de água e luz
Testando a função do caule na planta	96	Partes e características das plantas
Uma coleção de folhas	106	Descrever características de plantas e animais
De onde vem o som	117	Explorando a audição/sentidos
O cheiro do sabor	119	Explorando o olfato/sentidos
A sensibilidade da pele	121	Explorando o tato/sentidos
ATIVIDADES E CONTEÚDOS A SEREM DESENVOLVIDOS DURANTE A PRÁTICA - 3º ANO		
Tema da Atividade Experimental	Páginas	Conteúdo a ser desenvolvido durante a aplicação da prática
Olhando os astros do céu	14	Obs. Identificar e registrar períodos do dia
Características dos solos	25	Comparar amostras de solo, coleta, organização registro e discussões

Como é possível andar sobre a água?	49	Observar o modo de vida dos insetos
Germinação do feijão e do alpiste	68	Conceito sobre transformação, tempo e vida
Brotar batatas em garrafas	81	Observação, experimentação e registro
O meu corpo está mudando?	117	Descrever linha do tempo, características do corpo humano
O som dos objetos	129	Produzir diferentes sons e variáveis, experimentar objetos e ambientes
Permeável e impermeável	131	Absorção da água em diversos materiais
A luz e os objetos	133	Observar e explorar a luz e a passagem dela em diferentes materiais
ATIVIDADES E CONTEÚDOS A SEREM DESENVOLVIDOS DURANTE A PRÁTICA – 4º ANO		
Tema da Atividade Experimental	Páginas	Conteúdo a ser desenvolvido durante a aplicação da prática
O gnomon na determinação da direção Norte-sul	13	Identificar pontos cardeais
O solo no entorno das plantações	65	Observar solo em plantações com agrotóxico
Os decompositores do nosso Cotidiano	77	Decomposição de materiais na natureza
Você vê o que eu vejo?	90	Camuflagem de animais na natureza
Um dedo imobilizado	99	Identificar características do corpo, articulações
Ação e reação	111	Ato reflexo, voluntário e involuntário
Balança de dois corpos	136	Equilíbrio, relação causa e efeito
Investigando as transformações na vela	149	Aquecimento e resfriamento/luz e umidade
As transformações nos alimentos	153	Fermentação, consistência e coloração antes e depois do cozimento
ATIVIDADES E CONTEÚDOS A SEREM DESENVOLVIDOS DURANTE A PRÁTICA – 5º ANO		
Tema da Atividade Experimental	Páginas	Conteúdo a ser desenvolvido durante a aplicação da prática
Observando as fases da lua	14	Organizar e registrar periodicidade e informações sobre o movimento da lua
Instrumentos de observação a distância	24	Construir o próprio periscópio, luneta – o ser humano e o espaço sideral
Observando as constelações no céu noturno	27	Observar, identificar e registrar o céu – o ser humano e o espaço sideral
Simulando o efeito estufa	45	Simular o aquecimento, estudar conceitos da luz, tempo e matéria
Por que na praia a água da chuva não é salgada?	54	Energia, equilíbrio e vida, calor e umidade – mudança do estado da água
Remoção de impurezas da água	66	Propriedades físicas, densidade, filtragem – água e saneamento básico

Minha alimentação é saudável?	80	Classificação de alimentos, proporções e conscientização - energia dos alimentos
Modelo de funcionamento do sistema respiratório	105	Inspiração e expiração - Respiração, circulação e excreção
Medindo a pulsação	109	Batimentos cardíacos, causa e efeito
Teatro de sombras	134	Energia luminosa, identificar e registrar transformação de energia
Descongelando cubos de gelo	149	Condutores de calor, aquecimento e resfriamento
Observando o magnetismo	163	Polos magnéticos, força magnética

Fonte: Polydoro (2019), adaptado.

O livro um apresenta sete atividades experimentais: o dia e a noite, minha rotina, meu corpo, as pessoas são diferentes, meu corpo percebe, hábitos saudáveis, jeitos de brincar e brinquedos.

O livro dois possui doze atividades experimentais, relacionadas aos conteúdos: o céu, os ambientes da Terra, os seres vivos no ambiente, os animais são diferentes, como os animais nascem e vivem, onde vivem os animais, animais domesticados e animais silvestres, conhecer as plantas, as partes das plantas, cultivar e proteger, o corpo e o ambiente e cada coisa em seu lugar.

No livro três, temos os capítulos: "o sistema solar", com características da Terra e observação do céu; "como é a Terra", com as características da Terra e usos do solo; "animais vertebrados", "animais invertebrados" e "a reprodução de animais", com as características e o desenvolvimento dos animais; "as plantas", com o ciclo de vida das plantas; "as plantas se reproduzem" traz os grupos das plantas e a reprodução a partir das sementes; "a importância das plantas", com as características e desenvolvimento das plantas e usos de solos; "o corpo humano" e "o corpo muda com o tempo", com as características e desenvolvimento de animais e do corpo humano; "os materiais que nos cercam" trata da produção de sons e efeitos da luz nos materiais; "invenções" trabalha saúde auditiva e visual.

O livro quatro apresenta nove atividades experimentais: "o comportamento dos astros e o ser humano", com os pontos cardeais, calendários e fenômenos cíclicos e cultura; "diversidade da vida", "biomas brasileiros I" e "atividade agrícola e ambiente" abordam os microrganismos; "biomas brasileiros II" e "em busca da sobrevivência" tratam das cadeias alimentares simples; "os seres vivos se relacionam" traz as cadeias alimentares simples e microrganismos;

"movimento do corpo" aborda o esqueleto humano, movimento do corpo e dos músculos; "sistema nervoso" aborda partes do sistema nervoso, funcionamento e cuidados com sistema nervoso, saúde pessoal e coletiva e microrganismos; "a matéria tem propriedades" contempla as misturas, "a matéria se transforma" traz as transformações reversíveis e não reversíveis e microrganismos.

As primeiras atividades experimentais analisadas no livro cinco (observando as fases da lua e a Terra e a Lua se movem; instrumentos de observação a distância e observando as constelações no céu noturno; o ser humano e o espaço sideral) tratam de habilidades como observação de periodicidade, construção de uma luneta ou periscópio, identificação de constelações e uso de aplicativos como mapas celestes.

Nesses cinco livros analisados, verificou-se a valorização do trabalho em grupo e da leitura de tabelas e gráficos. Existe uma relação com a proposta da BNCC (Brasil, 2018) e seus objetos de aprendizagem. Fala sobre a expectativa das atividades elencadas em relação ao desenvolvimento de habilidades e competências, lançando um olhar teórico norteador para documentos oficiais. As informações de orientação para o professor são bastante coerentes e facilitam o uso dos livros pelo professor como um excelente recurso metodológico em sala de aula. Verifica-se a presença dos indicadores de AC propostos por Sasseron e Carvalho (2008). Quadros 3, 4, 5, 6, 7.

Quadro 3 – Indicadores de Alfabetização Científica Presentes nas Atividades Experimentais - Livro 01.

ATIVIDADES EXPERIMENTAIS PRESENTES NO LIVRO DIDÁTICO APRENDER JUNTOS - 1º ANO							
Indicadores de Alfabetização Científica	Eu sou assim	Eu me Comunico Brincando	Identificando Objetos pelo Tato	Como o Sabão limpa	Corrida dos Balões	Rampa de Corrida	Oficina das Sucatas
Seriação de Informação	X	X	X	X	X	X	X
Organização de Informação	X	X	X	X	X	X	X
Classificação de Informação	X		X	X	X	X	X
Raciocínio lógico	X		X				X
Raciocínio proporcional	X		X			X	X

Levantamento de hipótese	X		X	X	X	X	X

Teste de hipótese	X		X		X	X	X
Justificativa	X	X	X	X	X	X	X
Previsão	X	X	X	X	X	X	X
Explicação	X	X	X	X	X	X	X

Fonte: Polydoro, 2019.

Percebe-se, no quadro 3, que nas sete atividades experimentais do livro um o processo de AC se dá através da resolução dos problemas, quando o aluno tem que pensar sobre o tema solicitado. Indicadores de AC, como seriação, organização, justificativa, previsão e explicação, aparecem em todas as atividades experimentais. Verificou-se que este livro didático propicia a atividade em grupo, interação, discussão e debate, fazendo com que os alunos se sintam inseridos no processo de aprendizagem. Dois indicadores de AC, levantamento de hipóteses e classificação de informações, aparecem em seis das sete atividades experimentais, além de serem atividades simples e práticas, muito visuais e de fácil interpretação. O indicador teste de hipótese não aparece em duas das atividades, pelo fato delas serem autodescritivas e não conterem espaço para suposições. Também são muito visuais e de fácil interpretação. Pelo mesmo motivo, indicadores de raciocínio lógico (ausente em quatro das sete atividades) e raciocínio proporcional (ausente em três das sete atividades) não são contemplados.

Quadro 4 – Indicadores de Alfabetização Científica Presentes nas Atividades Experimentais – Livro 02

Indicadores de Alfabetização Científica	ATIVIDADES EXPERIMENTAIS PRESENTES NO LIVRO DIDÁTICO APRENDER JUNTOS - 2º ANO											
	Diferentes Origens do Calor	Corpos Luz e Sombras	Descobrir ambientes	Água e Vida	As aves glândulas Uropigianas	Como o pato nada	Como as plantas vivem	Função do caule na planta	Coleção de folhas	Som	Olfato	Pele
Seriação de Informação	X		X	X	X	X	X	X	X	X	X	X
Organização de Informação	X	X	X	X	X	X	X	X	X	X	X	X
Classificação de Informação	X		X	X	X	x	X	X	X	X	X	X
Raciocínio lógico	X	X	X	X			X	X		X	X	X
Raciocínio proporcional	X	X	X	X			X	X		X	X	X
Levantamento de hipótese	X		X	X			X				X	X
Teste de hipótese	X	X	X				X	X	X	X	X	X
Justificativa	X	X	X	X	X	X	X	X	X	X	X	X
Previsão	X		X	X	X	X	X	X	X	X	X	X
Explicação	X	X	X	X	X	X	X	X	X	X	X	X

Fonte: Polydoro, 2019.

No livro dois, identificou-se um número maior de atividades experimentais, doze no total. Toda a coleção está voltada para a AC e ensino de Ciências com enfoque em CTS; relaciona os textos de apoio e faz sugestões de leitura para o professor.

Quadro 5 – Indicadores de Alfabetização Científica Presentes nas Atividades Experimentais - Livro 03

ATIVIDADES EXPERIMENTAIS PRESENTES NO LIVRO DIDÁTICO APRENDER JUNTOS - 3º ANO

Indicadores de Alfabetização Científica	Olhando os astros do céu	Características dos solos	Como é possível andar sobre a água	Germinação do feijão e do alpiste	Brotar batatas em garrafas	O meu corpo está mudando?	O som dos objetos	Permeável e impermeável	A luz e os objetos
Seriação de Informação		X	X	X	X	X	X	X	X
Organização de Informação	X	X	X	x	X	X	X	X	X
Classificação de Informação	X	X	X	X	X	X	X	X	X
Raciocínio lógico	X	X	X	X	X	X	X	X	X
Raciocínio proporcional	X	x	X	X		X	X	X	X
Levantamento de hipótese	X		X	X	X	X	X	X	X
Teste de hipótese			X	X	X	X	X	X	X
Justificativa	X	X	X	X	X	X	X	X	X
Previsão	X	X	X	X	X	X	X	X	X

Fonte: Polydoro, 2019.

No terceiro livro temos nove atividades experimentais, onde a maioria dos indicadores de AC estão contemplados em todas as atividades. Em algumas atividades não aparecem o levantamento de hipótese, teste de hipóteses raciocínio lógico e proporcional e seriação de informação. Estes indicadores são de eixos estruturantes diferentes. Não aparece a explicação.

Quadro 6 – Indicadores de Alfabetização Científica Presentes nas Atividades Experimentais – Livro 04

Indicadores de Alfabetização Científica	ATIVIDADES EXPERIMENTAIS PRESENTES NO LIVRO DIDÁTICO APRENDER JUNTOS - 4º ANO									
	O gnômon da direção norte-sul	O solo no entorno das plantações	Os decompositores do cotidiano	Você vê o que eu vejo?	Um dedo imobilizado	Ação e reação	Balança de dois copos	Investigando as transformações na vela	As transformações nos alimentos
Seriação de Informação	X	X	X	X	X	X	X	X	X
Organização de Informação	X	X	X	X	X	X	X	X	X
Classificação de Informação	X	X	X	X	X	X	X	X	X
Raciocínio lógico	X	X	X	X	X	X	X	X	X
Raciocínio proporcional	X		X	X	X	X	X	X	X
Levantamento de hipótese	X		X	X	X	X	X	X	X
Teste de hipótese	X		X	X	X	X	X	X	X
Justificativa	X	X	X	X	X	X	X	X	X
Previsão	X	X	X	X	X	X	X	X	X
Explicação	X	X	x	x	x	x	x	x	x

Fonte: Polydoro, 2019.

No livro quatro temos nove atividades experimentais e somente na segunda não se identificou os indicadores de AC <u>raciocínio lógico, levantamento de hipóteses e teste de hipóteses,</u> no restante das atividades todos os indicadores de AC estão contemplados. O livro faz referência, sempre, à BNCC (2017) e traz observações pertinentes sobre o processo de ensino e aprendizagem para Ciências, "vivências, saberes, interesses e curiosidades sobre o mundo natural e tecnológico" (BNCC, 2018, p. 331), destacando a importância dos conhecimentos prévios e das atividades investigativas no Ensino de Ciências dos Anos Iniciais.

Quadro 7 – Indicadores de Alfabetização Científica Presentes nas Atividades Experimentais – Livro 05

Indicadores de Alfabetização Científica	ATIVIDADES EXPERIMENTAIS PRESENTES NO LIVRO DIDÁTICO APRENDER JUNTOS – 5º ANO													
	Fases da lua	Objetos/ observação a distância	Constelação céu noturno	Simulando Efeito estufa	Chuva salgada praia	Remoção impurezas água	Alimento saudável	Sistema respiratório	Medindo pulsação	Teatro das sombras	Gelo x água	Observando magnetismo
Seriação de Informação	X	X	X	X	X	X	X	X	X	X	X	X
Organização de Informação	X	X	X		x	X	X	X	X	X	X	X
Classificação de Informação	X	x	X	X	x	x	X	X	x	X	X	X
Raciocínio lógico	X	X	X	X	X	X	X	X		X	X	X
Raciocínio proporcional	X	X	X	X	X	X	X	x	X	x	X	X
Levantamento de hipótese	X	x	X	X	X	X	X	x	X	x	X	X
Teste de hipótese	X	X	X		x	x	X	X	X	X	X	X

Fonte: Polydoro, 2019.

O livro cinco traz doze atividades experimentais, e só a atividade quatro (simulando o efeito estufa) não contempla todos os indicadores de AC. Essa atividade é uma tentativa de reprodução, descrição e representação de um fenômeno natural. Nela não encontramos os indicadores organização de informação, teste de hipóteses e previsão. Entende-se que, no quinto ano, os alunos já tenham uma melhor estruturação de pensamento e raciocínio, mais conhecimentos prévios acerca de um número maior e mais diversificado de assuntos referentes a fenômenos naturais e de conhecimentos científicos também. Não aparecem os indicadores justificativa, previsão e explicação. Das atividades experimentais deste livro, cinco propõem e proporcionam o estudo de fenômenos, princípios ou leis básicas. Devido a formulação das atividades e a facilidade de manipulação, trabalha-se com os alunos o desenvolvimento de habilidades experimentais, organização, iniciativa, análise, hipóteses e criticidade, em um ambiente escolar mesmo sem laboratório, com plena liberdade de uso de materiais e de ação, sem comprometer os resultados.

Após a análise dos cinco livros da coleção, verificou-se que os indicadores de AC, presentes nas atividades experimentais, asseguram ao professor dos Anos Iniciais, geralmente um pedagogo, uma melhor compreensão do conteúdo teórico de Ciências e estabelecem relação entre o aspecto conceitual e a realidade do estudante, além de oferecerem um ambiente dialógico propício para a construção de argumentos com alunos dos Anos Iniciais a partir das discussões e interações ocorridas na sala de aula durante os experimentos.

O Currículo Nacional para o Ensino Básico, proposto pelo Decreto Lei 6/2001 (D.L. 6/2001), Capítulo 1, art. 03, faz referência a princípios orientadores: "Valorização das aprendizagens experimentais nas diferentes áreas e disciplinas, em particular com carácter obrigatório no ensino das Ciências, promovendo a integração das dimensões teórica e prática" (Diário da República n.º 15/2001, p. 258-265).

Para Lorenzetti e Delizoicov (2001), o Ensino de Ciências nos Anos Iniciais, deve propor atividades abertas, reflexivas e investigativas, nas quais os alunos desempenhem o raciocínio lógico e a construção de um conhecimento significativo; entendam a função de pesquisa individual e coletiva em sala.

Krasilchik e Marandino (2004) afirmam que um dos aspectos importantes das atividades experimentais e práticas é fomentar nos alunos condições para interpretar os fenômenos, manipular e vivenciar novos recursos com a participação de todos, mas na maioria das escolas da rede pública estadual de São Paulo os educadores se deparam com a falta de espaço adequado (laboratório) para a realização de experimentos, o que acaba sendo a justificativa para não realizarem atividades experimentais com os alunos. Sabemos que não se trata apenas de falta de espaço físico adequado, já que na própria formação inicial dos docentes dos Anos Iniciais existe uma lacuna em relação aos conteúdos de Ciências e as atividades experimentais.

Para Carvalho e Gil-Pérez (2011), os professores devem saber e saber fazer; precisam questionar as visões de Ciências que são trabalhadas de forma acrítica, repetitiva e dogmática e romper com as abordagens simplistas de senso comum. Sasseron (2008) afirma que, para se construir a AC em sala de aula, devemos utilizar os indicadores de AC, os quais seriam, também, competências próprias do fazer científico, reforçando a importância de o ensino de Ciências recorrer a atividades investigativas, contando com a curiosidade das crianças nessa fase educacional, estimulando e reforçando o interesse delas em pesquisar, refletir, tornar-se um cidadão crítico.

As atividades experimentais propostas nos LD podem ser aplicadas mediante planejamento e objetivos definidos pelo professor.

O LD de Ciências deve propiciar ao aluno uma AC que inclua a compreensão científica, filosófica e estética de sua realidade, oferecendo suporte no processo de formação dos indivíduos/cidadãos; deve ser um instrumento capaz de promover a reflexão sobre os múltiplos aspectos da realidade e estimular a capacidade investigativa do aluno para que assuma sua condição de agente na construção do seu conhecimento (Vasconcelos; Souto, 2003).

Para garantir a AC, Sasseron (2008) propõe que o planejamento das aulas pelo professor deve estar focado em três eixos estruturantes do desenvolvimento das habilidades de CTS: a) compreensão de termos, conceitos e conhecimentos científicos fundamentais; b) compreensão da Natureza das Ciências e dos fatores éticos e políticos que circundam sua prática; c) o entendimento das relações existentes entre CTS e Meio Ambiente. O trabalho da autora está pautado em indicadores (Quadro 1), cuja função é classificar as ações do desenvolvimento dos alunos em sala de aula para que o professor possa diagnosticar se está ocorrendo, ou não, a AC do aluno durante o processo de aprendizagem.

No produto educacional que resultou desta pesquisa de mestrado (Polydoro; Maciel, 2029), incluímos uma sequência didática (SD) que sugere ao professor polivalente do EF dos Anos Iniciais como fazer uso de uma atividade experimental de um dos livros didáticos analisado, trabalhando os Indicadores de AC propostos por Sasseron (2008), por meio de contextualização e de problematização, de modo a contemplar a dimensão crítica e social do Ensino de Ciências comprometido com a AC das crianças. A aplicação de uma SD construída a partir de uma atividade experimental do livro de Ciências favorece uma melhor compreensão prática dos alunos, conforme defendem Vasconcelos e Souto (2003).

A SD foi elaborada e proposta a partir do livro didático analisado, está direcionada para o 1º Ano do EF – Anos Iniciais e tem como tema MEU CORPO PERCEBE. Envolve atividades de identificação de objetos pelo tato. O objetivo é que o aluno reconheça sua pele como órgão do sentido, estabelecendo relação do tato com a percepção do ambiente e de possíveis perigos que o cercam.

A sugestão é que o professor proponha uma atividade em pequenos grupos de até seis crianças, para a comparação das características de diferentes materiais presentes em objetos do seu cotidiano, como algodão, folhas de plantas frescas, areia, lixas, plástico bolha, esponjas, lã, velcro, bolsa térmica gelada e quente, sacos pretos de tecido, placas de MDF, entre outros materiais, à medida que outros questionamentos durante a atividade aconteçam. O professor pode se utilizar de filmes sobre os 5 sentidos, encontrado em canais do *YouTube* (Ex.: Filme Divertida Mente - editado).

O propósito da SD sugerida com base teórica e indicação de material didático foi nortear o professor no planejamento de SD na perspectiva da Educação CTS, ancoradas na AC e seus indicadores, como propõe Sasseron (2008), que trata conteúdos científicos integrados ao contexto social e tecnológico, abordados paralelamente à discussão de aspectos econômicos, políticos, sociais e éticos.

Como atividades a serem desenvolvidas pelos alunos do 1º Ano do EF, propomos a contextualização do tema (engajar o estudante, intelectual e emocionalmente), o levantamento dos conhecimentos prévios (explorar as visões pessoais dos estudantes), o desenvolvimento/Investigação (usar indicadores relacionados à obtenção de dados e trabalho com dados empíricos), guiar e dar suporte/internalização (indicadores de relação entre variáveis e informações), guiar e dar suporte/expansão, controle e responsabilidade (indicadores de apropriação de ideias em caráter científico), perguntas exploratórias (busca que o estudante verbalize suas conclusões), perguntas de sistematização (buscam que os alunos apliquem o conceito compreendido em outros contextos, raciocine sobre o assunto), avaliação e resultados (aguçar a curiosidade e a disponibilidade para procurar respostas, participar, investigar, questionar, ter pensamento crítico, desenvolver situações de aprendizagens através de aulas mais dinâmicas a partir da experimentação, levantar hipóteses e desafiar o raciocínio do estudante).

Considerações Finais

Acreditamos que as atividades experimentais nos Anos Iniciais atraem a atenção dos alunos para o Ensino de Ciências, despertando seu interesse e curiosidade, tornando-se uma metodologia bastante eficiente, pois, por se tratar de uma aula prática e aberta, onde as crianças desenvolvem a partir de uma determinada atividade que transcende a construção de conhecimento científico, visto ser uma abordagem motivadora.

O uso de algumas SD como a que sugerimos, envolvendo a exploração dos sentidos em sala de aula, com atividades planejadas e executadas dentro deste eixo temático proposto na BNCC, ordenadas e articuladas com objetivos educacionais, possibilitam a observação direta dos alunos envolvidos. A aplicação de uma SD como a que construímos e testamos evidenciou aprendizagem e desenvolvimento da AC das crianças, na medida em que sua organização contemplou a participação ativa dos estudantes.

O levantamento do conhecimento prévio antes e durante a realização de atividades experimentais facilitou a construção de conceitos científicos, partindo da vivência do aluno e do uso de materiais simples, que contemplam a comunicação e a construção do conhecimento científico, demostrado através da linguagem oral, escrita. Observou-se que os indicadores de AC estiveram presentes, o que demostra que a AC aconteceu durante todo o processo.

Com a finalidade de compartilhar saberes docentes, inclusive com outras áreas de conhecimento, publicamos o artigo "Aproximações entre indicadores de alfabetização científica e atividade experimental proposta em livro didático dos anos iniciais", elaborado através de um livrinho confeccionado em MDF, demostrando diversas texturas e possibilidades de interação em sala de aula, provando a capacitação de alunos dos Anos Iniciais e suas habilidades e qualificações no processo de AC.

Percebemos que as crianças têm curiosidade e disponibilidade para procurar respostas, desenvolver situações de aprendizagens a partir de aulas mais dinâmicas e com uso da experimentação; levantar hipóteses e desafiar o raciocínio. As atividades experimentais tornam a aula mais intensa, participativa e proveitosa, com muitos desdobramentos produtivos devido à resolução de problemas e a outras habilidades desenvolvidas.

Referências

AXT, R. O Papel da Experimentação no Ensino de Ciências. *In*: MOREIRA, M. A.; AXT, R. **Tópicos em Ensino de Ciências**. Porto Alegre: Sagra, 1991.

BAZZO, W.A. A pertinência de abordagem CTS na educação tecnológica. **Revista Ibero Americana CTS**. n. 28, p. 83-99, 2002.

BIZZO, N. Ciências: fácil ou difícil? 2. ed. São Paulo: Ática, 2007.

BRASIL. **Base Nacional Comum Curricular**: Educação Básica. Ministério da Educação. 2018. Acesso em: 10 nov. 2018.

BRANDI, A. T. E.; GURGEL, C. M. do A. Alfabetização científica e o processo de ler e escrever em séries iniciais: emergências de um estudo de investigação-ação. **Ciência & Educação**, São Paulo, v. 8, n.1, p. 113-125, 2002.

CACHAPUZ, A.; Praia, J. & JORGE, M. Da Educação em Ciências às Orientações para o Ensino das Ciências: um repensar epistemológico. **Ciência & Educação**, São Paulo, v. 10, n. 3, 2004. p.363-381.

CARVALHO, A. M. P.; GIL-PÉREZ, D. **Formação de professores de Ciências**. Tradução Sandra Valenzuela. São Paulo: Cortez, 2011.

CHASSOT, A. **Alfabetização científica**: questões e desafios para a educação. 5. ed. Ijuí: Editora Unijuí, 2011.

FOUREZ, G. **A Construção das Ciências**: introdução à filosofia e à ética das ciências. São Paulo: EduNESP, 1995. 319p. 21 cm. Bibliografia: p. 306-319. ISBN 85-7139-083-5.

FOUREZ, G. G. **Alfabetización Científica y Tecnológica:** acerca de las finalidades de La enseñanza de las ciências. Buenos Aires: Ediciones Colihue, 1997. ISBN 95-0581-6375.

FOUREZ, G. "Crise no Ensino de Ciências?", **Investigações em Ensino de Ciências,** v. 8, n. 2, 2003.

GASPAR, A. **Experiências de ciências para o ensino fundamental.** São Paulo: Ática, 2003.

KRASILCHIK, M. **Prática de ensino de biologia.** São Paulo: Edusp, 2004.

KRASILCHIK, M.; MARANDINO, M. **Ensino de ciências e Cidadania.** São Paulo: Moderna, 2004.

LORENZETTI, L.; DELIZOICOV, D. Alfabetização científica no contexto das séries iniciais. **Ensaio** – Pesquisa em Educação em Ciências, Belo Horizonte, v. 3, n. 1, jun., p. 1-17, 2001.

MACIEL, M. D. Alfabetização científica e tecnológica sob o enfoque da Ciência, Tecnologia e Sociedade (CTS): implicações para o currículo, o ensino e a formação de professores. **Revista de Ensino de Ciências e Matemática,** *[S. l.]*, v. 3, n. 3, p. 152-160, 2023.

OLIVEIRA, J. R. S. Contribuições e abordagens das atividades experimentais no ensino de ciências: reunindo elementos para a prática docente. **Acta Scientiae,** 2(1), 2010, p. 139-153. Recuperado de: <http://www.periodicos.ulbra.br/index.php/acta/article/view/31/28>. Acesso em: 20 maio 2019.

POLYDORO, A. M. **Indicadores de alfabetização científica identificados nas atividades experimentais propostas em livros didáticos de ciências nos anos iniciais.** 2019. 81f. Dissertação (Mestrado em Ensino de Ciências e Matemática) – Universidade Cruzeiro do Sul, São Paulo, 2019.

POLYDORO, A. M; MACIEL, M. D. **Indicadores de alfabetização científica em atividade experimental nos anos iniciais.** Produto Educacional. 2019. Disponível em: https://www.cruzeirodosul.edu.br/mestrado-e-doutorado/mestrado-profissional-em-ensino-de-ciencias-e-matematica/producao-intelectual/.

PRODANOV, C. C.; FREITAS, E. C. de. **Metodologia do trabalho científico [recurso eletrônico]:** métodos e técnicas da pesquisa e do trabalho acadêmico. 2. ed. Novo Hamburgo: Feevale. 2013.

SANTOS, P. R. dos. **O Ensino de Ciências e a ideia de cidadania**. Mirandum. Ano X. n. 17. 2006.

SASSERON, L. H.; CARVALHO, A. M. P. Almejando a alfabetização científica no ensino fundamental: a proposição e a procura de indicadores do processo. **Investigações em Ensino de Ciências**, v. 13, n. 3, p. 333-352, 2008.

SASSERON, L. H. **Alfabetização Científica no ensino Fundamental – Estrutura e Indicadores deste processo em sala de aula**. Tese apresentada à Faculdade de Educação da USP, 2008.

SASSERON, L.H. e CARVALHO, A.M.P., "Construindo argumentação na sala de aula: a presença do ciclo argumentativo, os indicadores de Alfabetização Científica e o padrão de Toulmin". **Ciência & Educação**, v.17, n.1, 2011.

VASCONCELOS, S. D.; SOUTO, E. O Livro Didático de Ciências no Ensino Fundamental – proposta de critérios para análise do conteúdo zoológico. **Ciência & Educação**, Bauru, v. 9, n. 1, p. 93-104, 2003.

O ENSINO DE ASTRONOMIA E OS ITINERÁRIOS FORMATIVOS DE CIÊNCIAS DA NATUREZA NO ENSINO MÉDIO

Marco Antonio Sanches Anastacio[1]
Marcos Rincon Voelzke[2]

Introdução

Apesar de não se conhecer exatamente quando os estudos em Astronomia começaram, é certo que o fascínio e a curiosidade humana pelos mistérios do firmamento conduziram o homem a uma reflexão e compreensão melhor sobre questões relacionadas a sua origem e lugar no Universo, influenciando e impulsionando o desenvolvimento tecnológico e econômico, assim como o cotidiano das pessoas (Oliveira; Voelzke; Amaral, 2007).

Considerada por Bretones (2014) como uma das ciências mais antigas e belas, a Astronomia, por seu caráter multidisciplinar, permite o desenvolvimento de temas relevantes para a formação do jovem estudante no Ensino Médio (EM), constituindo-se em poderosa ferramenta para despertar o interesse em Física, Química, Biologia e Matemática.

Dessa forma, mesmo com as mudanças que se sucederam na Educação Básica (EB) ao longo das últimas décadas, diante da relevância do ensino de Astronomia, percebe-se que seus conteúdos, ainda que de modo difuso, sempre estiveram presentes como tópicos trabalhados em sala de aula nas disciplinas de Ciências da Natureza (CN).

---

1   Doutorando e Mestre em Ensino de Ciências e Matemática. Docente dos cursos de graduação em Tecnologia da Informação na Universidade Cruzeiro do Sul. Professor de Física no Ensino Médio. E-mail: marcosanches.net@gmail.com

2   Doutor em Ciências Naturais, com Especialização em Astrofísica, pela Ruhr Universität Bochum. Docente e Pesquisador do Programa de Mestrado e Doutorado em Ensino de Ciências e Matemática na Universidade Cruzeiro do Sul. E-mail: marcos.voelzke@cruzeirodosul.edu.br

Apesar de não formalmente presente no currículo das escolas como uma disciplina independente, os conceitos de Astronomia passaram a compor um eixo dentro da temática "Universo, Terra e vida" ao longo das etapas que compreendem a Educação Infantil (EI), o Ensino Fundamental (EF) e o Ensino Médio (EM) a partir da publicação, no final da década de 1990, dos Parâmetros Curriculares Nacionais (PCN) e suas orientações complementares (Brasil, 2002; Elias, M. A.; Fonseca, 2021).

Contudo, diversas pesquisas relacionadas ao ensino de Astronomia revelam uma rara abordagem em sala de aula, reflexo de dificuldades relacionadas à formação de professores e ausência de material didático de boa qualidade, isento de erros conceituais e concepções alternativas (Langhi, 2004; Bretones, 2006; Langhi; Nardi, 2007; Macêdo; Voelzke, 2014).

Não obstante as dificuldades destacadas nessas pesquisas, explorar o caráter multidisciplinar e as peculiaridades do ensino de Astronomia é de relevante importância para o desenvolvimento das competências e habilidades esperadas na formação do jovem protagonista (Anastacio; Voelzke, 2020).

Por outro lado, verifica-se que a sociedade contemporânea, profundamente influenciada por uma cultura digital e impulsionada principalmente pelo advento da *internet*, pede cada vez mais modelos educacionais que contemplem um espaço educativo múltiplo, que rompa as barreiras da sala de aula física, ou seja, um espaço de convergência entre o presencial e o virtual na educação, mediado pelas tecnologias digitais (Anastacio; Voelzke, 2020).

Nesse contexto, o objetivo deste capítulo é trazer para o leitor uma proposta para reaproximação do ensino de Astronomia no EM, por meio dos itinerários formativos, introduzidos pela Base Nacional Comum Curricular (BNCC), que é atualmente o documento oficial norteador dos currículos da EB nas redes de ensino de todo o país (Brasil, 2018a).

Na estrutura apresentada pela BNCC para o EM, os itinerários formativos constituem uma formação complementar, parte flexível do currículo, oferecida pelas escolas visando atender à multiplicidade de interesse discente e à formação integral de estudantes com as competências e habilidades exigidas pela sociedade contemporânea (Brasil, 2018a).

Assim, o trabalho apresentado oferece ao professor um *Design* Instrucional (DI) de um itinerário formativo de Ciências da Natureza, para inserção do ensino de Astronomia como uma disciplina independente no EM, com duração de um semestre letivo, a ser implementado no formato híbrido, considerando a possibilidade da realização de atividades a distância de até 20% da carga horária total prevista na BNCC (Brasil, 2018a).

Trata-se de um recorte do Produto Educacional denominado **"Astronomia no Ensino Médio**: uma proposta de curso híbrido com o uso de Ambiente Virtual de Aprendizagem" (Anastacio; Voelzke, 2020) e da Dissertação intitulada **"Astronomia no ensino médio:** uma proposta de curso com foco na aprendizagem significativa e uso de ambiente colaborativo como ferramenta de tecnologia digital" (Anastacio, 2020), apresentados no Mestrado Profissional em Ensino de Ciências e Matemática da Universidade Cruzeiro do Sul, que contempla reflexões sobre o ensino de Astronomia, em especial no EM, a partir de um itinerário formativo de Ciências da Natureza, por meio de uma proposta que permita trabalhar seus conteúdos no currículo formal, como previsto nos principais documentos oficiais que organizam a EB.

O ensino de Astronomia e a BNCC

O ensino de Astronomia na Educação Básica sobreviveu ao processo de mudanças que se sucederam ao longo das últimas décadas no Brasil e, mesmo sendo não sendo tratado como uma disciplina independente, seus conteúdos perpassam por quase todos os níveis de ensino praticados no Brasil (Barboza; Voelzke, 2016).

Nesse sentido, os PCN já mencionavam os conceitos de Astronomia trabalhados sob a temática "Universo, Terra e vida", como um dos seis temas "[...] estruturadores com abrangência para organizar o Ensino de Física" (Brasil, 2002, p. 70).

Entretanto, apesar de sugeridos e previstos nos documentos oficiais, pesquisas na área de educação em Astronomia revelam que os conteúdos são minimamente tratados na Educação Básica – nas escolas de Educação Infantil (EI), Ensino Fundamental e Ensino Médio (Langhi; Nardi, 2009; Anastacio, 2020). Dessa forma, "[...] o Ensino de Astronomia nas escolas brasileiras fica defasado, o que compromete o cumprimento das recomendações acerca do tema" (Albrecht; Voelzke, 2011, p. 2).

Como constatado por Albrecht e Voelzke (2016), o ensino de Astronomia, na maioria das vezes, não acontece nas escolas brasileiras e, quando acontece, ainda segue uma abordagem tradicional, reflexo do enxugamento dos cursos de formação e currículos com pouca orientação para o ensino desse conteúdo.

Apesar desse distanciamento e ausência da Astronomia na Educação Básica (EB), especificamente no Ensino Médio, a reforma que instituiu a BNCC trouxe como uma das competências específicas da área de Ciência da Natureza e suas Tecnologias:

> 2. Construir e utilizar interpretações sobre a dinâmica da Vida, da Terra e do Cosmos para elaborar argumentos, realizar previsões sobre o funcionamento e a evolução dos seres vivos e do Universo, e fundamentar decisões éticas e responsáveis (Brasil, 2018b, p. 539).

Além disso, ainda se propõe uma articulação das unidades temáticas desenvolvidas no EF, propiciando aos alunos analisarem a complexidade do planeta Terra, de estrelas e cosmos, considerando modelos mais abrangentes que exploram aplicações das reações nucleares na construção do entendimento de processos estelares (Brasil, 2018b).

Mais uma vez, um documento oficial norteador da EB destaca temas relacionados ao ensino de Astronomia. Porém, agora a reaproximação da Astronomia com o currículo do EM passa por uma novidade apresentada pela BNCC: os itinerários formativos, que constituem um conjunto de atividades que os estudantes podem escolher a fim de aprofundar aprendizagens em determinadas áreas do conhecimento ou desenvolver formação técnica e profissional (Brasil, 2018b).

Nessa organização, há uma flexibilização curricular com a criação dos itinerários formativos vinculados às áreas do conhecimento, dentre elas, Ciências da Natureza e suas Tecnologias (Silva, 2017).

O cenário que emerge com essa mudança aponta para a oportunidade de conectar as práticas pedagógicas com a realidade contemporânea e o interesse dos estudantes por meio desses itinerários formativos, que devem ter os conhecimentos trabalhados de forma contextualizada e organizada por áreas, de modo que possibilite ao estudante realizar investigações científicas e desenvolver a produção criativa e a criticidade.

Desde o início, a reforma do EM tem sido tema de debates, reuniões e fóruns de discussão, muito pela necessidade de implementação dos itinerários formativos (Anastacio, 2020).

Nesse contexto, o itinerário de Astronomia nasce como uma proposta que conecta a escola com o mundo contemporâneo, com capacidade de promover a interdisciplinaridade, envolvendo os diversos saberes que compõem a área de Ciências da Natureza e suas Tecnologias, bem como a formação integral do estudante crítico, ético e responsável em relação ao cuidado de si, dos outros e do planeta Terra (São Paulo, 2020).

A cultura e as tecnologias digitais

A leitura e percepção de mundo, de alguma forma, sempre foi mediada pelas tecnologias disponíveis em cada época, com reflexos na construção do conhecimento e, portanto, no próprio processo de aprendizagem (Bannell *et al.*, 2016).

Nesse contexto, Heinsfeld e Pischetola (2017) indagam qual é a posição que se encontra a escola atual nesse espaço que envolve um novo panorama cultural imerso numa cultura digital que tem transformado de forma significativa a forma de pensar, ser e agir da sociedade atual, por meio da adoção crescente de tecnologia nas diversas atividades de interação social (Almeida, 2019).

Essa indagação é pertinente quando se leva em consideração as mudanças provocadas pela cultura digital na sociedade contemporânea como um todo. A ruptura causada pela transformação no modo de se conceber e transmitir a informação é fruto de uma conectividade global cada vez mais rápida, cujo acesso e produção de conteúdo mediado pelo digital faz a sociedade convergir para um cenário ubíquo e híbrido, descentralizado e, ao mesmo tempo, conectado (Heinsfeld; Pischetola, 2017).

As preocupações quanto aos impactos das tecnologias digitais na sociedade são destacadas na BNCC, em especial na etapa do EM, quando se traz à discussão o desenvolvimento de competências e habilidades voltadas a uma participação mais consciente, que permita não apenas uma compreensão dos impactos da revolução digital na sociedade contemporânea, mas, também, o uso da tecnologia digital na solução de problemas de modo contextualizado e crítico (Brasil, 2018b).

Nesse novo espaço redesenhado para o pensamento, a aprendizagem e a comunicação, emerge uma necessidade de se repensar sobre os processos e práticas pedagógicas que excluem o digital, na contramão de uma tendência que hoje permeia as atividades de toda uma sociedade, mas, que parece aprisionada do lado externo à escola.

A disponibilidade tecnológica acaba justificando o motivo da migração cada vez maior do formato tradicional de sala de aula física para uma educação híbrida, que acontece nos múltiplos espaços do cotidiano, utilizando-se os mais diversos dispositivos que favoreçam a comunicação e a interação entre alunos e professores (Souza, 2019).

Nesse *mix* que se propõe utilizar os espaços virtuais como alternativa à ampliação da atratividade dos espaços formais de aprendizagem, pode-se estimular momentos de aprendizagem assíncronos, que reforçam a autonomia do estudante, "[...] desenvolvendo, nos encontros presenciais, situações que fortaleçam os vínculos, desburocratizem a comunicação síncrona e subsidiem a colaboração" (Souza, 2019, p. 175).

O ambiente virtual permite ao professor substituir parte da oralidade de uma aula tradicional por conteúdos digitais, organizados por *links*, hipertexto, áudio e vídeo, favorecendo ao estudante a escolha pelo melhor caminho para aprofundamento em determinado assunto ou, simplesmente, que personalize sua própria estratégia de aprendizagem (Souza, 2019).

Desta forma, o ensino híbrido constitui uma opção de inovação por meio das tecnologias digitais que reúnem as potencialidades do ensino presencial e o virtual, rompendo estruturas lineares e determinísticas impostas pela aula tradicional, o que contribui para uma postura autônoma do estudante, acompanhada de uma personalização nesse contexto de aprendizagem (Souza, 2019).

O itinerário de Astronomia

O itinerário proposto é constituído por recursos de *Design* Instrucional (DI), a fim de oferecer um planejamento para o curso de Astronomia no Ensino Médio. A origem do DI remonta do período da Segunda Guerra Mundial como um recurso para o treinamento de recrutas para o manuseio de armamentos (Bento, 2017) e pode ser definido como um conjunto de etapas para construir soluções que atendam necessidades educacionais específicas, como um curso, trilha de aprendizagem ou programa de estudos (Filatro *et al.*, 2019).

Dentre os modelos clássicos de DI existentes, optou-se pelo aberto, que apresenta uma flexibilidade em sua organização, com atividades dinâmicas, e sua ênfase encontra-se nos processos de aprendizagem, podendo ser aprimorados e alterados durante a execução do curso (Bento, 2017). Nesse modelo o professor assume o processo de planejamento, mediação e avaliação, priorizando a implementação (Filatro *et al.*, 2019).

Para o planejamento do curso de Astronomia, foi estruturado o Quadro 1, que apresenta a síntese da fase de análise do projeto e representa, do ponto de vista pedagógico, o escopo em que se oferecerá o curso.

Quadro 1: Dados da disciplina

Nome da disciplina	Astronomia no Ensino Médio	
Objetivo da disciplina	Trabalhar os conteúdos de Astronomia com os alunos do EM dentro do itinerário formativo de Ciências da Natureza	
Carga horária	Presencial	24 horas/aula
	On-line	08 horas/aula
Duração da disciplina	16 semanas	
Público-alvo	Alunos do Ensino Médio	

Fonte: Anastacio e Voelzke (2020, p. 13)

Para a implementação da disciplina, foram considerados três recursos do DI, o Mapa de Atividades, a Matriz de *Design* Instrucional e o *Storyboard*, todos detalhados e apresentados a seguir.

Mapa de atividades da disciplina

O Mapa de atividades da disciplina é um recurso organizado em forma de um quadro destinado à apresentação de um panorama geral da estrutura do itinerário (Bento, 2017). Para a visualização geral e implementação da disciplina, foi elaborado o mapa de atividades apresentado no Quadro 2, que detalha os objetivos específicos de cada unidade, as ferramentas, recursos e atividades e o tempo previsto para sua realização.

Quadro 2: Mapa de atividades da disciplina

Unidade	Objetivos específicos	Ferramentas	Atividades e recursos	Duração
1 Introdução 1.1 O que é Astronomia	• Conhecer a dinâmica do curso • Conhecer os conceitos básicos da Astronomia	• Aula presencial • Conteúdo on-line	**Atividade 1:** Assistir ao vídeo Astronomia **Recurso:** material introdutório **Mídia:** vídeo do *youtube* **Atividade 2:** Ler o texto de introdução à disciplina **Recurso:** material de apoio **Mídia:** arquivo PDF	3 h/a 150 min
2 Evolução dos conceitos históricos de Universo	• Conhecer a evolução dos modelos Geocêntrico e Heliocêntrico	• Aula presencial • Discussão: natureza da ciência	Não há	3 h/a 150 min
3 Teoria do *Big Bang*	• Conhecer e compreender a teoria do *Big Bang*	• Aula presencial • Conteúdo on-line	**Atividade 3:** Assistir ao vídeo sobre a teoria do *Big Bang* **Recurso:** material introdutório **Mídia:** vídeo do *youtube* **Atividade 4:** Assistir ao vídeo sobre a teoria do Universo paralelo: A teoria mais intrigante de todos os tempos! **Recurso:** material introdutório **Mídia:** vídeo do *youtube*	3 h/a 150 min
4 Sistema Solar 4.1 Planetas do Sistema Solar	• Conhecer o que é um Sistema Solar • Conhecer nosso Sistema Solar	• Aula presencial • Conteúdo on-line • Aula prática: *Merge Cube*	**Atividade 5:** Assistir ao vídeo Planetas **Recurso:** material introdutório **Mídia:** vídeo do *youtube* **Atividade 6:** Assistir ao vídeo Sol **Recurso:** material introdutório **Mídia:** vídeo do *youtube* **Atividade 7:** Fazer as atividades interativas "Planetas do Sistema Solar" **Recurso:** exercício de fixação **Mídia:** H5P[3]	3 h/a 150 min
5 Nosso lugar no Universo 5.1 A Via Láctea	• Conhecer nosso lugar no Universo: Via Láctea	• Aula presencial • Conteúdo on-line	**Atividade 8:** Fazer atividade interativa "Via Láctea" **Recurso:** exercício de fixação **Mídia:** H5P	3 h/a 150 min

---

3 O h5p é uma tecnologia que permite integrar ao *Moodle* conteúdos interativos, a fim de atender a diferentes demandas de aprendizagem. Disponível em: https://h5p.org/, acesso em 14 mar. 2023.

6 Terra e céu **6.1** A Terra e seu movimentos **6.2** Lua: fases, eclipses e marés	• Conhecer a Terra e seus movimentos • Conhecer a Lua e seus movimentos	• Aula presencial • Conteúdo on-line	**Atividade 9:** Assistir ao vídeo Zodíaco **Recurso:** material introdutório **Mídia:** vídeo do *youtube* **Atividade 10:** Assistir ao vídeo Fases da Lua **Recurso:** material introdutório **Mídia:** vídeo do *youtube*	3 h/a 150 min
7 Movimento dos planetas e as Leis de Kepler	• Conhecer quem foi Kepler e as leis dos movimentos planetários.	• Aula presencial • Conteúdo on-line	**Atividade 11:** Assistir ao vídeo Kepler **Recurso:** material introdutório **Mídia:** vídeo do *youtube* **Atividade 12:** Assistir ao vídeo 1ª lei de Kepler **Recurso:** material introdutório **Mídia:** vídeo do *youtube* **Atividade 13:** Assistir ao vídeo 2ª lei de Kepler **Recurso:** material introdutório **Mídia:** vídeo do *youtube*	3 h/a 150 min
8 Newton e a gravitação Universal	• Conhecer quem foi Isaac Newton e a teoria a Gravitação Universal	• Aula presencial	**Recurso:** exercício de fixação	3 h/a 150 min
9 Vida e morte das estrelas	• Conhecer a formação das estrelas e sua evolução	• Aula presencial • Conteúdo on-line	**Atividade 14:** Assistir ao vídeo Estrelas **Recurso:** material introdutório **Mídia:** vídeo do *youtube* **Atividade 15:** Assistir ao vídeo Buracos Negros **Recurso:** material introdutório **Mídia:** vídeo do *youtube*	3 h/a 150 min
10 O *software* Stellarium **10.1** Observando o céu	• Conhecer o *software* Stellarium • Desenvolver atividades de observação do céu com o *Stellarium*	• Aula presencial • Conteúdo on-line	**Atividade 16:** Utilizar o *software Stellarium* para observação do céu **Recurso:** material introdutório **Mídia:** vídeo do *youtube* **Atividade 17:** Realizar a atividade de revisão e aprofundamento **Recurso:** exercício de fixação **Mídia:** H5P	3 h/a 150 min
11 Avaliação	• Avaliar o conhecimento dos alunos após o curso	• Aplicação de questionário	**Recurso:** questionário de avaliação	2 h/a 100 min

Fonte: Anastacio e Voelzke (2020, p. 14)

Nesse modelo, é possível substituir aulas presenciais por aulas síncronas, utilizando-se uma ferramenta como o *Google Hangout Meet*[4], por exemplo, sem prejuízo às atividades desenvolvidas. O *Merge Cube*[5], utilizado na atividade prática da aula 4, é um cubo desenvolvido para trabalhar com Realidade Aumentada (R.A.), que se utiliza de elementos reais (imagens ou vídeos reais) somados a outros elementos virtuais (como imagens e animações).

Nessa atividade foi utilizado o modelo de R.A. do Sistema Solar[6] em conjunto com o aplicativo *Galactic Explorer*[7], disponível para dispositivos móveis, que permite a visualização de planetas, luas e o Sol.

Matriz de Design instrucional do curso

O Mapa de Atividades fornece uma versão simplificada de planejamento da disciplina, sem delinear as atividades, que tornaria o mapa muito descritivo. Portanto, para descrever as atividades *on-line*, foi utilizada a Matriz de *Design Instrucional*, apresentada no Quadro 3, que detalha aula por aula qual a dinâmica das atividades a serem desenvolvidas (coluna 2).

---

4   Disponível em https://meet.google.com/, acesso em 14 mar. 2023.
5   Disponível em https://mergeedu.com/cube, acesso em 14 mar. 2023.
6   Disponível em https://bit.ly/2EO7fte, acesso em 14 mar. 2023.
7   Disponível em https://bit.ly/3tYFogt, acesso em 14 mar. 2023.

Quadro 3: Matriz de *Design* Instrucional da disciplina de Astronomia

Identificação	Detalhamento da dinâmica
Aula 1	**Atividade 1** **Descrição:** Vídeo introdutório "Astronomia" do canal ABC da Astronomia **Objetivo:** Conhecer os conceitos básicos da Astronomia **Mídia:** vídeo do *youtube*, disponível em https://youtu.be/0JfksHOJX5U **Atividade 2** **Descrição:** Texto de introdução à Astronomia **Objetivo:** Conhecer os conceitos básicos da Astronomia **Mídia:** arquivo PDF disponível no *Moodle*
Aula 3	**Atividade 3** **Descrição:** Vídeo introdutório "*Big Bang*" do canal ABC da Astronomia **Objetivo:** Conhecer e compreender a teoria do *Big Bang* **Mídia:** vídeo do *youtube*, disponível em https://youtu.be/CH24yfMrA94 **A atividade 4 (Opcional):** **Descrição:** Vídeo complementar que poderá ser utilizado ao final da aula para aprofundamento **Objetivo:** Conhecer e compreender a teoria do *Big Bang* **Mídia:** vídeo do *youtube*, disponível em https://youtu.be/YJBd14IfJw4
Aula 4	**Atividade 5** **Descrição:** Vídeo introdutório "Planetas" do canal ABC da Astronomia **Objetivo:** Conhecer o conceito de planeta e as características dos planetas conhecidos do Sistema Solar **Mídia:** vídeo do *youtube*, disponível em https://youtu.be/sJyUxcYR3UA **Atividade 6** **Descrição:** Vídeo introdutório "Sol" do canal ABC da Astronomia **Objetivo:** Conhecer a estrela de nosso sistema planetário **Mídia:** vídeo do *youtube*, disponível em https://youtu.be/ZEiJLhtkfGM **Atividade 7** **Descrição:** Atividade interativa "Planetas do Sistema Solar" disponível no *Moodle* **Objetivo:** Conhecer nosso Sistema Solar **Mídia:** H5P
Aula 5	**Atividade 8** **Descrição:** Atividade interativa "Via Láctea" disponível no *Moodle* **Objetivo:** Conhecer nosso lugar no Universo: Via Láctea **Mídia:** H5P
Aula 6	**Atividade 9** **Descrição:** Vídeo introdutório "Zodíaco" do canal ABC da Astronomia **Objetivo:** Conhecer a Terra e seus movimentos **Mídia:** vídeo do *youtube*, disponível em https://youtu.be/5eyZA0K2Q4I **Atividade 10** **Descrição:** Vídeo introdutório "Fases da Lua" do canal ABC da Astronomia **Objetivo:** Conhecer a Lua e seus movimentos **Mídia:** vídeo do *youtube*, disponível em https://youtu.be/N2wTtaJEtNY

Aula 7	**Atividade 11** **Descrição:** Vídeo introdutório "Kepler" do canal ABC da Astronomia **Objetivo:** Conhecer quem foi Kepler **Mídia:** vídeo do *youtube*, disponível em https://youtu.be/6jXN_1Xt20M **Atividade 12** **Descrição:** Vídeo introdutório "1ª Lei de Kepler" do canal Socrática **Objetivo:** Conhecer a 1ª lei do movimento planetário **Mídia:** vídeo do *youtube*, disponível em https://youtu.be/g1b8zZ3LZhY **Atividade 13** **Descrição:** Vídeo introdutório "2ª Lei de Kepler" do canal Socrática **Objetivo:** Conhecer a 2ª lei do movimento planetário **Mídia:** vídeo do *youtube*, disponível em https://youtu.be/iQNpJMBObnQ
Aula 9	**Atividade 14** **Descrição:** Vídeo introdutório "Estrelas" do canal ABC da Astronomia **Objetivo:** Conhecer a formação das estrelas e sua evolução **Mídia:** vídeo do youtube, disponível em https://youtu.be/oAVszrKt4Tw **Atividade 15** **Descrição:** Vídeo introdutório "Buracos Negros" do canal ABC da Astronomia **Objetivo:** Conhecer a formação das estrelas e sua evolução **Mídia:** vídeo do youtube, disponível em https://youtu.be/F-3huw0yUHw
Aula 10	**Atividade 16** **Descrição:** Utilizar o *software Stellarium* para observação do céu **Objetivo:** Conhecer o *software Stellarium* e desenvolver atividades de observação do céu com o *Stellarium* **Mídia:** *software Stellarium-web*, disponível em https://stellarium-web.org/ **Atividade 17** **Descrição:** Realizar a atividade de revisão e aprofundamento **Objetivo:** Revisitar os conteúdos trabalhados ao longo do curso **Mídia:** H5P

Fonte: Anastacio e Voelzke (2020, p. 16)

O conteúdo apresentado pode ser alterado a fim de atender às necessidades específicas dos estudantes. Uma relação mais completa de vídeos foi disponibilizada em um repositório *on-line*[8] e poderá ser utilizada como sugestão para outras atividades realizadas a critério e necessidade do professor.

As atividades interativas oferecidas aos alunos por meio do *Moodle* foram elaboradas a partir de exemplos disponíveis na página oficial da ferramenta H5P[9]. Como exemplo, a Figura 2 mostra a tela da atividade 7, que utilizou o modelo *Drag and Drop* e tinha como objetivo o aluno identificar os planetas do Sistema Solar.

---

[8] Disponível em https://bit.ly/RepoVideos, acesso em 14 mar. 2023.
[9] Disponível em https://h5p.org/content-types-and-applications, acesso em 14 mar. 2023.

Figura 2: Atividade utilizando o *Drag and Drop*

Fonte: Anastacio e Voelzke (2020, p. 18)

Storyboard

O *Storyboard* tem por objetivo fornecer um roteiro em forma de quadros que apresente orientações sobre o desenvolvimento da parte que irá constar da plataforma *on-line*, que complementa em forma de esboço gráfico o Mapa de Atividades, com descrições sobre o ambiente da disciplina (Bento, 2017).

Na Figura 3, é apresentado o *Storyboard* da primeira unidade, com a orientação gráfica do caminho que o aluno irá percorrer em cada aula para a realização das atividades propostas.

Figura 3: *Storyboard* da Unidade 1

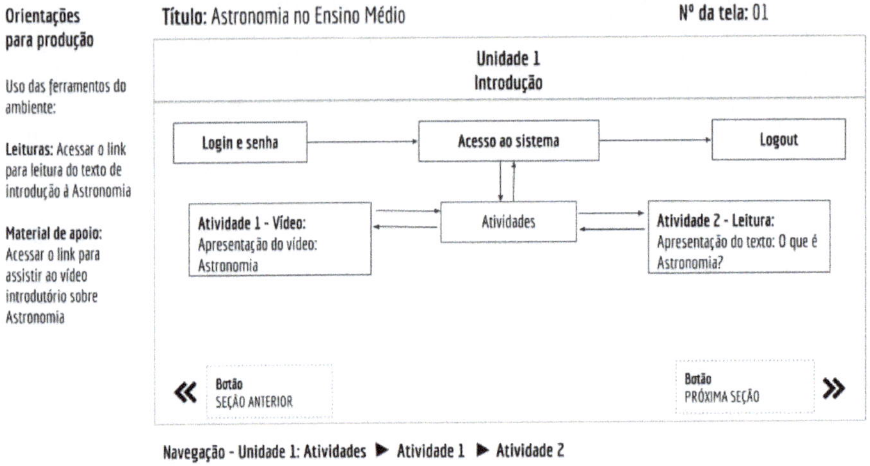

Fonte: Anastacio e Voelzke (2020, p. 19)

As demais unidades seguem, em linhas gerais, o exemplo da Figura 3, que poderá servir de modelo para a construção do restante da disciplina no ambiente virtual de aprendizagem. Na Figura 4 é apresentado um recorte a Unidade 3 implementada no ambiente *Moodle*.

Figura 4: Recorte da Unidade 3

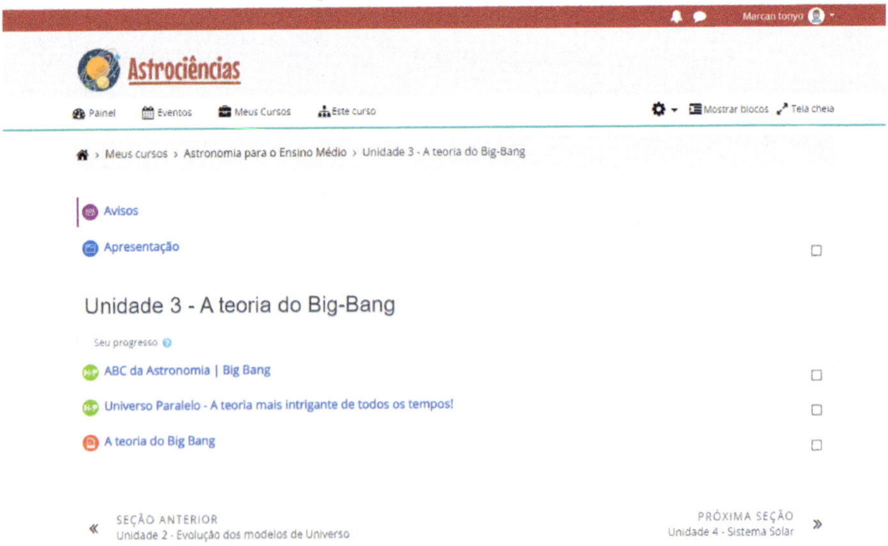

Fonte: Anastacio e Voelzke (2020, p. 19)

Considerações finais

Muito presente no cotidiano das pessoas, a Astronomia é considerada por muitos como a ciência mais antiga que se tem conhecimento. Seja pela curiosidade, fascínio ou necessidade em obter respostas relacionadas à origem da vida e do Universo, o fato é que essa ciência está presente no cotidiano das pessoas desde muito cedo na história da humanidade.

Seja por seu caráter multidisciplinar ou por papel motivador, na escola, o ensino de Astronomia constitui-se de relevante importância na formação do jovem protagonista. Nessa perspectiva, a proposta dos itinerários formativos introduzidos pela Base Nacional Comum Curricular – BNCC (Brasil, 2018a) possibilitou tratar os conteúdos dessa ciência dentro do currículo formal do Ensino Médio.

Apesar da variedade de opções que hoje se desenha para esse Ensino Médio, as propostas para os itinerários formativos carecem de uma discussão mais profunda e, nesse sentido, o material aqui apresentado fornece ao professor um modelo inicial, norteador, que lhe permita trabalhar a Astronomia dentro dessa perspectiva.

A abordagem híbrida procurou abrir espaço para a discussão quanto à presença das tecnologias digitais no cotidiano do espaço escolar e, ao mesmo tempo, atender à previsão da BNCC, quando se fala sobre a virtualização de até 20% da carga horária total do EM (Brasil, 2018a).

As plataformas de ensino a distância reúnem recursos e atividades que proporcionam uma aprendizagem mais rica, composta de múltiplas estratégias. Pensando na diversidade dessas plataformas, refletir sobre o desenho de um curso ou disciplina é essencial. Uma aparência limpa propicia uma navegação mais fácil e livre de distrações e o *design* precisa ser simples o suficiente para que o estudante possa experimentar uma aprendizagem leve e atrativa.

Deve-se, portanto, levar em conta essas características no momento de escolha da plataforma ideal para o seu curso. Nesta proposta foi considerado o uso do *Moodle* por sua facilidade de uso, farta documentação disponível em comunidades e fóruns na *internet*, além da possibilidade de instalação em servidor de livre escolha ou em parceiro.

O uso do AVA *Moodle* permite levar uma experiência de caráter híbrido ao EM, aliando o ensino presencial àquele desenvolvido no meio digital, algo que a educação do século XXI anseia e que se faz necessário diante dos desafios impostos pela cultura digital tão presente na sociedade atual. Nesse sentido, a plataforma virtual pode ser utilizada não apenas para disponibilizar os conteúdos e vídeos, mas também explorando-se atividades que promovam uma ação interativa do estudante com o assunto estudado.

Porém, podem ser consideradas outras possibilidades, como o uso do *Google* Sala de aula[10], que pode ser adaptado para atender à maioria das atividades propostas neste material. Pode-se considerar também a utilização do CANVAS[11] gratuitamente, que tornará a experiência do curso bem agradável.

Para a criação de conteúdo interativo, recomenda-se a utilização do H5P[12]. Na página de exemplos é possível fazer o *download* dos modelos e começar a criar o material a partir dos *templates* oferecidos no próprio endereço eletrônico da ferramenta.

Por fim, por se tratar de uma disciplina de Astronomia, atividades que envolvam a observação do céu devem ser cuidadosamente pensadas. Apesar de muitas regiões do Brasil propiciarem o agendamento de visitas a observatórios, com possibilidade do uso de telescópios, pensar em ferramentas de tecnologia digital com essa finalidade é sempre recomendável. Além do *software Stellarium*[13], utilizado como atividade proposta no curso, outros aplicativos podem e devem ser pensados no planejamento, como mostra o Quadro 4.

Quadro 4: Aplicativos no Ensino de Astronomia

Nome do aplicativo	Acesso em 06/07/2021	Modo noturno	Uso de acelerômetro	Localiza satélites	Viagem no tempo
Sky Map	https://bit.ly/3gb3IBW	Sim	Sim	Não	Sim
Carta Celeste	https://bit.ly/3DVxQje	Sim	Sim	Não	Sim
SkEye	https://bit.ly/2UB52tg	Sim	Sim	Não	Sim
Star Walk 2	https://bit.ly/3j0Ted1	Sim	Sim	Sim	Sim
Nasa App	https://go.nasa.gov/3z27EPz	Sim	Não	Não	Não

Fonte: Adaptado de Simões e Voelzke (2020, p. 8)

---

10   Disponível em: https://bit.ly/3AfJ0if, acesso em 14 mar. 2023.
11   Disponível em: https://k12.instructure.com/register_from_website, acesso em 14 mar. 2023.
12   Disponível em: https://h5p.org, acesso em 14 mar. 2023.
13   Disponível em: https://stellarium-web.org/, acesso em 14 mar. 2023.

Dessa forma, a proposta aqui apresentada permite uma aplicação além do teórico, explorando a possibilidade do ensino da Astronomia dentro do contexto dos itinerários formativos do Ensino Médio. Portanto, espera-se que, por sua originalidade, possa fornecer subsídios para reaproximar o ensino de Astronomia no EM, por meio dos itinerários formativos de Ciências da Natureza e suas Tecnologias, contribuindo para que os professores tenham um material base para trabalhar essa importante área do conhecimento.

Referências

ALBRECHT, E.; VOELZKE, M. R. O conhecimento de alunos do Ensino Fundamental e Médio sobre Astronomia. *In:* VIII ENPEC - Encontro Nacional de Pesquisa em Educação em Ciências. **Anais**... Campinas, 2011. Disponível em: https://abrapec.com/atas_enpec/viiienpec/resumos/R0549-1.html. Acesso em: 05 mar. 2024.

ALBRECHT, E.; VOELZKE, M. R. Ensino de Astronomia no Ensino Médio, uma proposta. *In:* IV Simpósio Nacional de Educação em Astronomia – IV SNEA, 2016. **Anais**... Goiânia, 2016. p. 1-12.

ALMEIDA, M. E. B. **Integração currículo e Tecnologias de Informação e Comunicação:** Web currículo e formação de professores. 2019. Tese (Livre Docência em Educação). Pontifícia Universidade Católica de São Paulo, São Paulo, 2019.

ANASTACIO, M. A. S. **Astronomia no Ensino Médio:** uma proposta de curso com foco na aprendizagem significativa e uso de ambiente colaborativo como ferramenta de Tecnologia Digital. 2020. 101f. Dissertação (Mestrado Profissional em Ensino de Ciências e Matemática). Universidade Cruzeiro do Sul, São Paulo, 2020. Disponível em: https://repositorio.cruzeirodosul.edu.br/jspui/handle/123456789/2366. Acesso em: 05 mar. 2024.

ANASTACIO, M. A. S.; VOELZKE, M. R. **Astronomia no Ensino Médio:** uma proposta de curso híbrido com o uso de ambiente virtual de aprendizagem. 2020. 25f. Produto Educacional (Mestrado Profissional em Ensino de Ciências e Matemática). Universidade Cruzeiro do Sul, São Paulo, 2020. Disponível em: https://bit.ly/AstroProdEdu. Acesso em: 05 mar. 2024.

BANNELL, R. I.; DUARTE, R.; CARVALHO, C.; PISCHETOLA, M.; MARAFON, G.; CAMPOS, G.H.B. **Educação no século XXI**: cognição, tecnologias e aprendizagens. Rio de Janeiro: Vozes, 2016.

BARBOZA, J. I. D. L.; VOELZKE, M. R. Questionário-diagnóstico sobre conceitos básicos de Astronomia por alunos do Ensino Médio Integrado. **Revista de Ensino de Ciências e Matemática – RenCiMa**, São Paulo, v. 7, n. 2, p. 25-38, 2016.

BENTO, D. **A produção do material didático para EaD**. São Paulo: Cengage, 2017.

BRASIL, M. E. **PCN+ Ensino Médio:** orientações educacionais complementares aos Parâmetros Curriculares Nacionais – Ciências da Natureza, Matemática e suas Tecnologias. Brasília, 2002. Disponível em: http://portal.mec.gov.br/seb/arquivos/pdf/CienciasNatureza.pdf. Acesso em: 05 mar. 2024.

BRASIL, M. E. **Resolução nº 3, de 21 de novembro de 2018**: Atualiza as Diretrizes Curriculares Nacionais para o Ensino Médio. Brasília, 2018a. Disponível em: http://portal.mec.gov.br/docman/novembro-2018-pdf/102481-rceb003-18/file. Acesso em: 05 mar. 2024.

BRASIL, M. E. **Base Nacional Comum Curricular**: Educação é a base. Brasília, 2018b. Disponível em: http://basenacionalcomum.mec.gov.br/images/BNCC_EI_EF_110518_versaofinal_site.pdf. Acesso em: 05 mar. 2024.

BRETONES, P. S. **A Astronomia na formação continuada de professores e o papel da racionalidade prática para o tema da observação do céu**. Tese (Doutorado em Ensino e História de Ciências da Terra). Instituto de Geociências, UNICAMP, Campinas, 2006.

BRETONES, P. S. **Jogos para o Ensino de Astronomia**. 2. ed. Campinas: Átomo, 2014.

FILATRO, A.; CAVALCANTI, C.C.; AZEVEDO JUNIOR, D.P.; NOGUEIRA, O. **DI 4.0:** inovação em educação corporativa. São Paulo: Saraiva Educação, 2019.

ELIAS, M. A.; FONSECA, M. O. E onde está a astronomia? Análise do ensino de Astronomia no Ensino Médio com base nos documentos nacionais. **Arquivos do Mudi**, Maringá, v. 25, n. 1, p. 26-43, 2021.

HEINSFELD, B. D.; PISCHETOLA, M. Cultura digital e educação: uma leitura dos estudos culturais sobre os desafios da contemporaneidade. **Revista Ibero-Americana de Estudos em Educação**, Araraquara, v. 12, n. esp.2, p. 1349–1371, 2017.

LANGHI, R. **Um estudo exploratório para a inserção da astronomia na formação de professores dos anos iniciais do Ensino Fundamental**. Dissertação (Mestrado em Educação para a Ciência). Faculdade de Ciências, UNESP, Bauru, 2004.

LANGHI, R.; NARDI, R. Ensino de Astronomia: erros conceituais mais comuns presentes em livros didáticos de ciências. **Caderno Brasileiro de Ensino de Física**, Florianópolis, v. 24, n. 1, p. 87-111, 2007.

LANGHI, R.; NARDI, R. Ensino de Astronomia no Brasil: educação formal, informal, não formal e divulgação científica. **Revista Brasileira de Ensino de Física**, São Paulo, v. 31, n. 4, p. 1-11, 2009.

MACÊDO, J. A. D.; VOELZKE, M. R. As concepções prévias, os recursos tradicionais e as tecnologias digitais no Ensino de Astronomia. **Imagens da Educação**, [S.l.], v. 4, n. 3, p. 49-61, 2014.

OLIVEIRA, E. F. D.; VOELZKE, M. R.; AMARAL, L. H. Percepção astronômica de um grupo de alunos do Ensino médio da rede Estadual de São Paulo da cidade de Suzano. **Revista Latino-Americana de educação em Astronomia**, São Carlos, n. 4, p. 79-99, 2007.

SÃO PAULO. S.E. Resolução de 3-8-2020. **Diário Oficial** Poder Executivo – Seção I, São Paulo, v.130, n.156, p. 16-17, 2020.

SIMÕES, C. C.; VOELZKE, M. R. Aplicativos móveis e o ensino de Astronomia. *Research, Society and Development*, [S.l.], v. 9, n. 10, e5089108920, 2020. DOI: 10.33448/rsd-v9i10.8920.

SILVA, R. R. D. Emocionalização, algoritmização e personalização dos itinerários formativos: Como operam os dispositivos de customização curricular? **Currículo sem Fronteiras**. Braga, v.17, n.3, p. 699-717, 2017.

SOUZA, M. C. S. A hibridização como caminho para a inovação do ensino aprendizagem. **EmRede**: Revista de Educação à distância, Porto Alegre, v.6, n.2, p. 172-183, 2019.

UM QUADRO DE ANÁLISE DE MATERIAIS CURRICULARES NA PERSPECTIVA DO LETRAMENTO MATEMÁTICO

Flavio Medeiros da Silva[22]
Suzete de Souza Borelli[23]

INTRODUÇÃO

Este trabalho tem por objetivo apresentar o produto educacional elaborado a partir da dissertação de mestrado intitulada "O Letramento Matemático no 1º ano do Ensino Fundamental: Uma Análise do Currículo da Rede Municipal de São Paulo de 2017", sob a orientação da Profa. Dra. Suzete de Souza Borelli. A dissertação versa sobre uma pesquisa documental que busca investigar como o letramento matemático se apresenta no Currículo da Cidade – Matemática no 1º ano do Ensino Fundamental.

Sendo o letramento um termo recente no cenário educacional e devido a sua importância no processo para uma aprendizagem significativa, buscou-se, na dissertação, refletir e investigar como o letramento matemático é abordado no Currículo da Cidade (2017) da Rede Municipal de São Paulo. Tendo o currículo como um direcionador das práticas educativas na rede, que influencia na sala de aula, partimos dessa investigação, buscando identificar como é delineada essa proposta no 1º ano do ciclo de alfabetização. A escolha desse ano se respalda na importância dessa etapa, quando se inicia a escolarização do ensino fundamental e a construção de conhecimentos e experiências, que se tornam essenciais para o desenvolvimento das demais aprendizagens durante os anos subsequentes da Educação Básica.

---

22 Mestre em Ensino de Ciências e Matemática, Coordenador Pedagógico da Secretaria Municipal de Educação de São Paulo. E-mail: flandes4@gmail.com

23 Doutora em Ensino de Ciências e Matemática, Docente do Programa de Pós-Graduação em Ensino de Ciências e Matemática da Universidade Cruzeiro do Sul. E-mail: suzeteborelli@gmail.com

O letramento matemático é propulsor da construção da cidadania, pois permite aos indivíduos entenderem o papel da matemática no seu cotidiano e usá-la de maneira profícua, entendendo o mundo, realizando julgamentos matemáticos de forma fundamentada e que use a matemática para atender as necessidades individuas e sociais. Letrar matematicamente é empoderar o estudante a fazer o uso da matemática no contexto social, de forma crítica e autônoma, ressignificando a aprendizagem e a experiência dos educandos.

A motivação para a elaboração do Produto Educacional advém da necessidade de apoiar o professor no desenvolvimento de seu planejamento e, consequentemente, subsidiar seu trabalho em sala de aula. O Produto Educacional vinculado à dissertação supracitada (Silva, 2022) será apresentado e discutido no presente texto. O trabalho foi gerado a partir de uma atividade de pesquisa e elaborado com o intuito de responder uma pergunta/problema oriunda do campo de prática profissional: Como podemos apoiar o professor para desenvolver práticas de letramento no ensino de matemática? Nosso objetivo com o Produto Educacional foi organizar um instrumento que permita aos professores avaliarem quais são as práticas de letramento matemático apresentadas nos materiais curriculares da Rede Municipal de São Paulo. Essa questão não basta estar presente no currículo, mas é necessário que esse produto se configure em uma matriz de análise de avaliação para o letramento matemático, visando apoiar os docentes e demais pesquisadores da área de ensino a escolherem atividades na perspectiva do letramento matemático, contribuindo com o desenvolvimento do trabalho educacional.

REFERENCIAL TEÓRICO

Para a construção do Produto Educacional, partimos dos referenciais utilizados na dissertação de mestrado, que permitiram identificar a forma como o currículo apresenta a questão do letramento matemático, além da ampliação desse conceito por meio dos pesquisadores que tratam dessa temática, como Soares (2004), Danyluk (2015), Fonseca (2014) Alves (2020), Ciriaco e Souza (2011), Galvão e Nacarato (2013), entre outros. Para compreendermos os objetivos de aprendizagem e desenvolvimento do Currículo da Cidade de São Paulo, utilizamos a taxonomia de Bloom, por meio dos níveis do conhecimento, compreensão e aplicação e também da matriz de avaliação do letramento matemático apresentada pelo PISA (2012), que nos permitiu pensar no Produto Educacional, nos concentramos em três dimensões: conteúdo da matemática, processo da matemática e contextos.

O conteúdo da matemática envolve os conceitos matemáticos mais amplos, como relações e currículos. Neles, destacam-se a estimativa, mudança e crescimento, espaço e forma, raciocínio lógico, incertezas, causa e efeito, dependências e relações. De forma secundária envolve ramos do currículo como a álgebra, relações numéricas, geometria e tratamento da informação.

O processo da matemática se refere às competências gerais da área, incluindo o uso da linguagem matemática, como a escolha de modelos, procedimentos e habilidades de resolução de problemas. Essa competência pode ser organizada em três classes, como a realização de operações simples, o estabelecimento de conexões na resolução de problemas e o raciocínio matemático, generalização e descobertas dos estudantes, demandando a análise deles e a identificação de elementos matemáticos numa dada situação.

O contexto envolve as situações nas quais a matemática é utilizada, variando de contextos particulares, relacionados a questões públicas e científicas. Nessa perspectiva, consideramos o contexto pessoal, ocupacional, social e científico.

O PISA (2012) também enfatiza que as competências necessárias para os desafios do século XXI não se resumem aos conteúdos curriculares. Nesse sentido, apresenta as dimensões de avaliação para o letramento matemático: o conteúdo da matemática (se refere aos conceitos matemáticos mais amplos); o processo da matemática (envolve as competências gerais da matemática) organiza-se na realização de operações simples, no estabelecimento de conexões para resolver problemas e no raciocínio matemático, em generalizações e descobertas; e os contextos, que envolvem as situações nas quais a Matemática é utilizada, desde contextos particulares àqueles relacionados com questões científicas e públicas mais amplas (OCDE, 2013).

Outro aspecto relevante na construção desse material foi a utilização da taxonomia de Bloom, um referencial importante, pois sistematiza as propostas de ensino e aprendizagem, concedendo um norte ao professor, para que direcione o seu trabalho de forma articulada, estruturada e consciente, estipulando objetivos que direcionem o trabalho docente e discente, servindo como instrumento de avaliação e para a organização de estratégias que estimulem o desenvolvimento dos estudantes (Ortigão; Santos; Lima, 2018).

Na próxima seção iremos discorrer sobre a metodologia de pesquisa utilizada neste artigo, que foi a mesma utilizada no Produto Educacional.

METODOLOGIA

A metodologia de pesquisa escolhida foi a qualitativa do tipo documental, possibilitando assim, a concepção de um referencial para análise de materiais curriculares.

Cabe ressaltar que a escolha pela pesquisa documental não ocorreu de modo aleatório, uma vez que ela busca investigar documentos que não receberam tratamento analítico ou que podem ser reelaborados ou submetidos a uma análise científica mais apurada, e foi esse percurso metodológico que nos levou à construção da matriz de letramento matemático. Esse processo nos permitiu respaldar nas fases propostas por Gil (2008): Determinação dos objetivos de pesquisa; Delineação do plano de trabalho; Levantamento e identificação dos documentos e fontes bibliográficas necessárias; tratamento dos dados e redação do nosso produto educacional.

A determinação dos objetivos de pesquisa surgiu a partir do problema, que exige investigação, no nosso caso, analisar como o letramento se apresenta no 1º ano do Ensino Fundamental no Currículo da Cidade (São Paulo, 2017), reconhecendo que o letramento matemático é uma prática social que contribui para a inserção dos sujeitos na sociedade de forma muito mais crítica.

Como procedimento para o desenvolvimento desse trabalho, retomamos o nosso referencial teórico sobre o letramento, e as análises organizadas na dissertação, possibilitando a construção do protótipo do produto educacional, a partir da revisão bibliográfica, que fundamentou a dissertação, de maneira a ampliar a compreensão e a utilização desse objeto de conhecimento – Letramento Matemático.

A próxima seção trata, especificamente, do Produto Educacional, ou seja, da construção de um quadro que permita aos professores o reconhecimento e a identificação do letramento matemático, nos documentos oficiais e materiais curriculares.

UMA PROPOSTA DE ROTEIRO

Conforme explicitado, o roteiro elaborado por Silva (2022), que visa apoiar o professor no planejamento de suas propostas, trazendo um referencial que possibilita ao docente ter mais clareza de quais objetivos de aprendizagem e desenvolvimento estão presentes na atividade, como a questão da comunicação, a linguagem e os contextos envolvidos, permitem identificar se a atividade favorece o desenvolvimento do letramento matemático.

É fundamental que o professor analise os itens expostos na matriz de avaliação do letramento matemático, refletindo sobre os indicadores apresentados em cada componente. O Produto Educacional em questão irá possibilitar ao professor refletir e orientá-lo sobre o objetivo da sua ação.

A fim de exemplificação da aplicação da matriz de avaliação do letramento matemático desenvolvido no produto educacional apresentado, selecionamos uma atividade do Caderno da Cidade: Saberes e Aprendizagens (São Paulo, 2019), de Matemática do 1º ano. A atividade é apresentada a seguir com a aplicação da matriz.

Figura 1 – Atividade Brincando com a Matemática.

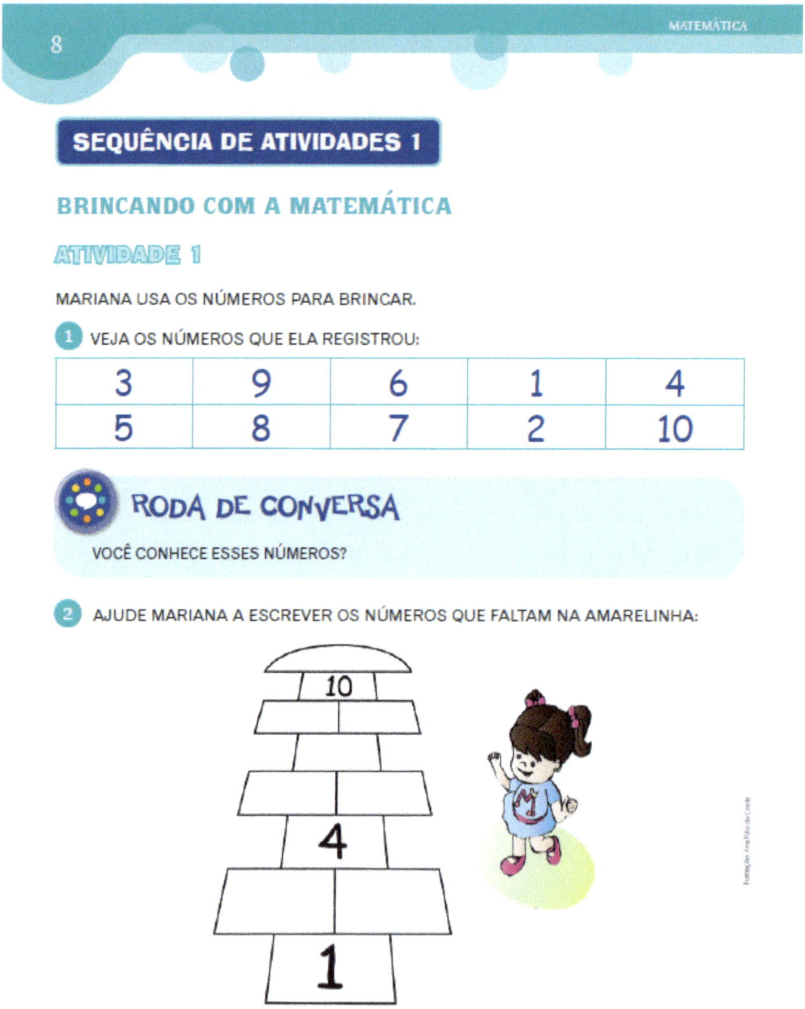

SEQUÊNCIA DE ATIVIDADES 1

BRINCANDO COM A MATEMÁTICA

ATIVIDADE 1

MARIANA USA OS NÚMEROS PARA BRINCAR.

1) VEJA OS NÚMEROS QUE ELA REGISTROU:

3	9	6	1	4
5	8	7	2	10

RODA DE CONVERSA

VOCÊ CONHECE ESSES NÚMEROS?

2) AJUDE MARIANA A ESCREVER OS NÚMEROS QUE FALTAM NA AMARELINHA:

Fonte: São Paulo (2019a, p. 8).

A atividade introduz os números a partir de um contexto familiar às crianças: o jogo de amarelinha. Nessa proposta, o professor pode conversar com as crianças perguntando se conhecem essa brincadeira ou jogo, dentre outras que envolvem números. A leitura coletiva e/ou individual dos números registrados pela personagem no quadro do item possibilita que as crianças possam explicitar os seus conhecimentos prévios, verificando quais números reconhecem e aqueles que precisam ainda estabilizar na leitura. É possível convidar as crianças para brincarem de amarelinha, destacando algumas regras básicas do jogo. No item 2 da atividade, as crianças devem registrar os números que faltam na amarelinha.

A partir da atividade, apresentamos a análise por meio da Matriz de Avaliação de Atividades na Perspectiva do Letramento Matemático apresentado no produto educacional (Silva; Borelli, 2022).

Quadro 1 – Matriz de Avaliação do Letramento Matemático – Aplicação.

COMPONENTES	INDICADORES	OBSERVAÇÕES
Eixos	Qual(is) eixo(s) a atividade contempla? (X) Números ( ) Álgebra ( ) Geometria ( ) Probabilidade e Estatística ( ) Grandezas e Medidas	
Conteúdo da Matemática	1. A atividade envolve os temas e os conceitos matemáticos construídos cultural e historicamente? (X) Sim ( ) Não 2. Quais conhecimentos matemáticos estão envolvidos na atividade? (X) Quantidade ( ) Incertezas e Dados ( ) Variações e Relações ( ) Espaço e Forma ( ) Medidas	Conteúdo da Matemática: envolve os objetos de conhecimento e conceitos da matemática, englobando a capacidade de aplicar esse conhecimento para resolver problemas contextualizados significativos. Quantidade: Envolve a quantificação de objetos, relações e situações reais, além da compreensão das representações dessas quantificações, interpretação, avaliação e argumentação com base na quantidade. Incertezas e Dados: Incluem o reconhecimento do efeito da variação nos processos, conhecer a quantificação dessa variação, reconhecer a incerteza e o erro na medição e o conhecimento do acaso. Variações e Relações: Se referem à compreensão dos tipos fundamentais de variações e reconhecer quando elas ocorrem, de modo a usar modelos matemáticos adequados para descrever e prever mudanças. Espaço e Forma: se relacionam à geometria e a fenômenos muito frequentes no mundo visual e físico: padrões, propriedades de objetos, posições e orientações, representações de objetos, decodificação e codificação de informação, tanto com formas reais, como as suas representações.

Conteúdo da Matemática			Medidas: se relacionam com avaliar, calcular ou aferir uma quantificação às características dos corpos. Essas características constituem a referência, ou um padrão (grandeza) que permitem medir: tempo, comprimento, massa, volume, capacidade.
Processos Matemáticos	1. Formular situações matematicamente: A proposta possibilita ao estudante desenvolver a capacidade de reconhecer e identificar possibilidades para usar a matemática no seu cotidiano? (X) Sim ( ) Não Permite identificar aspectos matemáticos e variáveis significativas em um problema situado num contexto real? (X) Sim ( ) Não		1. Formular situações matematicamente: envolve a capacidade do sujeito de reconhecer e identificar possibilidades para usar a matemática no seu cotidiano, estabelecendo uma estrutura matemática para um problema que se apresenta de forma contextualizada, ou seja, a ideia de matematizar uma situação contextualizada.
Processos Matemáticos	Favorece representar uma situação matematicamente, utilizando as variáveis apropriadas, símbolos, diagramas e modelo, matemáticos padronizados ou não? (X) Sim ( ) Não Utiliza tecnologia para retratar uma relação matemática inerente a um problema contextualizado? ( ) Sim (X) Não 2. Empregar conceitos, fatos, procedimentos e raciocínios matemáticos. É possível observar a aplicação de conceitos, fatos, procedimentos e raciocínios matemáticos, visando resolver problemas formulados matematicamente ou da realidade e que propiciem a obtenção de conclusões matemáticas? (X) Sim ( ) Não		

Processos Matemáticos	A proposta permite ao estudante elaborar e empregar estratégias para encontrar uma solução matemática? (X) Sim ( ) Não Possibilita utilizar ferramentas matemáticas, incluindo a tecnologia, para encontrar soluções exatas ou aproximadas? ( ) Sim (X) Não A proposta permite aplicar fatos, regras, algoritmos e estruturas matemáticas para buscar soluções para as situações apresentadas? (X) Sim ( ) Não Envolve a manipulação de números, gráficos, informações e dados estatísticos, expressões e equações algébricas, e representações geométricas? (X) Sim ( ) Não Permite realizar generalizações baseadas nos resultados de aplicação de procedimentos matemáticos para encontrar soluções? (X) Sim ( ) Não Suscita reflexões sobre argumentos matemáticos para explicar e justificar resultados matemáticos? (X) Sim ( ) Não	2. Empregar conceitos, fatos, procedimentos e raciocínios matemáticos: capacidade dos indivíduos em aplicar conceitos, fatos, procedimentos e raciocínios matemáticos, visando resolver problemas formulados matematicamente para a obtenção de conclusões matemáticas. 3. Interpretar, aplicar e avaliar resultados matemáticos: capacidade de refletir sobre as soluções, resultados e conclusões matemáticas, interpretando-os a partir do contexto apresentado, trazendo uma interpretação que possibilita uma avaliação da situação em si.

Processos Matemáticos		3. Interpretar, aplicar e avaliar resultados matemáticos. Os estudantes serão capazes de refletir sobre as soluções, resultados e conclusões matemáticas? (X) Sim ( ) Não É possível aos estudantes interpretar um resultado matemático aplicado em um contexto do mundo real? (X) Sim ( ) Não Avalia a razoabilidade de uma solução matemática em um problema presente no mundo real? (X) Sim ( ) Não Compreende como o mundo real impacta nos resultados e nos cálculos de um procedimento matemático visando julgamentos sobre como os resultados podem ser ajustados ou aplicados naquele contexto? ( ) Sim (X) Não Explica por que um resultado matemático faz ou não sentido dentro do contexto de um problema? (X) Sim ( ) Não Compreende a extensão e os limites das soluções e conceitos matemáticos? (X) Sim ( ) Não	

Contextos		Qual das categorias está envolvida na situação apresentada? Onde ocorrem os problemas e as situações matemáticas? (X) Contexto Pessoal ( ) Contexto Ocupacional ( ) Contexto Social ( ) Contexto Científico	1. Contexto pessoal: Se refere a aspectos que se relacionam com atividades cotidianas dos estudantes, envolvendo um problema matemático que interfere diretamente na vida do indivíduo. No contexto pessoal, é possível identificar problemas relacionados a finanças pessoais, transporte, saúde pessoal, compras, jogos, preparação de um alimento, observação do crescimento e percursos.
			2. Contexto Ocupacional: relacionado ao mundo do trabalho, envolvendo atividades de medição, ordenação, cálculos, regras de pagamento do trabalho, decisões profissionais, lucro, entre outras possibilidades.
			3. Contexto Social: Se refere a aspectos e problemas de uma comunidade, no nível local, nacional ou global. Envolve situações que interferem na vida social do indivíduo: política, economia, estatística, índice de natalidade e mortalidade, demografia, políticas públicas, transportes e demais possibilidades de cunho social.
			4. Contexto Científico: Relacionadas às situações na aplicação da matemática no mundo natural, voltados à ciência e à tecnologia, como o clima, a ecologia, a sustentabilidade, a medicina, a genética e demais temáticas que envolvem a ciência.
Adaptação ao Currículo		O conteúdo, a implementação e a avaliação estão em consonância com as diretrizes apresentadas pelo currículo da rede? (X) Sim ( ) Não	Analisar se a proposta está em consonância com as diretrizes curriculares da rede de ensino de referência.
Conexões Interdisciplinares		Os conteúdos apresentados se relacionam com outras áreas do conhecimento? (X) Sim ( ) Não	Conexões Interdisciplinares: Utilizam os conhecimentos de várias disciplinas para resolver um problema.

Conexões Extramatemáticas	A atividade possibilita o diálogo entre os conhecimentos matemáticos e os contextos sociais vivenciados pelos estudantes fora do âmbito escolar? (X) Sim ( ) Não	Conexões Extramatemáticas: Ligações da matemática com os problemas do cotidiano, com a tecnologia, ambiente social, mundo do trabalho, entre outras possibilidades.
Linguagem	Explora o uso de diversas linguagens (verbal, gráfica, simbólica)? (X) Sim ( ) Não Há relação entre a língua materna e a matemática? (X) Sim ( ) Não A linguagem utilizada é apropriada à faixa etária dos estudantes? (X) Sim ( ) Não A linguagem apresentada nos enunciados é clara, objetiva, coerente? (X) Sim ( ) Não Deixa margem a dúvidas ou suscita outros sentidos? ( ) Sim (X) Não	
Interatividade	A atividade favorece a interação dos estudantes com os objetos de conhecimento? (X) Sim ( ) Não Os enunciados permitem a reflexão dos educandos? (X) Sim ( ) Não	

Fonte: Silva (2022).

Na aplicação da matriz, identificamos a necessidade de incorporar o conteúdo "grandezas e medidas" no item "conteúdo da matemática", algo que não consta no PISA (2012).

Ao selecionar a atividade e analisá-la a partir dos dados da matriz, o professor vai identificando aspectos internos à proposta, indo além da questão visual, pois identifica pontos essenciais que constituem os aspectos relevantes do letramento matemático, que podem ser implementados, ou que necessitam de ajustes. Isso permite que o professor tenha maior clareza sobre os objetivos de aprendizagens e desenvolvimento relacionados ao letramento matemático, bem como analisar se as competências e habilidades indicadas estão mesmo sendo favorecidas na proposta apresentada e, por fim, mapear o que precisa ser revisto, aprofundado, ou complementado no decorrer do trabalho.

CONSIDERAÇÕES FINAIS

A partir do percurso traçado na pesquisa, identificou-se a necessidade de ampliar o trabalho envolvendo o letramento matemático, por ser uma atividade fundamental para que os estudantes compreendam e utilizem com autonomia a matemática em seu dia a dia, podendo identificar fenômenos, resolver problemas e tomar atitudes com criticidade e consciência.

Para este trabalho ocorrer de forma satisfatória, é necessário apoiar o planejamento e a práxis do professor. A questão do letramento matemático, apesar de ser um conceito que vem ganhando cada vez mais destaque na Rede Municipal após a homologação do Currículo da Cidade, ele precisa ser pauta das formações com os professores, para isso a matriz de avaliação (Silva, 2022) elaborada é um suporte que pode apoiar esse professor a identificar as propostas que impulsionem o estudo e o trabalho com o letramento. Nessa perspectiva, esse material se origina a partir dos dados da pesquisa de mestrado realizada, visando apoiar o professor no seu fazer pedagógico, de maneira que ele avalie o currículo e as atividades que seleciona, na perspectiva do letramento matemático, e qualificando a sua prática.

A matriz de avaliação elaborada contribui para identificar qual o nível de letramento matemático os materiais curriculares utilizados alcançam, permitindo identificar lacunas que possam ser revistas e complementadas pelo professor, ressignificando assim as suas práticas.

REFERÊNCIAS

ALVES, A. M. M. Alfabetização Matemática, Letramentos e Numeramento: discussões na formação continuada do PNAIC. **Educação em Foco**, v. 23, n. 39, p. 88-105, 2020.

BLOOM, B. S. *et al*. **Taxonomy of educational objectives**. New York: David Mckay, 1956. (v. 1).

BRASIL. Ministério da Educação. **Base Nacional Comum Curricular**. Brasília, 2017.

CIRÍACO, K. T. SOUZA, N. M. M. Um estudo na perspectiva do letramento matemático: A matemática das mães. **VIDYA**, v. 31, n. 2, p. 14, 2011.

DANYLUK, O. **Alfabetização Matemática: as primeiras manifestações da escrita infantil**. 5. ed. Passo Fundo: Ed. Universidade de Passo Fundo, 2015.

FERREIRA. R. B. **Quadros de Análise da Adequação Didática para Materiais Curriculares**. Produto Educacional. Universidade Cruzeiro do Sul, 2020. Disponível em: https://educapes.capes.gov.br/bitstream/capes/599412/2/PE%20Renata%20Barbosa%20Ferreira.pdf. Acesso em: 24 ago. 2022.

FERREIRO, E. **Reflexões sobre Alfabetização**. São Paulo: Cortez, 2001.

FONSECA, M. C. F. R. (Org.). **Letramento no Brasil: habilidades matemáticas**. São Paulo: Global, 2004.

GALVÃO, E. S; NACARATO, A. M. O letramento matemático e a resolução de problemas na Provinha Brasil. **Revista Eletrônica de Educação**, v. 7, n. 3, p. 81-96, 2013.

GIL, A. C. **Como elaborar projetos de pesquisa**. 4. ed. São Paulo: Atlas, 2008.

GONÇALVES, H. **O conceito de letramento matemático: algumas aproximações**. 2010. Disponível em: http://www.ufjf.br/virtu/files/2010/04/artigo-2a14.pdf. Acesso em: 24 jun. 2021.

IMBERNÓN, F. Formação docente e profissional: **Formar-se para a mudança e a incerteza**. São Paulo: Cortez, 2009.

OECD. Pisa 2012. **Assessment and Analytical Framework:** Mathematics, Reading, Science, Problem Solving and Financial Literacy, OECD Publishing. Disponível em: http://dx.doi.org/10.1787/9789264190511- en. Acesso em: 04 jun. 2021.

OECD. Sample Tasks from Pisa 2000. **Assesment. Reading mathematical and scientific literacy**, 2002.

ORTIGÃO, M. I. R.; SANTOS, M. J. C.; LIMA, R. de L. Letramento em Matemática no PISA: o que sabem e podem fazer os estudantes? **Zetetike**, Campinas, SP, v. 26, n. 2, p. 375-389, 2018. DOI: 10.20396/zet.v26i2.8650093. Disponível em: https://

periodicos.sbu.unicamp.br/ojs/index.php/zetetike/article/view/8650093. Acesso em: 24 abr. 2022.

RIBEIRO, F. L. **Quadros de Adequação Didática para Análise de Materiais Curriculares**. Produto Educacional. Universidade Cruzeiro do Sul. São Paulo, 2018.

SÃO PAULO (SP). Secretaria Municipal de Educação. Coordenadoria Pedagógica. **Caderno da Cidade: Saberes e Aprendizagens: Matemática** – livro do(a) professor(a) – 1º ano. São Paulo: SME/COPED, 2019a.

SÃO PAULO (SP). Secretaria Municipal de Educação. Coordenadoria Pedagógica. **Currículo da cidade: Ensino Fundamental: componente curricular: Matemática.** – 2. ed. São Paulo: SME / COPED, 2019b.

SÃO PAULO (SP). Secretaria Municipal de Educação. Coordenadoria Pedagógica. **Orientações didáticas do currículo da cidade: Matemática – volume 1.** – 2. ed. São Paulo: SME / COPED, 2019c.

SÃO PAULO (SP). Secretaria Municipal de Educação. Coordenadoria Pedagógica. **Orientações didáticas do currículo da cidade: Matemática – volume 2.** – 2. ed. – São Paulo: SME /COPED, 2019d.

SILVA, F. M. da. **O Letramento Matemático no 1º ano do Ensino Fundamental: Uma Análise do Currículo da Rede Municipal de São Paulo de 2017**. 2022. 157 f. Dissertação (Mestrado). Curso de Programa Mestrado Profissional Ensino de Ciências e Matemática, Universidade Cruzeiro do Sul, São Paulo, 2022.

SILVA, F. M. da; BORELLI, S. de S. **O Letramento Matemático: Um Quadro de Análise de Materiais Curriculares**. 2022. 30 f. Produto Educacional (Mestrado) - Curso de Pós-graduação Ensino de Ciências e Matemática, Universidade Cruzeiro do Sul, São Paulo, 2022. Disponível em: https://www.cruzeirodosul.edu.br/wp-content/uploads/2021/07/Produto-FLAVIO-MEDEIROS-DA-SILVA.pdf. Acesso em: 10 ago. 2022.

SOARES, M. **Alfabetização e Letramento: caminhos e descaminhos**. 2004. Disponível em: https://acervodigital.unesp.br/bitstream/123456789/40142/1/01d16t07.pdf. Acesso em: 09 jun. 2021.

SOARES, M. **Letramento: um tema em três gêneros**. Belo Horizonte: Autêntica, 2001. 128p.

SOARES, M. Novas práticas de leitura e escrita: letramento na cibercultura. *In*: **Revista Educação e Sociedade**. v. 23, n. 81, 2002. Disponível em: https://www.scielo.br/j/es/a/zG4cBvLkSZfcZnXfZGLzsXb/. Acesso em: 03 de jun. de 2023.

SOARES, M. Letramento e alfabetização: as muitas facetas. **Revista Brasileira de Educação**, p. 5-17, 2004.

TINOCO, G. M. A. de M. 2008. **Projetos de letramento: ação e formação de professores de língua materna**. 2008. Tese (Doutorado em Linguística Aplicada) – DLA, IEL, UNICAMP, Campinas, SP. Disponível em: http://www.bibliotecadigital.unicamp.br/document/search.php. Acesso em: 03 jun. 2021.

LÍNGUA MATERNA E LINGUAGEM MATEMÁTICA NOS ANOS INICIAIS: HABILIDADES DE COMPREENSÃO LEITORA EM MATERIAL CURRICULAR DO 3º ANO

Kelly Cristina Coutinho[24]
Priscila Bernardo Martins[25]

Introdução

O presente texto é parte de uma dissertação de Mestrado Profissional em Ensino de Ciências e Matemática intitulada "Língua materna e linguagem matemática: uma análise de enunciados matemáticos do Campo Aditivo à luz das habilidades de compreensão leitora". Dessa forma, a referida investigação teve como questão central: Quais habilidades de compreensão leitora estão presentes no material curricular "Caderno da Cidade – Saberes e Aprendizagens" do 3º Ano do Ensino Fundamental da Rede Municipal de Ensino? Para responder à questão apresentada, serão analisadas atividades do Campo Aditivo presentes no material curricular "Caderno da Cidade – Saberes e Aprendizagens", elaborados para educandos do 3º Ano do Ensino Fundamental.

Para tanto, recorremos a uma pesquisa de natureza qualitativa de tipologia documental e técnica de análise de conteúdo. A análise foi com base no material curricular do educador denominado "Caderno da Cidade Saberes e Aprendizagens", de matemática do 3º ano do Ensino Fundamental. Assim, justificamos a análise do material curricular na versão do educador por conter

---

[24] Mestra em Ensino de Ciências e Matemática pela Universidade Cruzeiro do Sul. Docente do Grupo Cruzeiro do Sul educacional. E-mail: kelly.coutinho@unicid.edu.br

[25] Doutora e Mestra em Ensino de Ciências e Matemática pela Universidade Cruzeiro do Sul. Docente do Programa Mestrado Profissional em Ensino de Ciências e Matemática da Universidade Cruzeiro do Sul. E-mail: priscila.bmartins8@gmail.com

a atividade na íntegra, o Objetivo de Aprendizagem e Desenvolvimento e as orientações para o educador fazer encaminhamentos em cada atividade.

A opção por essas duas etapas está justificada em Flick (2009) que, segundo o autor, o pesquisador, na escolha de análise documental, embora seja relevante, não deve manter o foco, exclusivamente, no conteúdo dos documentos, deve ser levado em conta o contexto, o emprego e a função dos documentos, tendo em vista que são meios para compreender e desvendar um caso específico de todo um processo. A escolha também é legitimada por Godoy (1995), pois, de acordo com essa pesquisadora, nem sempre os documentos assumem-se como amostras representativas do fenômeno estudado, pois registram a linguagem escrita, não subsidiando informações sobre comunicações não-verbais.

Como proposta de produto educacional, a ideia é construir uma matriz de análise à luz das habilidades de compreensão leitora e analisar as atividades do material selecionado, na tentativa de ampliar as orientações ao educador para o enfrentamento de conflitos no uso das linguagens, com o intuito de contribuir para a alfabetização matemática.

Nesse viés, pretendemos, à luz das teorizações, analisar algumas atividades referentes ao Campo Aditivo, envolvendo o Objetivo de Aprendizagem e Desenvolvimento "(EF03M07) Analisar, interpretar e solucionar problemas, envolvendo os significados do campo aditivo (composição, transformação e comparação) e validar a adequação dos resultados por meio de estimativas ou tecnologias digitais", disponíveis em uma unidade presente no material de matemática do professor do 3º ano do Ensino Fundamental, denominado "Caderno da Cidade Saberes e Aprendizagens" , elaborado pela Secretaria Municipal de Educação da Cidade de São Paulo.

Frente às questões propostas, o texto estrutura-se em seções. A primeira seção refere-se à apresentação do Referencial Teórico que sustenta a pesquisa, dialogando com autores que discutem a linguagem natural e a linguagem matemática, buscando evidenciar habilidades de leitura para compreensão dos enunciados matemáticos e, consequentemente, a alfabetização matemática; em seguida, apresentamos uma breve explanação sobre o Campo Conceitual Aditivo. Na segunda seção, será ilustrado o *design* metodológico da pesquisa, na perspectiva de autores que versam sobre análise documental e análise de conteúdo. Por fim, antes das considerações finais, as descrições e interpretações serão tecidas.

Língua e linguagem: conceituações necessárias

Atualmente, muito se tem discutido sobre a relação existente entre a linguagem natural e a linguagem matemática, sendo que nos últimos anos intensificaram-se os estudos relacionados à língua materna, à linguagem natural e à linguagem matemática. Nesse sentido, Allevato e Ferreira (2013), afirmam que:

> No início da década de 80, tiveram início investigações sistemáticas sobre Resolução de Problemas e suas implicações curriculares. Desse modo, sua importância no contexto da sala de aula de Matemática é recente, e, nas últimas décadas, educadores matemáticos e pesquisadores passaram a dedicar-se mais às "reflexões sobre" e ao desenvolvimento da capacidade de resolver problemas em sala de aula de Matemática (Allevato; Ferreira, 2013, p. 108-109)

Vemos então que leitura e escrita nas aulas de matemática passam a ser objetos de estudo de vários pesquisadores, dada a importância da linguagem natural para a compreensão de conceitos matemáticos, pois leitura e escrita favorecem a construção de um conhecimento matemático pelos educandos (Allevato; Ferreira, 2013).

Nos dias de hoje, conhecemos mais sobre as relações entre língua e linguagem do que há algumas décadas. Contudo, esse conhecimento ainda não se acha bem definido na prática. Por essa razão, consideramos pertinente conceituar.

De acordo com o dicionário *on-line* Priberam da língua portuguesa, temos as seguintes definições quanto à língua e linguagem:

> Lín.gua – substantivo feminino
>
> 3. [Linguística] sistema de comunicação comum a uma comunidade linguística. Lin.gua.gem – substantivo feminino
>
> 1. Expressão do pensamento pela palavra, pela escrita ou por meio de sinais.

2. O que as coisas significam.

3. Voz dos animais.

4. Estilo.

Isso posto, convém destacar que "a língua, assim delimitada no conjunto dos fatos de linguagem, é classificável entre os fatos humanos, enquanto que a linguagem não o é" (Saussure, 1995, p. 23).

A partir das definições apresentadas, consideramos pertinente ratificar que, para este estudo, será considerada a linguagem como expressão do pensamento pela palavra utilizada pelos seres humanos que apresentam capacidade cognitiva de aprendizagem,[26] sendo a linguagem verbal falada e a linguagem verbal escrita no processo de aprendizagem matemática.

Em se tratando de língua e linguagem, Bakhtin (2011) nos apresenta o problema e sua definição:

> Todos os diversos campos da atividade humana estão ligados ao uso da linguagem. Compreende-se perfeitamente que o caráter e as formas desse uso sejam tão multiformes quanto os campos da atividade humana, o que, é claro, não contradiz a unidade nacional de uma língua. O emprego da língua efetua-se em forma de enunciados (orais e escritos) concretos e únicos, proferidos pelos integrantes desse ou daquele campo da atividade humana. Esses enunciados refletem as condições específicas e as finalidades de cada referido campo não só por seu conteúdo (temático) e pelo estilo da linguagem, ou seja, pela seleção dos recursos lexicais, fraseológicos e gramaticais da língua, mas, acima de tudo, por sua construção composicional (Bakhtin, 2011, p. 261).

Com base nas definições apresentadas, é possível compreender que existe uma língua materna, utilizada pelo indivíduo de acordo com o campo de atividade humana ao qual ele pertence e que, a partir da língua materna, ele

---

[26] Não é considerado neste estudo a Língua Brasileira de Sinais (Libras), utilizada pelas pessoas com perda auditiva e por ouvintes que convivem com indivíduos que possuem essa característica, pois, assim como a linguagem verbal falada e a linguagem verbal escrita, é um sistema de signos que pode ser aprendido de forma particular, porém, voltada para um determinado público, para o qual ela foi organizada. Entendemos que a complexidade na aprendizagem matemática desses sujeitos requer um estudo específico.

desenvolve a linguagem verbal falada (linguagem natural), na qual ele está imerso por conta do convívio com os sujeitos que fazem parte do seu círculo de convivência, principalmente, em seus primeiros anos de vida, ou seja, a língua materna sendo aprendida "naturalmente" nos campos de atividade humana em que a aprendizagem se dá de maneira informal.

Dessa forma, os indivíduos se utilizam da linguagem, ou das linguagens aprendidas ao longo da vida, de formas específicas, e de acordo com o campo da atividade humana ao qual ele está envolvido no momento da comunicação e de acordo também com os sujeitos envolvidos no momento da interação.

Linguagem natural expande-se no contexto escolar, onde os educandos têm acesso a conceitos específicos das diversas disciplinas, ou seja, a aprendizagem formal. Assim, no campo da matemática, por meio da linguagem matemática, amplia-se o horizonte linguístico desses educandos que estão imersos em um campo de atividade humana que apresenta conceitos próprios da disciplina em questão.

Linguagem natural e linguagem matemática: duas vertentes que se fundem nas aulas de matemática

Segundo Machado (2011):

> Uma das questões mais candentes no que concerne ao ensino tanto da Matemática como da Língua Materna é a legitimidade ou a conveniência da utilização de um sistema de signos de um modo predominantemente técnico, operacional, restrito a regras sintáticas, em contraposição a um uso que privilegie o significado dos elementos envolvidos, portanto sua dimensão semântica (Machado, 2011, p. 116).

Dessarte, fica evidente que existe uma dificuldade muito grande no que diz respeito à aprendizagem formal, por conta da complexidade existente entre o conteúdo apresentado e os conhecimentos prévios trazidos pelos educandos, a inserção de códigos, nomenclaturas e símbolos próprios das disciplinas.

Em se tratando das aulas de matemática, Santos (2005) reforça que a linguagem verbal falada é uma ferramenta de grande importância para a produção de significados. Esse autor considera a relevância existente entre a língua materna e a linguagem matemática, porque, segundo ele, não existe apenas uma forma de linguagem, significado ou representação.

Logo, torna-se impossível pensar no ensino de matemática sem uma referência direta no papel da linguagem natural para a compreensão de conceitos matemáticos. Da mesma forma, já não se pode mais pensar em linguagem matemática sem que haja também uma linguagem natural a ser utilizada como ferramenta para subsidiar o trabalho do educador.

"Podemos separar a matemática da psicologia do pensamento enquanto ciências, mas não podemos separá-las enquanto fenômenos acontecendo na prática" (Nunes; Carraher; Schliemann, 2011, p. 27).

Nesse contexto, mais do que uma simples mudança na perspectiva, nesse cenário, o ensino de matemática apresenta-se como construção de um novo objeto de análise. Linguagem matemática e linguagem natural devem ser vistas como um conjunto de práticas sociais. Dessa forma, língua portuguesa e matemática são disciplinas que se complementam.

"Nada entra na língua sem ter sido antes experimentado na fala" (Saussure, 1995, p. 196). De qualquer forma, nem sempre o falante da língua pode ser considerado também um leitor competente e crítico, assim, ter familiaridade com os usos da língua está ligado à modalidade oral da linguagem, o que muitas vezes é suficiente para se viver socialmente, mas distante do letramento esperado e que se pretende para que o indivíduo possa exercer plenamente a sua cidadania (Longato, 2015).

Quanto à presença da escrita, Marcushi (2010) afirma:

> pode-se dizer que, mesmo criado pelo engenho humano tardiamente em relação ao surgimento da oralidade, ela permeia hoje quase todas as práticas sociais dos povos em que penetrou. Até mesmo os analfabetos, em sociedades com a escrita, estão sob a influência do que contemporaneamente se convencionou chamar de *práticas de letramento*[...] O letramento não é o equivalente à aquisição da escrita. Existem "letramentos sociais" que surgem e se desenvolvem à margem da escola, não precisando por isso serem depreciados (Marcushi, 2010, p. 19).

Dessa forma, podemos afirmar que a linguagem verbal escrita é utilizada em contextos sociais da vida cotidiana dos indivíduos em paralelo com a linguagem verbal falada, em casa, na escola, no trabalho, ou seja, nos diversos campos de atividade humana e por essa razão não podem ser dissociadas.

De acordo com Machado (2011):

> O aprendizado da língua materna, tanto em sua forma oral quanto na forma escrita, a construção de um sistema de representação da realidade. Não são dois sistemas alternativos, mas um só sistema que erige a partir das relações de troca e interdependência entre as duas vertentes – a oral e a escrita (Machado, 2011, p. 101).

Uma vez adotada, nessa situação de aprendizagem em que lidamos com a linguagem natural nas aulas de matemática, será fundamental considerarmos que as duas se fundem em seus usos.

Sabemos que o uso da linguagem é uma capacidade universal e igual para todos, de qualquer forma, trata-se de uma análise de usos e práticas linguísticas um tanto quanto abstratas. "As informações estão disponíveis e o fato novo de tal movimento de modernidade é como transformar informação em conhecimento. [...] é preciso pensar nas relações do conhecimento construído pela sociedade e do conhecimento científico" (Cordeiro, 2011, p. 15).

Quanto à importância da matemática para a formação de leitores competentes, Machado (2011) afirma:

> A Matemática erige-se, desde os primórdios, como um sistema de representação original; apreendê-lo tem o significado de um mapeamento da realidade, como no caso da Língua. Muito mais do que a aprendizagem de técnicas para operar com símbolos, a Matemática relaciona-se de modo visceral com o desenvolvimento da capacidade de interpretar, analisar, sintetizar, significar, conceber, transcender o imediatamente sensível, extrapolar, projetar (Machado, 2011, p. 101).

Assim, quando tratamos de linguagem natural e linguagem matemática, é claro que esta possui características específicas ao seu uso, mas há, no entanto, algumas complementações úteis ao trabalho de compreensão e interpretação dos diversos tipos de textos que precisam ser exercitados com aquela sendo utilizada como ferramenta de apoio pelo educador.

As ênfases e os objetivos, tanto da fala quanto da escrita, são variados nas diversas disciplinas. Relações entre fala e escrita emergem nos vários contextos, fazendo surgir formas de comunicação e nos apresentando terminologias e expressões típicas de cada campo de conhecimento. Sendo assim, "seria interessante que a escola soubesse algo mais sobre essa questão para enfrentar sua tarefa com maior preparo e maleabilidade, servindo até mesmo de orientação na seleção de textos e definição dos níveis de linguagem a trabalhar" (Marcushi, 2010, p. 19).

Nas aulas de matemática, "a linguagem utilizada nesta área do conhecimento possui características e estilos próprios, que podem enriquecer e auxiliar na compreensão matemática dos alunos, as relações existentes entre os gêneros precisam ser uma preocupação em suas aulas" (Luvison, 2013, p, 57).

Enquanto educadores, devemos pensar nas diversas formas de inter-relação das diferentes linguagens que podem ser utilizadas nas aulas de matemática, ou seja, o jogo, a leitura de diferentes gêneros, seja ela individual ou coletiva, a troca de informações entre educador e educando/educando e educando/educando e texto, pois "concebemos a matemática como um sistema de representação da realidade, construído de forma gradativa, ao longo da história, tal como o são as línguas" (Machado, 2011, p. 102).

Souza e Girotto (2011) consideram que:

> A produção por meio da leitura consiste no processo de interpretação desenvolvido por um sujeito-leitor que se depara com um texto, analisa-o, questiona-o com o objetivo de processar seu significado, projetando sobre ele uma visão de mundo para estabelecer uma interação crítica com o texto, produzindo sentidos. Nesse sentido, a compreensão na/da/pela leitura exige o domínio de estratégias cognitivas e metacognitivas e, consequentemente, há necessidade de conceber o aprendiz leitor, no caso, a criança, o aluno, como sujeito ativo a processar tal produção (Souza; Girotto, 2011, p. 11-12).

Dessa maneira, pode-se afirmar que a aprendizagem de um conceito de qualquer das disciplinas, geografia, história, matemática, está relacionada à capacidade cognitiva do indivíduo, que está diretamente relacionada às suas experiências pessoais. "Enquanto atividade humana, a matemática é uma forma particular de organizarmos os objetos e os eventos no mundo" (Nunes;

Carraher; Schliemann, 2011, p. 29). Essa capacidade cognitiva conduz a aprendizagem do sujeito que constrói seu próprio conhecimento.

Língua materna e linguagem matemática: funções e inter-relações possíveis

"A língua é um sistema de signos que exprimem ideias" (Saussure, 1995, p. 24). Nessa compreensão, não há como se pensar em relações sociais, mais especificamente na escolar, sem atribuir a devida importância ao uso da língua por meio da linguagem verbal falada e escrita.

Dada a devida importância da linguagem verbal falada para a assimilação e compreensão dos enunciados matemáticos, é importante que ressaltemos também as suas funções.

De acordo com Machado (2011):

> Naturalmente, sendo a língua um instrumento social, toda expressão visaria, precipuamente à comunicação. Assim, na caracterização das funções da língua, subsumir a comunicação ou a expressão parece tão relevante quanto a questão da prioridade do ovo em relação à galinha, ou vice-versa: o que importa, de fato, é a consideração do amálgama comunicação-expressão como um representante adequado de tais funções, englobando o desenvolvimento da capacidade de descrever o mundo mas também e interpretar, criar significados, imaginar, compreender, extrapolar (Machado, 2011, p. 97).

Assim, fica evidente a necessidade do diálogo necessário entre linguagem matemática e linguagem natural. Ao ingressarmos nas aulas de matemática, estamos ingressando em um mundo de novas possibilidades de representação através da língua, este mundo deve ser interpretado, imaginado, compreendido, extrapolado.

Segundo Machado (2011):

> Para caracterizar a impregnação entre a Matemática e a Língua Materna, referimo-nos inicialmente a um paralelismo nas funções que desempenham, enquanto sistemas de representação da realidade, a uma complementaridade nas metas que perseguem, o que faz com que a tarefa de cada uma das componentes seja irredutível

à outra, e a uma imbricação nas questões básicas relativas ao ensino de ambas, o que impede ou dificulta ações pedagógicas consistentes, quando se leva em consideração apenas uma das duas disciplinas (Machado, 2011, p. 96).

Nessa perspectiva, torna-se necessário que educadores busquem por práticas pedagógicas que viabilizem e evidenciem a sincronia existente entre as disciplinas, pois é clara a presença da interdisciplinaridade das disciplinas para a compreensão dos conteúdos a serem estudados.

Nunes, Carraher e Schliemann (2011) apontam as seguintes questões:

> O que fazer na escola se constatamos que as crianças sabem mais matemática fora da sala de aula? O que ensinar na escola se as crianças já aprendem muito fora da sala de aula? Que postura deve ter o professor, que motivações deve buscar para sua aula, que contratos pedagógicos deve fazer se ficar constatado que as relações interpessoais influenciam até mesmo a utilização de estruturas lógico-matemáticas, que pareciam tão imunes às influências sociais por fazerem parte das ciências exatas? (2011, p. 36)

Luvison (2013) reforça a importância de se destacar a linguagem matemática e o lugar que ela tem ocupado nas relações humanas juntamente com a língua materna. Segundo ela, tal como a língua materna, a linguagem matemática "possui suas marcas, [...] também possui suas próprias configurações; e ambas não podem ser dissociadas" (Luvison, 2013, p. 59).

Bakhtin (2011) destaca que o texto não existe fora da sociedade e que este se define como objeto significante, assim, a utilização da língua falada para a compreensão da língua escrita é de fundamental importância no processo de aprendizagem. "Não segue daí, no entanto, que a escrita apenas codifique ou vise a perpetuar a fala; ela também representa, instaura, cria ou constrói novos níveis de significados, novos objetos, inacessíveis à fala" (Machado, 2011, p. 98-99).

Quando falamos ou escrevemos, estamos nos dirigindo a interlocutores concretos em uma relação dialógica. Nesse processo, trocamos ideias sobre o mundo por meio da interação e da construção do conhecimento. Segundo Bakhtin (2011), a língua reflete as relações sociais "relativamente estáveis" entre os falantes. Dessa forma, ela carrega marcas de sua história, das pessoas que produzem, do lugar onde ela é produzida e em relação ao objetivo para que ela é empregada.

Nunes, Carraher e Schliemann (2011) afirmam que:

> Ao nível da comunidade científica, a matemática é definida como uma ciência formal. Isto significa que a lógica construída da matemática é dedutiva. Demonstrações por indução não são reconhecidas pela comunidade científica – não porque não possam existir em outras ciências, mas porque não são aceitas como demonstrações de valor na matemática. [...] Ao nível de sua organização como ciência, na matemática somente são aceitáveis provas por dedução. No entanto, a matemática não é apenas uma ciência: é também uma forma de atividade humana (Nunes; Carraher; Schliemann, 2011, p. 28).

Sendo assim, podemos relacionar os conhecimentos matemáticos da nossa língua pelos enunciados concretos que ouvimos e repetimos nas interações sociais.

"A língua não cessa de interpretar e de decompor as unidades que lhe são dadas" (Saussure, 1995, p. 197). Dessa forma, quando pensamos em comunicação nas diferentes formas de interações sociais das quais participamos, precisamos destacar a linguagem matemática e o lugar que esta ocupa nas relações humanas, juntamente com a linguagem natural.

Nesse cenário, linguagem natural e linguagem matemática ocupam o mesmo lugar, a inter-relação existente entre as duas deve ser trabalhada no contexto escolar. Assim, temos a possibilidade de interpretar o dialogismo como elemento que estabelece relação constitutiva da natureza discursiva da linguagem (Bakhtin, 2011). Logo, aprender os diversos tipos de textos é também aprender a agir socialmente nas diversas esferas sociais.

De qualquer forma, "o fato de, na escala de tempo, a escrita constituir-se sempre em segundo lugar, ela não pode ser tratada secundariamente apenas como um código de transcrição" (Machado, 2011, p. 101). Assim, fica evidente o compromisso que a escola deve ter em assumir a linguagem por meio das diversas disciplinas e dos diversos gêneros textuais como eixo central na formação dos educandos.

Nunes, Carraher e Schliemann (2011) nos trazem o seguinte questionamento:

> O processo de explicação do fracasso escolar tem sido uma busca de culpados – o aluno, que não tem capacidade; o professor, que é mal preparado; as secretarias de educação, que não remuneram seus professores; as universidades, que não formam bem o professor; o estudante universitário, que não aprendeu no secundário o que deveria ter aprendido e agora não consegue aprender o que seus professores universitários lhe ensinam. Mas a criança que aprende matemática na rua, o cambista analfabeto, que recolhe apostas, o mestre de obras treinado por seu pai, todos eles são exemplos vivos de que nossas análises estão incompletas, precisam ser desafiadas, precisam ser desmanchadas e refeitas, se quisermos criar a verdadeira escola aberta a todos, pública e gratuita, pela qual lutamos nas praças públicas. Os educadores, todos nós, precisamos não encontrar os culpados mas encontrar as formas eficientes de ensino e aprendizagem em nossa sociedade (2011, p. 37).

A partir do questionamento apresentado, convém destacar que não temos a intenção de, com este trabalho, encontrar culpados no que se refere à complexidade do ensino de matemática, mas apontar possibilidades de a linguagem natural contribuir no processo de ensino e aprendizagem nas aulas de matemática.

Matemática e língua portuguesa: disciplinas que se complementam no processo de formação leitora dos educandos

Enquanto educadores, costumamos afirmar que os educandos não sabem interpretar os problemas matemáticos e, assim, é comum a busca por parcerias entre os educadores das duas disciplinas, língua portuguesa e matemática, de forma que o educador daquela auxilie o educador desta na interpretação de textos com os educandos. Nesse sentido, Machado (2011) afirma:

> [...] tem sido uma característica marcante da Língua, em tempos modernos, esta impregnação, cada vez maior, por palavras de origem técnica ou que adquiriram uma conotação técnica em decorrência do uso, ou ainda que são utilizadas simultaneamente tanto

em contextos técnicos, como significados globalmente próximos (Machado, 2011, p. 102).

No entanto, vale ressaltar e reforçar que "a leitura não ataca a questão fundamental das dificuldades específicas com os problemas e com outros textos matemáticos" (Fonseca; Cardoso, 2005, p. 64), pois lidamos diariamente com diversas questões que interferem diretamente no processo de ensino e aprendizagem.

Além disso, educadores de matemática precisam contribuir para a ampliação da prática leitora em sala de aula, favorecendo assim o processo de alfabetização e letramento dos educandos. Para tanto, esses profissionais precisam entender que os enunciados matemáticos "também são gêneros discursivos, cuja aprendizagem precisa ser desenvolvida pelos estudantes" (Barguil; Moraes; Lendl, 2017, p. 281). Os enunciados apresentam características próprias da disciplina de matemática, símbolos, sinais gráficos, expressões. Nesse sentido, o processo de desenvolvimento de leitura e escrita não é responsabilidade apenas do professor de língua portuguesa.

Para Bakhtin (2011), ao nos expressarmos, os discursos proferidos são compostos por enunciados verbais falados ou escritos, proferidos pelos integrantes em uma determinada esfera de atividade humana.

Quanto ao domínio da escrita pelos indivíduos, Marcushi (2010) enfatiza:

> A escrita não acrescenta massa cinzenta ao indivíduo que a domina bem como o não domínio da escrita não é evidência de menor competência cognitiva. Quem domina a escrita pode, eventualmente, ter acesso a um maior número de conhecimentos. Não é verdade, no entanto, que a fala é o lugar do pensamento concreto e a escrita, o lugar do pensamento abstrato (Marcushi, 2010, p. 47).

Assim, considerar a leitura superior à fala, ou uma disciplina superior à outra, é uma ideia considerada equivocada e o mito dessa supremacia da fala sobre a escrita já é considerado superado. Historicamente, a fala apresenta grande precedência sobre a escrita, mas socialmente a escrita é vista com mais prestígio que a fala.

A escrita pode ser considerada como um lugar de produção de sentidos em que a linguagem verbal falada transforma-se em códigos escritos utilizados pelo homem para registrar sua relação com a sociedade.

Vale ressaltar que o indivíduo que lê está imerso em uma imensidade de expressões, compreendendo e interpretando diferentes linguagens por meio de uma rede de conhecimentos (Andrade, 2005).

Desse modo, sendo a leitura uma questão de relação e de produção de sentidos, podemos afirmar que o ato de ler é algo extremamente complexo e que possui possibilidades variadas de entendimento com relação ao sujeito e à sociedade (Souza; Girotto, 2011). Logo, quando pensamos em leitura e escrita nas aulas de matemática, estabelecemos de forma automática que já existe relação entre a língua materna e o sistema de símbolos, palavras e expressões próprias da matemática, contudo, tal como Luvison e Grando (2018), entendemos que:

> um sistema simbólico, para ser compreendido, necessita de uma leitura relacionada com o contexto e com as necessidades sociais, ou seja, é possível ler para divertir-se, agir, discutir, realizar, interpretar, definir, significar e transformar o que está posto graficamente, o que permite incluir a linguagem matemática (Luvison; Grando, 2018, p. 29).

Assim, por meio da leitura, o indivíduo tem a possibilidade de também se formar escritor, pois a habilidade de escrita tem origem na prática leitora, ou seja, a leitura, tanto da palavra como de mundo, nos oferece a possiblidade de desenvolver habilidades que favoreçam a competência escritora, em outras palavras, "a matemática, ensinada na escola e aprendida dentro e fora da escola" (Nunes; Carraher; Schliemann, 2011, p. 27).

Com a prática da leitura formal, o indivíduo desenvolve um trabalho de construção de conhecimento sobre a língua, regras gramaticais e gêneros textuais, mas ler "não se limita apenas à decifração de alguns sinais gráficos" (Souza; Girotto, 2011, p. 11).

No entanto, diferente da linguagem verbal falada e da linguagem verbal escrita, nas aulas de matemática, a relação existente entre essas duas vertentes é ainda mais complexa, sendo que "diferente do caso da língua materna: se neste último caso é possível, por exemplo, conceber-se a comunicação de um registro fonológico independente da escrita, no caso da matemática é virtualmente impossível comunicar-se por esta via" (Machado, 2011, p. 114).

Ainda segundo Machado (2011):

> No ensino da Língua Materna a fala é o natural suporte de significações para inflar os balões dos signos escritos, funcionando como um degrau intermediário na passagem do pensamento à escrita, no caso do ensino da Matemática a inexistência de uma oralidade própria não possibilita alternativas senão as seguintes: circunscrevê-lo aos limites da aprendizagem de uma expressão escrita, abdicando-se da expressão oral, o que não parece tão natural quanto abdicar do uso das pernas para caminhar, ou então fazê-lo comungar decisivamente com a Língua Materna, compartindo com sua oralidade e, em decorrência, impregnando-se dela de uma forma essencial (Machado, 2011, p. 114).

Isso posto, vale reforçar que a linguagem natural é uma ferramenta de grande importância na produção de significados a ser utilizada nas aulas de matemática. Ler é muito mais do que decodificar códigos escritos. De acordo com Souza e Girotto (2011), essa ação:

> exige do indivíduo uma participação efetiva como sujeito ativo no processo, levando-o a produção de sentidos e construção do conhecimento, além da construção de si mesmo e de seus processos mentais. É também uma das maiores potências do vocabulário e expressão envolvendo e informando o leitor com ideias as quais lhe darão enfoques abrangentes para o crescimento cultural do qual depende seu progresso na vida (Souza; Girotto, 2011, p. 11).

Assim, torna-se fundamental que pesquisadores e educadores pensem em estratégias de leitura para dar aos educandos acesso ao gênero textual próprio da disciplina chamada matemática. Essa ação demanda e merece investigação e ações pedagógicas específicas que contemplem o desenvolvimento de habilidades e estratégias de leitura para que os educandos consigam atribuir significado efetivo ao vocabulário e aos conceitos matemáticos presentes nos enunciados matemáticos.

Entendemos que os enunciados matemáticos possuem caraterísticas específicas na sua apresentação, diversos são os símbolos, os conceitos, os significantes apresentados nesse determinado contexto enunciativo, por essa razão podem ser considerados como um gênero textual próprio da disciplina de matemática.

A linguagem natural possui especificidades da língua materna, da mesma forma, a linguagem matemática também possui suas próprias especificidades e elas não podem ser dissociadas, porém, existe uma necessidade de que seja realizado com o educando um trabalho de apresentação aos conceitos e termos específicos da disciplina matemática (Luvison; Grando, 2018).

Souza e Girotto (2011) afirmam que:

> É inegável que há um grande avanço entre a concepção que vê o texto como único portador dos sentidos e as concepções que entendem que o leitor e seus conhecimentos prévios participam da construção dos sentidos. Apesar do grande avanço na questão da construção dos sentidos, o texto passa a ser visto como polissêmico, em oposição a uma visão monossêmica. Essas posições têm em comum a forte soberania do texto regulando a construção dos sentidos, de modo que ele ainda é visto como portador dos significados autorizados, isto é, o texto ainda tem primazia sobre o leitor. Em outras palavras, seria o mesmo que dizer que o leitor depende do texto para construir os sentidos e não o inverso, que o leitor e o contexto sócio-histórico e ideológico, a situação de enunciação, proporcionam a disseminação de sentidos possíveis (Souza; Girotto, 2011, p. 08).

Portanto, como educadores, devemos pensar no dialogismo como elemento que estabelece relação constitutiva na relação interdiscursiva dessas duas linguagens. Segundo Bakhtin (2011), esse dialogismo refere-se ao permanente diálogo que existe entre os diversos campos de atividade humana dos quais fazemos parte.

Linguagem matemática e linguagem natural: um processo de significação a partir do cotidiano

A matemática pode ser compreendida como uma disciplina objetiva, na qual as conclusões são obtidas a partir de procedimentos definidos e rigorosos. "Vista dessa forma, a construção e compreensão de modelos matemáticos pouco ou nada têm a ver com procedimentos e práticas da vida diária e somente seriam conhecidos através da instrução escolar formal" (Schliemann, 2011, p. 108).

Por outro lado, é possível também afirmarmos que o conhecimento matemático pode ser construído tanto pelo uso como pela aprendizagem formal. Para Piaget e Inhelder *apud* Schliemann (2011), o indivíduo em formação seria capaz de descobrir uma abordagem sistemática para encontrar todas as conversões entre os elementos de um conjunto, independente dele ter instrução escolar sobre a análise combinatória.

Curi (2009) afirma que:

> A impregnação entre as linguagens materna e matemática está presente em diversas situações da vida cotidiana, de tal forma natural, que muitas vezes nem nos apercebemos ou damos importância a isso. Na escola, essa imbricação natural muitas vezes desaparece, na medida em que a Matemática se reduz a uma linguagem formalizada, repleta de símbolos, muitas vezes sem significado para os alunos (Curi, 2009, p. 138).

A partir das afirmações citadas, podemos pensar na visão comparativa entre a relação de aprendizagem formal e informal. Quando olhamos para o uso da matemática no cotidiano, estamos contemplando algo que é naturalmente claro e definido, diferente da matemática proposta em sala de aula, cheia de regras e símbolos. No entanto, segundo Curi (2009):

> a linguagem matemática, com sua codificação própria, constitui um modo de aprender, de ler e compreender o mundo. Ela não se restringe a operações com símbolos: relaciona-se também com o desenvolvimento das capacidades de interpretação, análise, síntese, significação, exploração, argumentação, entre outras (Curi, 2009, p. 139).

A autora também afirma que uma ferramenta útil ao educador é a comunicação, ou seja, a interface existente entre a linguagem natural e a linguagem matemática não podem ser dissociadas e a linguagem natural deve servir como ferramenta a subsidiar o trabalho do professor nas aulas de matemática.

Durante a comunicação, as normas que se impõem ao ato de comunicar dizem respeito às situações de emprego em que a linguagem é utilizada. Quando assumimos o papel de construtores de formação de significados, oferecemos aos nossos interlocutores um conjunto de possibilidades que permitem representar, mutuamente, os significados apresentados.

"Quando a ênfase é posta no nível sintático de modo a obscurecer o significado dos elementos envolvidos, muito frequentemente ocorrem inibições que fazem minguar o fluxo da escrita, dificultando tanto a comunicação quanto a expressão" (Machado, 2011, p. 118).

Então, podemos afirmar que, nas aulas de matemática, é muito mais provável que haja esse distanciamento de significados, caso o educando não enxergue significado entre o conteúdo proposto e sua utilidade no dia a dia.

Ao aceitarmos a complexidade existente nos conteúdos e conceitos matemáticos, estamos considerando que a construção dos sentidos pode ser beneficiada por meio da interface entre linguagem natural e linguagem matemática.

Dessa forma, segundo Curi (2009):

> Propostas de situações nas aulas de Matemática, em que os alunos expressem suas ideias por meio da oralidade, interpretando enunciados, discutindo resolução de exercícios favorecem conexões entre a linguagem dos alunos, seus conhecimentos prévios, suas experiências pessoais e a linguagem da Matemática, estreitando as relações entre a Matemática e a língua materna (Curi, 2009, p. 138-139).

Assim, vale destacar que, durante a infância e a adolescência, os educandos ainda não adquiriram o completo domínio da língua materna, estão em processo de apropriação, construção de significados, assim, eles sentem uma necessidade de utilizar a linguagem matemática de maneira formal e específica, o que pode acarretar um problema na sua aprendizagem (Curi, 2009).

Educador e educandos, durante as aulas de matemática, estão participando de um processo de interação que deve ser realizado de forma eficiente, racional e cooperativa. Cada um dos participantes, ao buscar a compreensão dos enunciados apresentados, estará trabalhando a favor do entendimento e significação dos conteúdos apresentados.

De qualquer forma, vale reforçar que a força argumentativa da linguagem verbal falada não deve ser considerada superior à linguagem verbal escrita, ao contrário, faz parte do emprego daquela permitir a compreensão dos enunciados matemáticos que, por sua vez, apresentam regras específicas a esta área de conhecimento.

Associar a aprendizagem informal à aprendizagem formal atualmente pode ser considerada como referência direta desta sobre aquela, sendo que as duas ocupam papéis importantes na civilização contemporânea e as duas vertentes devem se complementar.

De igual modo, já não podemos mais pensar em aprendizagem formal sem que esta tenha ligação com o cotidiano do educando e seus interesses particulares quanto ao uso do aprendizado formal. Mais do que uma simples mudança de perspectiva quanto ao ensino de matemática, essa construção representa um novo objeto de análise e uma nova concepção entre conceitos matemáticos e linguagem natural que também devem ser vistos como um conjunto de práticas sociais.

De acordo com Marcushi (2010):

> Uma vez adotada a posição de que lidamos com práticas de letramentos e oralidade, será fundamental considerar que as línguas se fundam em seus usos e não o contrário. Assim, não serão primeiramente as regras da língua nem a morfologia os merecedores de nossa atenção, mas os usos da língua, pois o que determina a variação linguística em todas as suas manifestações são os usos que fazemos da língua (Marcushi, 2010, p. 16).

Sendo assim, podemos afirmar que são as formas que devem se adequar aos usos e não o contrário. Matemática deve servir ao educando como forma de apreensão da realidade.

Para Machado (2011), a superação de muitas dificuldades na aprendizagem matemática deve passar pelo reconhecimento da essencialidade da impregnação mútua entre língua materna e linguagem matemática.

"Planejar o trabalho pedagógico com base em realidades sociais, econômicas e culturais da comunidade escolar favorece o crescimento e o desenvolvimento do aluno, pois o encontro de culturas é um fato tão presente nas relações humanas quanto o próprio fenômeno da vida" (Curi, 2009, p. 142).

O emprego de práticas pedagógicas adequadas está diretamente ligado ao comportamento social dos indivíduos durante a interação verbal. Dessa forma, podemos afirmar que o ato de comunicar é uma atividade social e que a prática comunicativa é a interação.

Portanto, quando conseguimos estreitar o distanciamento existente entre os conceitos matemáticos e sua utilização no cotidiano dos educandos, estamos, também, de certa forma, diminuindo as diferenças sociais que se perpetuam na nossa sociedade, ou seja, a educação estará cumprindo seu papel, efetivamente.

Design Metodológico

Adotamos, para este estudo, a abordagem de natureza qualitativa, de tipologia documental e procedimento de análise de conteúdo. Para Godoy (2005), na Pesquisa Qualitativa, a preocupação dos pesquisadores é averiguar como um fenômeno se exterioriza nas atividades e processos. Nesse entendimento, reconhecemos e corroboramos com Godoy (1995) ao afirmar que a pesquisa documental representa uma maneira que pode prover de uma natureza inovadora, trazendo contribuições importantes no estudo das inter-relações possíveis entre a linguagem natural e a linguagem matemática para a alfabetização matemática.

De acordo com Godoy (1995), o termo documentos deve ser compreendido de uma forma ampla, incorporando uma gama de materiais escritos, que no caso deste estudo, essa palavra anuncia o "Caderno da Cidade Saberes e Aprendizagens" do 3º Ano do Ensino Fundamental da Rede Municipal da Cidade de São Paulo.

Ainda de acordo com a pesquisadora, nem sempre os documentos assumem-se como amostras representativas do fenômeno estudado, pois registram a linguagem escrita, não subsidiando informações sobre comunicações não--verbais. Assim, essas comunicações serão decifradas pela técnica de análise de conteúdo na perspectiva de Moraes (2003), partindo do pressuposto de que, por trás da linguagem ostensível, simbólica e polissêmica, há um significado que vale apurar.

Conforme destacamos, o nosso *corpus* de pesquisa são as atividades envolvendo os enunciados matemáticos, com foco no Objetivo de Aprendizagem e Desenvolvimento "(EF03M07) Analisar, interpretar e solucionar problemas, envolvendo os significados do campo aditivo (composição, transformação e comparação) e validar a adequação dos resultados por meio de estimativas ou tecnologias digitais", das atividades de uma unidade do material curricular "Caderno da Cidade Saberes e Aprendizagens" do 3º Ano do Ensino Fundamental da Rede Municipal da Cidade de São Paulo.

Conforme exposto, a escolha pelo material curricular voltado para o educador justifica-se porque ele foi elaborado com o propósito de articular as práticas possíveis de serem realizadas nos espaços educativos, fundamentadas nos documentos curriculares oficiais da Rede Municipal de São Paulo. O Caderno, por vez, apresenta as imagens das atividades de cada uma das sequências e referidas unidades e os Eixos Estruturantes e Objetivos de Aprendizagem e Desenvolvimento envolvidos nas atividades e as orientações e encaminhamentos a respeito de como essas atividades podem ser desenvolvidas em sala de aula. Além disso, o material do educador traz recomendações de leituras de aprofundamento, articuladas com a referência do Currículo da Cidade e das Orientações Didáticas. Apresenta, ainda, explanações dos temas focalizados nas atividades alicerçadas em teóricos e referência. A Figura 01, adiante, ilustra a estrutura.

Figura 01 – Estrutura do Caderno da Cidade Saberes e Aprendizagens do Professor.

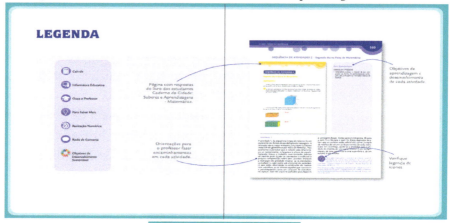

Fonte: Caderno da Cidade Saberes e Aprendizagens (São Paulo, 2019, p. elementos pré-textuais).

Cabe destacar que cada caderno apresenta oito unidades, contendo quatro sequências, sendo que cada uma delas é constituída de quatro atividades. As sequências foram pensadas em Redes de Significados, envolvendo todas as unidades temáticas previstas no Currículo da Cidade (São Paulo, 2017), tais como Álgebra, Números, Geometria, Grandezas e Medidas e Probabilidade e Estatística.

Esclarecido a estrutura do documento, destacamos que, para averiguação de tal, recorremos à análise de conteúdo, em sua vertente qualitativa que, segundo Moraes (1999), consiste em um procedimento utilizado para descrever e interpretar o conteúdo de documentos e textos, que nosso caso serão os enunciados das atividades e as orientações ao educador. Essa análise será conduzida a descrições sistemáticas qualitativas, que nos apoiará a interpretar as mensagens e a atingir uma compreensão de seus significados em um nível que vai muito além de uma simples leitura.

Destacamos que a análise de conteúdo parte de alguns pressupostos, os quais, ao analisar um texto ou enunciado de uma atividade, por exemplo, servem de apoio para captar seu sentido simbólico. Todavia, esse significado nem sempre é único, pois um único texto contém muitos significados e, conforme pondera Moraes (1999, p. 14), o sentido que o autor pretende expressar pode coincidir com o sentido percebido pelo leitor; o sentido do texto poderá ser diferente de acordo com cada leitor; um mesmo autor poderá emitir uma mensagem, sendo que diferentes leitores poderão captá-la com sentidos diferentes; um texto pode expressar um sentido do qual o próprio autor não esteja consciente.

Assim, concordamos com Moraes (2014), de que a análise de conteúdo é uma interpretação pessoal do pesquisador, no que diz respeito à compreensão que se tem dos dados. Não é possível uma leitura neutra, pois toda leitura se constitui em uma interpretação.

Frente ao exposto, no presente texto, concebemos o procedimento de análise de conteúdos, constituído de cinco etapas propostas por Moraes (1999): 1. Preparação das informações; 2. Unitarização ou transformação do conteúdo em unidades; 3. Categorização ou classificação das unidades em categorias; 4. Descrição; 5. Interpretação.

Desse modo, iniciamos com a primeira etapa "preparação das informações" realizando uma leitura atenta de todos os enunciados referentes às estruturas aditivas, que envolvem a adição e subtração, contidos em todas as sequências de atividades de todas as unidades do material.

Para esse texto, devido à limitação de páginas, selecionamos uma amostra, ou seja, uma sequência representativa e pertinente ao objetivo da análise, conforme orientado por Moraes (1999). Posteriormente, procedemos com o processo de Unitarização ou transformação do conteúdo em unidades. Assim, estabelecemos códigos que permitiram agilidade na identificação das atividades.

Em seguida, para atender a etapa Categorização, realizamos uma leitura cuidadosa dos enunciados e textos de orientações ao professor da sequência 1 e 3, pertencente à unidade 8, que foi escolhida e definimos as unidades de análise, que no nosso caso nos baseamos em indicadores à luz das teorizações que pudessem permitir responder o objetivo elencado neste estudo. O quadro, a seguir, ilustra as unidades de análise (indicadores).

Quadro 1 – Unidades de Análise.

Unidades de Análise	Questões norteadoras
Clareza na linguagem do enunciado	O enunciado se apresenta com linguagem clara e adequada ao 3º ano do Ensino Fundamental?
Conhecimento Prévio	Há resgate de conhecimentos prévios no enunciado da atividade? O enunciado identifica a temática? Há a indicação de resgate de conhecimentos prévios nas orientações ao professor? Nas orientações ao professor, há estímulo para identificação da temática do enunciado?
Conexão	O enunciado permite que o educando ative seu conhecimento prévio articulando-o com aquilo que está sendo lido? O enunciado está contextualizado com base no entorno social e cultural? Há a indicação nas orientações do professor de que é preciso incentivar os educandos a articularem os seus conhecimentos prévios com o que está sendo lido?
Inferência	Há alguma informação implícita no enunciado? As orientações contidas no material do professor incentivam a inferência?
Leitura individual	As orientações ao professor preveem uma leitura individual?
Leitura Coletiva ou em Grupo	As orientações ao professor preveem uma leitura coletiva ou em grupo?
Visualização	O enunciado apresenta imagens, permitindo que o educando possa interpretá-lo com o apoio de figuras gráficas (fotografias, tirinhas, folhetos de supermercado, tabelas)? As orientações ao professor preveem o incentivo às visualizações mentais, fazendo o uso da imaginação?
Perguntas ao texto	O enunciado apresenta abertura para novas perguntas? As orientações ao professor preveem a proposição de outras perguntas ao enunciado?
Sumarização	As orientações ao professor preveem o incentivo à seleção de dados importantes?
Síntese	As orientações ao professor preveem o incentivo a produções escritas e orais?

Fonte: elaborado pelas pesquisadoras a partir do Referencial teórico adotado.

Com base em tais indicadores, iniciamos a análise de conteúdo de cada enunciado, seguido das orientações ao professor. Adiante, procedemos com as etapas de Descrição e Interpretação, propostas por Moraes (1999).

Descrição e apresentação dos resultados

Conforme destacamos, para este texto, elegemos a unidade 8 contendo 4 atividades cada, apresentadas de forma sequencial. Para proceder com o processo analítico, envolvendo o Objetivo de Aprendizagem e Desenvolvimento "(EF03M07) Analisar, interpretar e solucionar problemas, envolvendo os significados do campo aditivo (composição, transformação e comparação) e validar a adequação dos resultados por meio de estimativas ou tecnologias digitais". Assim, selecionamos algumas atividades da unidade 8, devido à limitação de páginas, iniciamos com a leitura das orientações contidas na unidade, na tentativa de verificar se há a orientação ao educador sobre estratégias que possam apoiar os educandos na compreensão e interpretação dos enunciados.

Desse modo, identificamos a orientação ao educador sobre os problemas, propondo investigações e explorando os diferentes significados do campo aditivo. Nas orientações iniciais é incentivado a proposta de situações desafiadoras que requerem a mobilização dos saberes prévios. Ademais, observamos também a informação ao educador da importância dos educandos compreenderem o que está em "jogo" em cada situação, ou seja, as orientações chamam a atenção do educador para que os educandos saibam quais são as informações disponíveis e a pergunta a ser respondida e que possam se expressar oralmente.

Na sequência de atividades 1, selecionamos a atividade 1 que envolve a ideia de composição do Campo Aditivo. Tal significado, segundo Vergnoud (1996), está associado à ideia de juntar ou compor dois estados que estão os problemas de composição que inicialmente aparecem separados para que se possa obter uma quantidade total.

No primeiro enunciado, o todo é desconhecido e há a informação das duas parcelas (laranjas e maçãs) e, no enunciado, a incógnita está em uma das parcelas, em que requer o valor de uma delas, sendo o todo e uma das parcelas (maçãs verdes) conhecida. A atividade (Figura 1) contempla a temática "Barraca de Fruta".

Figura 2 – Atividade 1 "Barraca de Fruta".

Fonte: Caderno da Cidade Saberes e Aprendizagens do 3º Ano do Ensino Fundamental do professor (São Paulo, 2019, p. 204).

Conforme podemos observar, a atividade apresenta uma linguagem parcialmente clara e adequada aos educandos do 3º ano do Ensino Fundamental, uma vez que contém uma nomenclatura "Companhia de Entrepostos" que, possivelmente, eles desconhecem. Podemos notar que a orientação ao educador faz referência à sigla (CEAGESP), mas não faz nenhum tipo de referência à palavra "entrepostos" que significa lugar, depósito, armazém onde se guarda mercadorias. É possível que, ao ter acesso ao significado da palavra, o educando consiga relacionar o espaço proposto na atividade a um espaço do qual ele consiga efetivamente trazer os seus conhecimentos prévios para a aula.

Por outro lado, a temática é apresentada junto à descrição da atividade e o enunciado dá abertura para revisitar os conhecimentos prévios dos educandos, tendo em vista que é uma temática próxima à realidade deles. Nas orientações ao educador, embora não haja a informação de que é preciso levar em conta os conhecimentos prévios dos educandos, o texto traz a orientação ao educador de que ele faça uma contextualização sobre o CEAGESP. A partir da orientação, é possível que o educador explique aos educandos o que é a CEAGESP, assimilar a estrutura desse lugar às feiras livres, explicar as diferenças, no entanto, caso o educador não tenha o cuidado de explicar o significado específico da palavra "entrepostos", o enunciado proposto poderá ficar um tanto quanto obscuro.

O enunciado leva em consideração o entorno social e cultural e permite que os educandos possam articular os seus conhecimentos prévios com o que está sendo lido, visto que, mesmo que eles não conheçam e nunca ouviram falar sobre o CEAGESP, eles podem fazer uma articulação com a feira livre, Hortifruti, entre outros, embora não há explicitamente na orientação ao educador de que ele possa incentivar os educandos a ativar seus conhecimentos prévios e fazer uma articulação com o que se lê.

Não identificamos a inferência tanto no enunciado quanto nas orientações contidas ao educador. Em se tratando da leitura individual e compartilhada, nas orientações ao educador, há a indicação de leitura e interpretação, mas não prevê o modo. Há indícios de que o foco seja voltado à resolução e socialização de procedimentos, o que permite a comunicação matemática.

Conforme podemos observar, no indicador visualização, o enunciado apresenta a imagem de uma cesta de frutas, o que pode permitir a ativação dos conhecimentos prévios e a conexão, contudo, a imagem apresentada não permite que o educando possa se apoiar para interpretar o enunciado, uma vez que as frutas contidas na cesta nem sempre foram contempladas no enunciado. Em contrapartida, a figura pode apoiar os educandos a fazer uso da imaginação. As orientações ao educador preveem o incentivo às visualizações mentais de forma implícita, visto que, quando há a indicação de contextualizar o CEAGESP, por exemplo, o educando intuitivamente faz de visualizações mentais, o que pode apoiá-lo na compreensão do enunciado e consequentemente na resolução.

O enunciado apresenta abertura para novas perguntas e até a incorporação de outros significados do Campo Aditivo, como de comparação que, segundo Vergnoud (1996), refere-se à comparação de quantidades, envolvendo a ideia de se ter a mais ou a menos. Assim, ao solicitar que o educando compare quantas maçãs vermelhas tem a mais do que as verdes. No entanto, nas orientações ao educador, não há o incentivo a novas perguntas.

Compreendemos a necessidade de haver orientações ao educador de que os educandos formulem novas perguntas a partir do enunciado posto, tendo em vista que isso pode apoiá-los na compreensão e interpretação dos enunciados matemáticos, no sentido de envolver os educandos na resolução das situações propostas, promovendo a criatividade e a alfabetização matemática.

Com relação à sumarização, não constatamos nas orientações ao educador a indicação de identificar no enunciado os dados importantes, mas em se tratando da síntese, há o incentivo de registros orais, uma vez que os educadores são convidados a incentivarem os educandos no compartilhamento dos procedimentos utilizados com os colegas.

A segunda atividade analisada faz parte da Unidade 2 e da sequência de atividades 3, intitulada "A barraca de pastel". Trata-se de uma atividade envolvendo o significado de composição, porém, recorrendo ao uso de estimativas e da calculadora para validação.

Figura 3 – Atividade "A barraca de pastel".

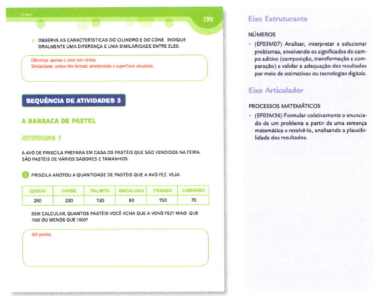

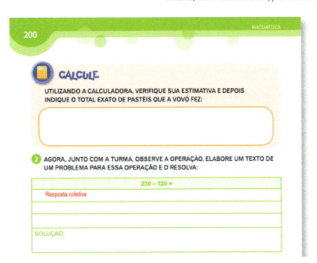

Fonte: Caderno da Cidade Saberes e Aprendizagens do 3º Ano do Ensino Fundamental do professor (São Paulo, 2019, p. 199-200).

Conforme podemos constatar, na descrição e no enunciado, é identificado a temática, ou seja, barraca de pastel da feira, trazendo o educando para um contexto real, portanto, está baseado no entorno social e cultural. A atividade apresenta linguagem clara aos educandos desse ano de escolaridade e, para fazer a estimativa da quantidade de pastéis feitos, é necessário que eles resgatem os seus conhecimentos prévios acerca do Sistema de Numeração Decimal, fazendo conexões. Além disso, é preciso que os educandos compreendam as funcionalidades da calculadora antes de explorá-la, embora não haja nenhuma orientação ao professor sobre esse quesito.

Nas orientações ao educador, há questões que podem apoiar os educandos na ativação dos conhecimentos prévios, tais como "Quais são as informações apresentadas pela tabela?" e articulá-las com essa leitura de dados.

A inferência está presente no enunciado, uma vez que é proposto a questão "quantos pastéis você acha que a vovó fez?". Além disso, é requerido que os educandos elaborem um enunciado de um problema, baseando-se na observação de uma operação: 230 – 120.

As orientações ao educador preveem a leitura coletiva do enunciado e também da figura da tabela. No indicador visualização, o enunciado 1 apresenta a imagem da tabela e no enunciado 2, é possível promover visualizações mentais nos educandos, apoiando-os na interpretação do enunciado, à medida que eles criam um texto para a operação oferecida.

Tanto o enunciado quanto às orientações dadas ao educador apresentam o incentivo às novas perguntas, tendo em vista que, conforme está indicado nas orientações "Quais são as informações apresentadas pela tabela? Qual o sabor do pastel mais vendido na barraca da vovó? E qual é o menos vendido? Qual a diferença entre as vendas de pastéis de camarão e frango? Entre outras?". Além disso, prevê a formulação de uma pergunta, ao solicitar a elaboração de um texto, baseado em uma operação dada (enunciado 2).

No indicador sumarização, tanto no enunciado quanto nas orientações ao educador, é previsto o incentivo ao olhar direcionado dos educandos sobre os dados selecionados e organizados em uma tabela. Em se tratando do indicador síntese, é previsto no enunciado da atividade 2 a elaboração de um registro escrito, a partir de uma sentença matemática, promovendo o incentivo aos processos matemáticos.

Considerações finais

Conforme destacamos, este texto é parte da pesquisa de Mestrado intitulada "Língua materna e linguagem matemática: análise de enunciados matemáticos do campo Aditivo à luz das habilidades de compreensão leitora.

Este texto apresentou algumas considerações retiradas da pesquisa que visa, à luz das teorizações, analisar algumas atividades referentes ao Campo Aditivo, envolvendo o Objetivo de Aprendizagem e Desenvolvimento «(EF03M07) Analisar, interpretar e solucionar problemas, envolvendo os significados do campo aditivo (composição, transformação e comparação) e validar a adequação dos resultados por meio de estimativas ou tecnologias digitais", disponíveis em uma unidade (8) presente no material de matemática do educador do 3º ano do Ensino Fundamental, denominado "Caderno da Cidade Saberes e Aprendizagens", elaborado pela Secretaria Municipal de Educação da Cidade de São Paulo.

Identificamos que, além dos conhecimentos prévios dos educandos serem respeitados e trazidos para a sala de aula, é fundamental também que o educador não se esqueça que precisa trazer o significado de algumas palavras, especificar alguns conceitos presentes nos enunciados das atividades de forma a deixar ainda mais claro o enunciado a ser trabalhado e para que o educando consiga, efetivamente, fazer a relação necessária entre o conteúdo proposto e o seu dia a dia e, assim, assimilar os conteúdos matemáticos relacionando-os para a vida real por meio da linguagem natural.

Os dados da análise mostram que realizar leituras individuais e coletivas, explicar o significado de algumas palavras, trazer o problema para o contexto do educando, fazendo com que ele veja significado nos problemas propostos para a sua vida real é fundamental para a alfabetização matemática.

Por vivermos, durante as leituras, um processo subjetivo de informações, comparações e analogias com os diversos tipos de textos, as representações dos diversos tipos de sons, imagens e situações que nos levam a estabelecer conexões dos velhos com os novos conceitos que nos são apresentados, afinal de contas, ler é mais do que decodificar os códigos escritos. Dessa forma, atribuir sentido dos conceitos matemáticos relacionando-os com os diversos campos de atividade humana nos torna leitores competentes.

A partir disso, pretendemos que o produto desta pesquisa venha ampliar as orientações dadas ao educador e mostrar como algumas habilidades de leitura podem contribuir com a alfabetização matemática, isso porque há uma característica própria na linguagem matemática com símbolos próprios que se relacionam segundo determinadas regras e que a sua organização não é equivalente com aquelas que encontramos nos textos de língua natural, o que requer um processo específico de leitura.

Todavia, entendemos que compreender um texto não é uma tarefa fácil, visto que há vários processos cognitivos, sociais e afetivos envolvidos e que depende de quanto o educador valoriza a leitura nas aulas de matemática. Por outro lado, não basta solicitar que os educandos leiam o texto, é preciso que conhecimentos anteriores sejam ativados durante a leitura e que eles sejam capazes de argumentar e comunicar matematicamente.

Para finalizar, é importante destacar que não pretendemos reforçar aqui a crença de muitos educadores de que as dificuldades dos educandos em compreender e interpretar os enunciados matemáticos estão relacionadas exclusivamente à sua pouca habilidade de leitura, visto que muitas dificuldades também estão atreladas às dificuldades de compreensão de objetos de conhecimento matemático. O propósito deste trabalho é mostrar que a interface existente entre a linguagem natural e a alfabetização matemática é primordial para a produção de sentidos que favoreçam a compreensão dos enunciados matemáticos e, consequentemente, a competência leitora dos educandos.

Referências

ALLEVATO, N. S. G.; FERREIRA, R. B. Leitura e escrita na aprendizagem matemática através da resolução de problemas. *In*: NACARATO, A. M.; LOPES, C. E. (Org.). **Indagações, reflexões e práticas em leituras e escritas na educação matemática.** Campinas: Mercado de Letras, 2013.

ANDRADE, M. C. G. As inter-relações entre iniciação matemática e alfabetização. *In*: **Escritas e leituras na educação matemática.** NACARATO, A. M.; LOPES, C. E. (Org.). Belo Horizonte: Autêntica, 2005.

ARDENGHI, V. M. **Estratégias de leitura aplicadas à linguagem matemática**: uma proposta metodológica. 2023. Disponível em: http://www.diaadiaeducacao.pr.gov.br/portals/pde/arquivos/1467-8.pdf. Acesso em: 11 maio 2023.

BAKHTIN, M. M. Gêneros do discurso. *In*: **Estética da criação verbal**. Tradução Paulo Bezerra. 6. ed. São Paulo: Editora WMF Martins Fontes, 2011.

BARGUIL, P. M.; MORAES, F. R. F.; LENDL, A. Interpretação de enunciados matemáticos: contribuições da teoria dos gêneros discursivos. *In*: ANDRADE, F. A. de; TAHIM, A. P. V. de O.; CHAVES, F. M. **Educação e contemporaneidade**: debates e dilemas. Curitiba: CRV, 2017.

BRASIL. Ministério da Educação. **Parâmetros Curriculares Nacionais**: matemática. MEC/SEF, 1997. Disponível em: http://portal.mec.gov.br/seb/arquivos/pdf/livro03.pdf. Acesso em: 04 maio 2023.

_____. Ministério da Educação. **Base Nacional Comum Curricular**. Brasília: MEC/SEF, 2018. Disponível em: http://basenacionalcomum.mec.gov.br/. Acesso em: 03 maio 2023.

CORDEIRO, M. G. de J. C. **As citações bibliográficas como estratégia argumentativa e intertextual no discurso científico**. 2011. 111 f. Dissertação (Mestrado em Linguística) – Universidade Cruzeiro do Sul, São Paulo.

CURI, E. Gêneros textuais usados frequentemente nas aulas de matemática: exercícios e problemas. *In*: LOPES, C. E.; NACARATO, A. M. **Educação matemática, leitura e escrita**: armadilhas, utopias e realidade. Campinas: Mercado das Letras. 2009.

_____. Contextualização, resolução de problemas e educação matemática. *In*: **Encontro nacional de educação matemática**, Recife. VIII ENEM. São Paulo: SBEM, 2004. Disponível em: http://www.sbem.com.br/files/viii/pdf/02/MC02875535820.pdf. Acesso em: 22 maio 2023.

FLICK, U. **Desenho da pesquisa qualitativa**. Porto Alegre: Artmed, 2009.

FONSECA, M. da C. F. R.; CARDOSO, C. de A. Educação matemática e letramento: textos para ensinar matemática, Matemática para ler o texto. *In*: NACARATO, A. M.; LOPES, C. E. (Org). **Escritas e leituras na educação matemática**. Belo Horizonte: Autêntica, 2005.

GODOY, A. S. Refletindo sobre critérios de qualidade da pesquisa qualitativa. **GESTÃO.Org - Revista Eletrônica de Gestão Organizacional**, v. 3, n. 2, p. 80-89, 2005.

LONGATO, S. Matemática e língua portuguesa: um início de conversa. *In*: **Plataforma do letramento**. 2015. Disponível em: https://www.cenpec.org.br/tematicas/matematica-e-lingua-portuguesa-um-inicio-de-conversa. Acesso em: 06 jul. 2023.

LORENSATTI, E. J. C. Linguagem matemática e língua portuguesa: um diálogo necessário na resolução de problemas matemáticos. *In*: **Conjectura**: filosofia e Educação: (UCB), v. 14, p. 89-99, 2009. Disponível em: https://fundacao.ucs.br/site/midia/arquivos/linguagem.pdf. Acesso em: 22 mar. 2023.

LUVISON, C. da C. Leitura e escrita de diferentes gêneros textuais: inter-relação possível nas aulas de matemática. *In*: NACARATO, A. M.; LOPES, C. E. (Org.). **Indagações, reflexões e práticas em leituras e escritas na educação matemática**. Campinas: Mercado de Letras, 2013.

LUVISON, C. da C.; GRANDO, R. C. **Leitura e escrita nas aulas de matemática**: jogos e gêneros textuais. Campinas: Mercado das Letras, 2018.

MACHADO, N. J. M. **Matemática e Língua Materna**: análise de uma impregnação mútua. 6. ed. São Paulo: Cortez, 2011.

MARCUSHI, L. A. **Da fala para a escrita**: atividades de retextualização. 10. ed. São Paulo: Cortez, 2010.

MENEZES, L. Matemática, linguagem e comunicação. *In*: Encontro nacional de professores de matemática. **Revista ProfMat**. 1999. Disponível em: https://www.esev.ipv.pt/mat1ciclo/2008%202009/Comunicacao/Proff.pdf. Acesso em: 16 mar. 2023.

NUNES, T.; CARRAHER, D.; SCHLIEMANN, A. A matemática na vida cotidiana: psicologia, matemática e educação. *In*: NUNES, T.; CARRAHER, D.; SCHLIEMANN, A. **Na vida dez, na escola zero**. 16. ed. São Paulo: Cortez, 2011.

OLIVEIRA, N. de. Linguagem, comunicação e matemática. *In*: **Revista de Educação**. v. 10, n. 10, p. 129-140, 2007. Disponível em: file:///C:/Users/kelly/Downloads/2043%20(1).pdf. Acesso em: 22 mar. 2023.

SANTOS, V. de M. Linguagens e comunicação na aula de matemática. *In*: NACARATO, A. M.; LOPES, C. E. (Org.). **Escritas e leituras na educação matemática**. Belo Horizonte: Autêntica, 2005.

SÃO PAULO (SP). Secretaria Municipal de Educação. Coordenação pedagógica. **Caderno da cidade**: saberes e aprendizagens: matemática – livro do professor(a) – 3º ano. – São Paulo: SME / COPED, 2019.

SAUSSURE, F. **Curso de linguística geral**. Tradução Antônio Chelini, José Paulo Paes e Izidoro Blikstein. 20. ed. São Paulo: Editora Cultrix, 1995.

SCHLIEMANN, A. A compreensão da análise combinatória: desenvolvimento, aprendizagem escolar e experiência diária. *In*: NUNES, T.; CARRAHER, D.; SCHLIEMANN, A. **Na vida dez, na escola zero**. 16. ed. São Paulo: Cortez, 2011.

SMOLE, K. C. S. **A matemática na educação infantil**: a teoria das inteligências múltiplas na prática escolar. Porto Alegre: Artes Médicas Sul, 2000.

SOUZA, R. J. de; GIROTTO, C. G. G. S. Estratégias de leitura: uma alternativa para o início da educação literária. *In*: **Revista** Álabe, 2011. Disponível em: http://repositorio.ual.es/bitstream/handle/10835/5243/87-387-1-PB.pdf?sequence=1. Acesso em: 05 jul. 2023.

VALLILO, S. A. M. O estudo da linguagem matemática em sala de aula: uma abordagem através da Resolução de problemas. *In*: **Encontro brasileiro de estudantes de pós-graduação em educação matemática**. Curitiba: EBRAPEM, 2016. Disponível em: http://www.ebrapem2016.ufpr.br/wp-content/uploads/2016/04/gd14_sabrina_vallilo.pdf. Acesso em: 30 mar. 2023.

VERGNAUD, G. A teoria dos campos conceituais. *In*: BRUN, J. (Dir.). **Didáticas das MATEMÁTICAS**. Lisboa: Instituto Piaget, 1996.

_____. **A criança, a matemática e a realidade**: problemas do ensino da matemática na escola elementar. Tradução Maria Lúcia Faria Moro. Curitiba: UFPR, 2009.

A MATEMÁTICA NO CONTEXTO DO ENADE DO CURSO DE ADMINISTRAÇÃO

Sônia Maria Martins Corsi[27]
Norma Suely Gomes Allevato[28]

INTRODUÇÃO

Como docentes no âmbito da Educação Superior, ouvimos, com frequência, comentários de pesquisadores e professores queixando-se de que os discentes que ingressam nas universidades estão despreparados, apresentam lacunas em conhecimentos que deveriam ter sido construídos nas etapas anteriores de escolaridade e manifestam falta de habilidades acadêmicas para os estudos nesse nível de ensino. Particularmente, com relação à Matemática, essas declarações são contundentes. Ocorre que, a partir de meados de 2022, começaram a ser implementadas políticas de ação afirmativa, ações e programas com vistas à expansão do ensino superior brasileiro, tanto público como privado. Observa-se, desde então, um esforço para que o acesso às instituições de Educação Superior seja democratizado, sendo configurado por processos mais inclusivos, possibilitando que um número bastante expressivo de estudantes chegue aos bancos das universidades e faculdades.

Entretanto,

> A diversidade de alunos por sala de aula com diferentes habilidades, interesses e níveis de formação, alguns apresentando claramente deficiências na formação e/ou no domínio de conteúdos, traz ao

---

[27] Mestre em Ensino de Ciências e Matemática, Docente no Curso de Administração do Centro Universitário Nossa Senhora do Patrocínio – Salto/SP. E-mail: soniamscorsi@gmail.com ou sonia.corsi@ceunsp.edu.br

[28] Doutora em Educação Matemática, Docente e Coordenadora do Programa de Pós-Graduação em Ensino de Ciências e Matemática da Universidade Cruzeiro do Sul – São Paulo/SP. E-mail: norma@cruzeirodosul.edu.br ou normallev@gmail.com

professor e aos alunos uma série de dificuldades no trabalho em sala de aula (Masola; Allevato, 2016, p. 64).

O desconhecimento prévio com relação a conteúdos matemáticos dificulta a aprendizagem de conteúdos nas disciplinas iniciais dos cursos superiores em que o aluno está inserido, gerando dificuldade também em outras disciplinas na continuidade do curso e comprometendo a sua formação acadêmica e profissional. Ressalte-se que, para algumas carreiras profissionais, em particular àquelas da área de Ciências Exatas, a formação matemática, que é o foco do presente texto, é essencial.

Este capítulo foi construído a partir do Produto Educacional intitulado "A Matemática nas questões do Exame Nacional de Desempenho dos Estudantes (ENADE) do curso de Administração" (Corsi; Allevato, 2019) e da Dissertação de Mestrado intitulada "Desvelando a Presença da Matemática nas Provas do ENADE do Curso de Administração" (Corsi, 2019). A dissertação trata da pesquisa que subsidiou o desenvolvimento do referido produto, cuja construção foi norteada pelo questionamento: como a Matemática se mostra nos documentos oficiais, institucionais e nas questões do ENADE do ano de 2018?

Agora, considerando também o último ENADE realizado para o curso de Administração em 2022, a fim de atualizar os estudos realizados, o objetivo do presente capítulo é oferecer aos docentes uma orientação sobre a importância de se observar a Matemática no contexto do ENADE, neste caso particular, do curso de Administração. Consideramos que ele poderá contribuir para que os docentes desses cursos possam ir além do tratamento abstrato desse conhecimento aplicando-o a questões presentes no cotidiano do administrador, de forma a dar-lhe condições de exercer seu trabalho com criticidade, profissionalismo e domínio de ferramentas matemáticas relacionadas a estratégias de gestão necessárias nas mais diversas organizações.

Desse modo, pretende-se, com as reflexões aqui desenvolvidas, contribuir com a prática docente, de modo que ofereça subsídios para que os professores possam auxiliar os alunos a desenvolverem habilidades e competências necessárias para resolver questões da atualidade e das empresas em que a Matemática se faz presente. Este material propõe, portanto, ao professor, formas e perspectivas de desenvolver um estudo pormenorizado de questões propostas aos estudantes, a partir da análise de algumas questões do exame do ENADE a que os universitários do curso de Administração são submetidos, subsidiando os docentes desses cursos em sua abordagem e prática de sala de aula, contribuindo para uma melhor formação do administrador. Trata-se, portanto, de um recorte e de uma atualização da pesquisa que norteou a idealização do Produto Educacional, relatada na dissertação de Mestrado Profissional da primeira autora deste capítulo. A pesquisa estruturou-se a partir da análise de alguns documentos oficiais e institucionais, tais como os Planos de Ensino de disciplinas relacionadas à Matemática e o Projeto Pedagógico do curso de Administração de uma Instituição de Ensino Superior (IES), as Diretrizes Nacionais do Curso e de questões que envolvem a Matemática retiradas dos ENADEs de 2018 e 2022, último realizado até o momento.

As indicações ao trabalho docente envolvem, principalmente, a identificação das Dimensões Formativa, Utilitária e Social do ensino no contexto específico da Matemática, a serem consideradas na elaboração de questões, no planejamento de aulas e no auxílio com a resolução de problemas, que constituem aspectos importantes a serem compreendidos, especialmente pelos docentes, mas, também pelos discentes.

O presente capítulo está estruturado em quatro seções após esta Introdução. A primeira aponta aspectos ligados à Matemática, indicados em documentos de orientação curricular do curso de Administração. Em seguida, desenvolvemos reflexões acerca das dimensões Formativa, Utilitária e Social do ensino. Na terceira seção, discorremos sobre o ENADE do curso de Administração para, então, apresentar análises de 3 questões retiradas das provas de 2018 e 2022. Finalizamos com as Considerações Finais e as Referências.

DOCUMENTOS DE ORIENTAÇÃO CURRICULAR

As Diretrizes Curriculares Nacionais (DCN) dos cursos superiores são documentos que servem como guias orientadores para que as instituições, coordenadores e professores que atuam na Educação Superior possam organizar os cursos, planejar aulas e provas e contribuir na preparação profissional dos alunos e para o ENADE. As Diretrizes são de caráter nacional, significando que todos os professores das IES devem conhecê-las como orientação, contribuindo para que os alunos de qualquer parte do país possam ter as mesmas oportunidades de formação.

> O perfil do egresso do Curso de Graduação em Administração deve expressar um conjunto coerente e integrado de conteúdos (saber), competências (saber fazer), habilidades (saber fazer bem) e atitudes (querer fazer), que inclua as capacidades fundamentais descritas nestas Diretrizes e que seja coerente com o ambiente profissional para o qual o egresso será preparado, seja ele local, regional, nacional ou global (Brasil, 2021, art. 2, p. 1).

As habilidades e competências apresentadas no Artigo 2º das DCN do curso de Administração (Brasil, 2021) referem-se à formação de profissionais com condições de apresentar raciocínio lógico, crítico e analítico, entre outras habilidades necessárias ao bom desempenho profissional.

Um documento mais restrito às IES, o Projeto Pedagógico, apresenta os objetivos gerais do curso, carga horária, forma de interação entre ementas das disciplinas, orientações à pesquisa, atividades complementares, entre outros elementos, tendo como norte as Diretrizes Curriculares Nacionais.

No que diz respeito às disciplinas que envolvem o conhecimento matemático, o Projeto Pedagógico tem, na presença da Matemática, um meio de desenvolver habilidades de raciocinar logicamente, identificar e resolver problemas e tomar decisões. Sua elaboração deve ser discutida com todos os envolvidos com a prática de ensino da IES, sendo importante deixar de ser uma imposição e passar a ser um norteador das ações que levem em conta, além da finalidade da instituição e da estrutura organizacional, as relações de trabalho e as relações interpessoais, as especificações e particularidades dos alunos aos quais se pretende atingir, e o compromisso em oferecer um ensino de qualidade.

Segundo Masola (2015, p. 17), as ideias norteadoras dos Projetos Pedagógicos dos cursos superiores:

> [...] que fixam as metas e os objetivos a serem alcançados durante a formação dos alunos e os critérios norteadores para a definição do perfil do egresso, toma como base uma visão humanista, a internalização de valores de responsabilidades social, de justiça e de ética

profissional. Integram, assim, os conhecimentos, as competências, as habilidades e os talentos na formação do futuro profissional (Masola, 2015, p. 17).

Os Planos de Ensino das disciplinas, por sua vez, têm caráter mais específico, embora também considerando as Diretrizes Curriculares no que diz respeito ao conteúdo. São elaborados pelos docentes do curso, profissionais de diversas áreas. É de grande responsabilidade a sua elaboração, porque são esses documentos que vão orientar os docentes dos cursos, elaboradores dos planos e outros docentes, no planejamento e na implementação de suas aulas. Também, os planos devem contemplar as inter-relações com a realidade, contextualizada em relação à formação profissional pretendida. Regidos pelas Diretrizes, em particular os planos de ensino que se referem à Matemática nos cursos de Administração, devem enfatizar o raciocínio lógico, o pensamento reflexivo e analítico nas estratégias, ferramentas e planos de gestão que levem à tomada de decisão, à interpretação, ao reconhecimento e solução de modelos econômicos, e às demonstrações de operações financeiras com o propósito de minimizar riscos e perdas. Ademais, quando o professor elabora o plano, deve considerar as diferenças culturais e a vivência dos alunos, e a consciência crítica a ser desenvolvida quanto à realidade social.

DIMENSÕES DO ENSINO

Considerar as dimensões do ensino da Matemática é bastante pertinente e relevante, pois elas desempenham função essencial no processo de ensino--aprendizagem da Matemática e quando se trata do Ensino Superior, em alguns aspectos, essa relevância se expande (Pires, 2014; Rico, 1997). O que se percebe, atualmente, é que as dimensões nem sempre se mostram efetivamente contempladas na prática docente diária ou na gestão do ambiente acadêmico, tampouco explicitamente registradas nos Projetos Pedagógicos dos cursos no Ensino Superior.

Abordar as dimensões envolvidas no Ensino de Matemática, em particular as Dimensões Formativa, Utilitária e Social, se faz necessário porque, por meio delas, os alunos realizam a construção de conhecimento, desenvolvem habilidades nas experiências escolares e acadêmicas com a Matemática, além de tornar possível incorporar significados aos conceitos matemáticos em muitos aspectos da vida cotidiana e profissional.

Essas dimensões contribuem para que os educadores atuem apoiados em perspectivas mais amplas e, no caso específico da Matemática, perdendo seu caráter rígido e puramente abstrato. Os conteúdos passam a ser vistos como algo a ser aprendido, compreendido e enriquecido, e consideradas no ensino, as dimensões configuram possibilidades de transformar informações, conceitos e ideias em conhecimentos que proporcionem a formação integral do indivíduo como cidadão e como profissional. No ensino-aprendizagem, essas dimensões atribuídas colocam em destaque uma prática de valores democráticos, críticos e socioculturais como forma de transformação do saber matemático em ferramenta para construção, pelo estudante universitário, do seu próprio conhecimento profissional.

Segundo Allevato e Onuchic (2019, p. 6), "ampliando a compreensão das ideias e conceitos matemáticos, consequentemente, as conexões permitirão aos alunos darem sentido à Matemática e entendê-la como um corpo coerente, articulado e poderoso".

Nesta seção, realçamos as **Dimensões Formativa, Utilitária e Social**. Elas possibilitam que se chegue à aquisição de novos significados, construídos com base nos conhecimentos prévios, ou seja, nos conhecimentos trazidos pelo estudante e provenientes de experiências formais ou não formais de aprendizagem. A atenção, pelo ensino, às dimensões supracitadas possibilita que novos conceitos e conteúdos sejam agregados ao repertório de conhecimentos dos estudantes, de forma a enriquecer as experiências acadêmicas na aquisição de novos significados, em particular, significados matemáticos. A seguir, apresentamos algumas reflexões acerca da **Dimensão Formativa**.

A Dimensão Formativa é a que instrumentaliza educadores e educandos a resgatar para o ensino seu papel de transformador do estudante e, consequentemente, para que se comprometam com a transformação do meio em que vivem. E é papel do professor resgatar o estudante da sala de aula – onde a instrução se dá, muitas vezes, de forma repetitiva e desmotivadora – e colocá-lo como agente de suas conquistas particulares e coletivas, estimulando o comprometimento com os aspectos sociais, culturais e políticos.

Deve-se adotar propostas de trabalho, abordagens de ensino nas quais

> [...] o estudante deixa de ser apenas receptor e passa a ter uma participação ativa, crítica, reflexiva e, possivelmente, divergente do seu processo de aprendizagem. Cabe ao educador incentivar a criatividade e a intuição do aluno de forma que ele passe a ter uma visão mais positiva e produtiva da Matemática (Corsi; Allevato, 2020, p. 102).

Com relação às finalidades formativas do ensino de Matemática, Rico (1997) indica alguns valores que são contemplados, destacando o desenvolvimento: (1) do pensamento do aluno, oferecendo oportunidades de estabelecer relações, deduzir, determinar causa e efeito, e potencializar o raciocínio e a capacidade de manipulação simbólica; (2) de habilidades de expressão, de elaboração, e de percepção de padrões e regularidades (relacionados ao pensamento algébrico), de criação e apreciação da beleza; (3) da capacidade de construir seu próprio conhecimento; (4) de criar ambientes flexíveis nas relações e práticas de trabalho colaborativo, ampliando a participação e as habilidades de negociação na defesa de ideias e na tomada de decisões; (5) do potencial para o desenvolvimento de trabalhos científicos, identificando e resolvendo problemas e; (6) da motivação e do prazer pela mobilização de conhecimento e pelo esforço intelectual, assim como pela execução de trabalhos de qualidade.

Essa dimensão tem assumido uma função ampla, que considera o conhecimento matemático ligado ao mundo da cultura e aos interesses e preferências dos indivíduos, tornando o ambiente escolar um espaço de discussão, reflexão, criação, crescimento pessoal e, ao mesmo tempo, de aprendizagem coletiva, e permitindo a professores e alunos a exposição de seus valores, crenças e concepções da Matemática.

A **Dimensão Utilitária**, por outro lado, trata a Matemática como significativa e necessária para o exercício da cidadania por meio de suas aplicações e por meio do raciocínio matemático e da resolução de problemas, como requer a vida profissional. No Ensino Superior, a essência da Dimensão Utilitária do ensino de Matemática está na sua contextualização e ligação ao mundo do trabalho e da profissionalização. É por esse motivo que ela permite que a Matemática vá além dos limites da sala de aula e provoque ações também no meio social, cultural e político, ou seja, a Matemática passa a ter um papel mais concreto, criativo e inovador, valorizando as perspectivas e demandas profissionais e deixando um papel secundário às fórmulas e esquemas. Desse modo, torna-se uma ferramenta que pode potencializar o entendimento e intervenção pelos estudantes, futuros profissionais, a ser aplicada no meio em que vivem.

Na Dimensão Utilitária, o desenvolvimento dos estudos conduz à compreensão de conceitos e conteúdos matemáticos que promovem a compreensão das aplicações econômicas e financeiras essenciais ao profissional na gestão de uma empresa. Embora os docentes nem sempre se encontrem preparados para contemplar essas dimensões em suas aulas, é essencial que busquem subsídios para o aprimoramento de suas práticas de ensino, tendo um papel imprescindível na formação dos profissionais que atuam como administradores no atual mundo globalizado.

E, finalmente, a **Dimensão Social** também desempenha papel significativo na formação dos estudantes, sobretudo no Ensino Superior, devendo também subsidiar a tomada de decisão nas políticas educacionais e, especificamente, na gestão acadêmica, escolar e, até, de sala de aula.

Concordamos com a posição de que a educação não pode estar dissociada do contexto das formações sociais, e deve ser

> [...] vista como uma prática inserida no contexto das formações sociais que resulta de condicionamentos sociais, políticos e econômicos, reproduzindo, de um lado, as contradições sociais, mas, de outro, dinamizando e viabilizando as transformações ao garantir aos futuros cidadãos o efetivo acesso ao saber (Fiorentini; Lorenzato, 2012, p. 66).

A Dimensão Social do Ensino possibilita o enriquecimento dos conhecimentos dos estudantes, melhorando suas qualificações profissionais e tornando-os indivíduos capazes de interferir na sociedade e transformá-la, ao compreendê-la em seus múltiplos intervenientes. Desse modo, ela é essencial para que alunos e professores possam tirar o melhor proveito das condições adversas e dos novos ambientes de ensino que se apresentam.

Encerramos, portanto, esta seção, ressaltando que a formação dos profissionais deve contemplar essas (e outras) dimensões. Consideramos que:

> A consciência dessas dimensões contribui e acrescenta novos saberes, comportamentos e práticas docentes, modificando a atuação na sala aula. E, indo além, agrega alternativa num momento em que as

aulas presenciais não são mais a única forma de trabalho docente, em função de novos paradigmas de trabalho na atualidade (Corsi; Allevato, 2023, p. 3).

Isto posto, seguimos apresentando aspectos relativos ao ENADE — Exame Nacional de Desempenho dos Estudantes, a que são submetidos os estudantes da Educação Superior no Brasil.

ENADE

O ENADE foi criado em 2004 pela Lei nº 10.861, e é uma das avaliações externas que integram o Sistema Nacional de Avaliação de Educação Superior — SINAES. É formado por três eixos em que são avaliados: as instituições, os cursos e o desempenho dos estudantes.

O objetivo do ENADE é verificar se as IES estão organizando e desenvolvendo seus cursos superiores de acordo com as DCN. Além disso, conhecer o perfil dos graduandos é também responsabilidade do professor para que a orientação dada aos estudantes corresponda às expectativas dos órgãos responsáveis pela elaboração do Exame[29] e às exigências que o futuro profissional terá que atender no mercado de trabalho.

No último ENADE realizado para o curso de Administração, em 2022, foi possível perceber que as questões estavam de acordo com as indicações das DCN (Brasil, 2021), além de apresentar um caráter mais humanístico e considerar aspectos da realidade atual, que levaram os alunos à reflexão para respondê-las.

A distribuição da pontuação entre as questões é explicitada na primeira página do caderno de provas do ENADE, de maneira clara e objetiva, para que o estudante compreenda matematicamente como serão constituídos os resultados a partir do peso das questões e dos componentes no cálculo da nota do Exame. Além disso, o questionário de percepção da prova oferece aos organizadores do ENADE um retrato da percepção dos estudantes acerca da natureza da prova realizada por eles. O Exame tem um total de 40 (quarenta)

---

29 Com frequência, utilizaremos o termo Exame para referir-nos à prova do ENADE, a fim de evitar repetições.

questões, sendo que 10 (dez) referem-se à formação geral e 30 (trinta) referem-se a conteúdos específicos do curso de Administração.

As questões do ENADE apresentam tipos distintos, com vistas ao alinhamento aos critérios e objetivos delineados para a prova, que são, sinteticamente, de analisar o desenvolvimento das competências e habilidades nos alunos dos cursos superiores do país. Assim, a prova contém, conforme Manual para Elaboração e Revisão de Questões para Avaliação (VP Acadêmica, 2017), questões que se enquadram à seguinte tipologia:

AFIRMAÇÃO INCOMPLETA – A questão apresenta um enunciado em forma de frase incompleta com alternativas que a completam.

MÚLTIPLA ESCOLHA SIMPLES – Apresenta uma pergunta cuja resposta completa aparece em uma das alternativas propostas. Somente uma das alternativas é correta, por isso o aluno precisa ser hábil para realizar o raciocínio necessário à resolução do problema.

MÚLTIPLA ESCOLHA COMPLEXA – São questões que contêm afirmações relativas a um tema proposto. As alternativas trazem uma ou mais afirmações e o aluno precisa marcar a que apresenta a afirmação verdadeira ou as afirmações verdadeiras, em relação ao tema tratado na questão.

ASSERÇÃO-RAZÃO – É um tipo de questão que apresenta duas proposições, ou asserções, ligadas pela palavra "porque", de modo que a segunda proposição é causa, ou razão, da primeira. As alternativas de resposta trazem afirmações sobre a veracidade ou a falsidade das proposições, daí a exigência de que o aluno tenha a habilidade de indicar a relação de causa e consequência para avaliar a veracidade.

Além desses tipos, indicados no Manual (VP Acadêmica, 2017), julgamos relevante considerar, ainda, na análise e classificação das questões analisadas na pesquisa que realizamos, o tipo:

INTERPRETAÇÃO – Uma situação-estímulo é apresentada no enunciado, que pode estar associada a um gráfico, mapa, tabela, quadro, texto, diagrama, foto ou outro elemento e as questões são apresentadas de forma que o aluno tenha que interpretar, demonstrar habilidade de organizar seu conhecimento, suas ideias e as informações fornecidas para obter uma solução.

O que se pretende no presente capítulo é oferecer exemplos que se constituam em orientações, estratégias e propostas que auxiliem docentes e outros interessados a analisar questões do ENADE (ou outras) que envolvem Matemática, aqui, em particular, do curso de Administração. O intuito é ajudá-los a preparar os alunos dos cursos de Administração não só para o ENADE, como também para um bom desempenho na vida profissional. Para isso, a seguir, apresentamos e analisamos algumas questões retiradas dos ENADEs de 2018 e 2022.

QUESTÕES DOs ENADEs 2018 e 2022

A seguir são apresentadas 3 (três) questões da prova do ENADE do curso de Administração, duas do ano de 2018 e uma de 2022, sendo todas as questões da parte dos componentes específicos. Trata-se da parte do Exame que visa analisar as competências, habilidades e o domínio de conhecimentos relativos aos conteúdos voltados especificamente às ciências relacionadas à formação profissional. As questões dessa parte da prova envolveram um leque bastante amplo de matérias/disciplinas supostamente cursadas pelos concluintes na sua formação. Esses componentes são considerados relevantes para avaliar o domínio dos estudantes com relação às habilidades e competências que devem ser desenvolvidas no curso de Administração. Assim se mostram as questões 23 e 35 do Enade 2018, e a questão 10 do Enade 2022, que analisaremos a seguir.

QUESTÃO 23 DO ENADE 2018

QUESTÃO 23

Em pesquisa realizada com um conjunto de 15 empresas do setor varejista, no ano de 2017, foram levantadas, para cada uma delas, as seguintes informações: o investimento em responsabilidade socioambiental (IRSC), medido pelo percentual do investimento total aplicado em atividades e projetos socioambientais; a satisfação dos clientes (SAT), medida obtida de uma amostra de clientes, em escala que varia de 0 a 10; a lucratividade anual (LUC), referente à relação entre o lucro líquido total e a receita total; e o crescimento de receita (CREC) em relação a 2016, descontada a inflação. Os dados levantados estão dispostos na tabela a seguir.

Variável	1	2	3	4	5	6	7	8	9	10	11	12	13	14	15
IRSC	8,3	2,7	10,9	5,7	10,6	10,3	0,0	2,0	4,5	5,0	3,3	3,0	17,4	10,6	6,1
SAT	5,4	8,7	7,5	9,6	6,8	2,4	2,3	8,4	5,8	7,2	5,3	8,7	7,5	7,6	3,2
LUC	4,8	5,0	7,3	10,7	6,4	7,9	5,3	5,9	4,7	1,8	5,9	3,5	7,9	7,1	4,2
CREC	7,0	-1,4	8,6	3,0	3,6	4,0	-1,0	-3,0	1,8	-3,5	2,0	-7,0	14,1	7,6	15,1

Foram extraídas medidas de correlação de Pearson entre IRSC e CREC (correlação de 0,72), e entre SAT e LUC (correlação de 0,17). Os gráficos a seguir apresentam essas relações entre as variáveis.

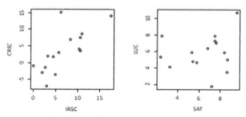

Com base nos dados expostos, avalie as asserções a seguir e a relação proposta entre elas.

I. Os gráficos refletem visualmente que a relação linear entre IRSC e CREC é mais forte do que SAC e LUC, o que indica níveis de correlação distintos: um mais próximo da associação perfeita (0,72), outro mais próximo da total falta de associação (0,17).

PORQUE

II. As correlações calculadas sinalizam que o marketing (associado com a variável SAT) e a relação com a sociedade (associada com a variável IRSC) predizem resultados financeiros de maneiras variadas; porém, tomadas em conjunto, pela soma das correlações (0,72 + 0,17), que se aproxima de 0,9, as duas variáveis predizem fortemente o resultado financeiro conjunto de CREC e LUC.

A respeito dessas asserções, assinale a opção correta.

Ⓐ As asserções I e II são proposições verdadeiras, e a II é uma justificativa correta da I.
Ⓑ As asserções I e II são proposições verdadeiras, mas a II não é uma justificativa correta da I.
Ⓒ A asserção I é uma proposição verdadeira, e a II é uma proposição falsa.
Ⓓ A asserção I é uma proposição falsa, e a II é uma proposição verdadeira.
Ⓔ As asserções I e II são proposições falsas.

Fonte: BRASIL, 2018, p. 27

RESOLUÇÃO:

I. (Correta)

O coeficiente de correlação entre duas variáveis mede o grau de dispersão dos dados representados no gráfico de pontos, representativos de uma determinada situação. Quanto mais próximo de +1 ou −1 estiver o valor do coeficiente, maior será a correlação, positiva ou negativa, respectativamente, indicando fortes correlações. O valor do coeficiente próximo de 0 indica uma correlação fraca entre as duas variáveis analisadas. A correlação fraca indica que os dados estão bastantes dispersos, enquanto as correlaçãoes próximas de +1 ou −1 sugerem pontos com maior grau de alinhamento.

II. (Incorreta)

Não faz sentido somar coeficientes de correlação, como foi feito nesta afirmação. A análise envolvendo diversas variáveis exige processos específicos relacionados à análise multivariada.

GABARITO: Letra C

TIPOLOGIA DA QUESTÃO: Interpretação e Asserção-Razão.

DISCIPLINAS MATEMÁTICAS: Matemática, Métodos Quantitativos para Tomada de Decisão.

OUTRAS DISCIPLINAS RELACIONADAS: Marketing, Gestão de Custos, Gestão Ambiental e Responsabilidade Social.

HABILIDADES E COMPETÊNCIAS: Sempre considerando nosso objetivo de analisar a presença da Matemática nas provas do ENADE, observamos que esta questão apresenta conteúdos interdisciplinares, relacionando o conhecimento matemático com situações do cotidiano das empresas. A questão implica não só planejar e implementar ações alinhadas às estratégias da organização, como também reconhecer e delimitar problemas, buscando soluções fundamentadas em análise de dados, realizando projeções. Para isso, o pensamento matemático, em particular, neste caso, o pensamento estatístico, é imprescindível na compreensão e interpretação dos dados para acertadamente escolher a melhor decisão a ser tomada. Indo além dos cálculos estatísticos, a questão também exige atenção e uma leitura crítica para analisar os gráficos e as correlações estabelecidas entre a variáveis. Essa questão mostra uma Dimensão Utilitária já que envolve não só a análise de dados e processos matemáticos/estatísticos para a tomada de decisão em aspectos ligados ao lucro, receita e investimentos, típicos da área de Administração. Não podemos ignorar que a Matemática, "enquanto Ciência Exata é componente imprescindível do Curso de Administração, pois é a partir da aplicação desta que se explicam vários conceitos administrativos e econômicos, conforme ressalta Macintyre (2002, p. 3).

QUESTÃO 35 DO ENADE 2018

> **Questão 35**
>
> Pesquisadores realizaram um estudo que envolveu 392 diretores financeiros de pequenas e grandes empresas e cujo foco se dirigiu para as práticas empresariais das companhias em que atuavam. Na pesquisa, os diretores financeiros tinham de indicar as técnicas de orçamento de capital que eles utilizavam. Verificou-se, no estudo, que a maioria usava o método do VPL (valor presente líquido; 74,9%) e o método da TIR (taxa interna de retorno; 75,7%) para avaliar os projetos, e muitos deles (56,7%) também usavam a abordagem do período de *payback* além de outras técnicas.
>
> GRAHAM, J. R., HARVEY, C. R. *The theory and practice of corporate finance: evidence from the field*. **Journal of Financial Economics**, v. 60, n. 1, 2001 (adaptado).
>
> Considerando a pesquisa apresentada, avalie as asserções a seguir e a relação proposta entre elas.
>
> I. Ao tomar decisões de aceitar ou rejeitar um projeto, os diretores financeiros das empresas devem calcular e levar em consideração diferentes indicadores, como o *payback*, *payback* descontado, VPL, TIR, TIR modificada (TIRM) e índice de lucratividade (IL).
>
> **PORQUE**
>
> II. Cada indicador captura informações diferentes e relevantes aos tomadores de decisão: o *payback* e o *payback* descontado avaliam risco e liquidez; o VPL, a TIR, a TIRM e o IL avaliam lucratividade sob diferentes enfoques.
>
> A respeito dessas asserções, assinale a opção correta.
> a) As asserções I e II são proposições verdadeiras, e a II é uma justificativa correta da I
> b) As asserções I e II são proposições verdadeiras, mas a II não é uma justificativa correta da I
> c) A asserção I é uma proposição verdadeira, e a II é uma proposição falsa.
> d) A asserção I é uma proposição falsa, e a II e uma proposição verdadeira.
> e) As asserções I e II são proposições falsas.

Fonte: BRASIL, 2018c, p. 36

RESOLUÇÃO:

A. (Incorreta)

A proposição I não justifica a segunda porque está reafirmando a utilização das ferramentas apresentadas na primeira proposição, apenas descrevendo- as de uma forma diferente.

B. (Correta)

Assim como no item A, deve-se perceber que a proposição I não justifica a proposição II, porque está novamente afirmando a utilização das ferramentas descritas, mas de uma forma diferenciada.

C. (Incorreta)
As asserções I e II são proposições verdadeiras
D. (Incorreta)
As asserções I e II são proposições verdadeiras
E. (Incorreta)
As asserções I e II são proposições verdadeiras

GABARITO: Letra B
TIPOLOGIA DA QUESTÃO: Interpretação e Asserção-Razão.
DISCIPLINAS MATEMÁTICAS: Matemática e Matemática Financeira.
OUTRAS DISCIPLINAS RELACIONADAS: Análise de Investimentos
HABILIDADES E COMPETÊNCIAS: é uma questão na qual espera que o aluno tenha a competência para planejar e delimitar problemas e identificar oportunidades. Também é uma questão que envolve interdisciplinaridade, além de exigir uma apurada capacidade de análise, planejamento e implementação de ações que vão ao encontro das expectativas da organização. A Matemática, neste caso, especificamente conceitos de Matemática Financeira, mostra-se necessária para avaliar o desempenho e monitorar não só os resultados, como também as situações de risco das organizações. A questão deixa evidente a presença de conceitos básicos de Matemática Financeira e porcentagens. Pode-se dizer que esta questão se relaciona mais fortemente à Dimensão Utilitária, quando exige do aluno o conhecimento matemático para analisar, planejar e implementar ações, identificar as oportunidades e tomar decisões. É uma questão que remete diretamente às DCN, artigo V, parágrafo segundo:

> II – Conteúdos de Formação Profissional: relacionados com as áreas específicas, envolvendo teorias da administração e das organizações, administração de recursos humanos, mercado e marketing, materiais, produção e logística, financeira e orçamentária, sistemas de informações, planejamento estratégico e serviços (Brasil, 2005, p. 2).

QUESTÃO 10 DO ENADE 2022

QUESTÃO 10

Entre as teorias utilizadas na Administração, a Teoria Matemática é a que mantém o foco no processo decisório racional, baseado em procedimentos matemáticos, estatísticos e computacionais. Essa teoria surgiu entre os anos 1940 e 1950 e, desde então, está presente nas práticas e nas tendências gerenciais. A teoria dos jogos, a teoria das filas, a teoria das probabilidades e a programação linear, aplicadas aos problemas gerenciais de técnicas e métodos recorrentes nas ciências matemáticas originaram-se da Teoria Matemática.

A evolução recente de usos da Teoria Matemática está evidenciada nos métodos e processos de *Big Data*, *Business Intelligence* e *Business Analytics*, que utilizam plataformas computacionais com grandes volumes de dados em diferentes formatos (numérico, textual, visual).

Quando consideramos as diferentes especialidades e funções gerenciais, temos variações de intensidade de uso dessas ferramentas, em áreas que fazem uso intensivo de métodos e ferramentas, e, em outras que têm uso reduzido. Além disso, as áreas funcionais vinculam-se, de forma diferenciada, aos diferentes métodos.

ANDRADE, R.; AMBONI, N. **TGA - Teoria Geral da Administração**. São Paulo: Elsevier, 2017 (adaptado).

Considerando a apropriação da Teoria Matemática nas áreas funcionais ou nas especialidades de Administração, avalie as afirmações a seguir.

I. A área gerencial de Produção e Operações, dado o seu foco em planejamento, gestão e controle de produção, mantém a tradição de uso pouco intensivo da Teoria Matemática, e seu foco são as métricas e os métodos contábeis, como a análise de balanços e de demonstrativos.

II. A área gerencial de Marketing, cujo foco é a comunicação e a propaganda, prioriza a utilização de métodos qualitativos, enfatizando o uso de métodos de pesquisa operacional, teoria das filas e programação linear.

III. A área gerencial de Recursos Humanos, embora tradicionalmente mantenha o foco em aspectos instrumentais e interpretativos da gestão de pessoas, tem tido aumento no uso de métodos matemáticos, em suas diversas funções.

É correto o que se afirma em

A I, apenas.
B III, apenas.
C I e II, apenas.
D II e III, apenas.
E I, II e III.

Fonte: BRASIL, 2022, p. 17

RESOLUÇÃO:

A. (Incorreta)

O texto introdutório destaca o contrário: que a gestão evoluiu recentemente nos usos da Teoria Matemática.

B. (Correta)

De fato correta, esses processos envolvendo o trabalho com dados coloca, inclusive, a área gerencial de Recursos Humanos nas áreas funcionais e especialidades de Administração em que há aumento no uso de métodos matemáticos.

C. (Incorreta)

A afirmação I é incorreta, conforme já justificado no item A. A afirmação II sugere que a pesquisa operacional, a teoria das filas e a programação linear são métodos exclusivamente qualitativos, o que não está correto.

D. (Incorreta)

A afirmação II é incorreta, conforme já justificado no item C.

E. (Incorreta)

As afirmações I e II são incorretas, conforme já justificado nos itens A e C.

GABARITO: Letra B

TIPOLOGIA DA QUESTÃO: Interpretação, Múltipla Escolha Simples.

DISCIPLINAS MATEMÁTICAS: Matemática e Métodos Quantitativos para Tomada de Decisão.

OUTRAS DISCIPLINAS RELACIONADAS: Teoria Geral da Administração, Gestão Estratégica, Administração Financeira e Orçamentária, Sistemas Gerenciais de Apoio à Decisão, entre outras.

HABILIDADES E COMPETÊNCIAS: É uma questão que exige do estudante as competências para coordenar e integrar as diferentes áreas funcionais da organização. Não exige, exatamente, para sua resolução, o desenvolvimento de raciocínio matemático, mas a compreensão da natureza da Matemática, da Estatística, e de alguns de seus objetos, tais como números, probabilidades, modelagem, análise de regressão e outros. A questão, na explicitação do conceito de *BigData*, valoriza os métodos e processos estatísticos de Matemática Aplicada, ressaltando que se fazem presentes nas mais diversas áreas da Administração. É uma questão de caráter interpretativo que destaca o valor e a importância da Matemática para promover o desenvolvimento da capacidade de leitura crítica, de busca de soluções, de valorização do conhecimento matemático para formação do administrador. Esta questão tem relação com à Dimensão Formativa, pois exige capacidade de raciocínio e de interpretação, e a Dimensão Utilitária ao exigir do futuro administrador que relacione conceitos e conhecimentos acerca da Matemática a aspectos específicos ligados à gestão empresarial.

CONSIDERAÇÕES FINAIS

Com as análises aqui desenvolvidas das três questões dos ENADEs 2018 e 2022, envolvendo conceitos e conteúdos matemáticos, pretende-se possibilitar perspectivas de como questões relacionadas à área de Administração podem ser propostas aos estudantes desses cursos, explicitando formas e a importância de contemplar as Dimensões Formativa, Utilitária e Social nas atividades, e até as não consideradas neste trabalho – as Dimensões Política e Cultural. Corsi (2019), em sua pesquisa de Mestrado Profissional, de cujo *corpus* de análise foram extraídas duas das três questões aqui analisadas, não se exime de assumir sua relevância nas provas do Enade, a que são submetidos os universitários concluintes do Curso de Administração. Mas, para além desse contexto, considerando as indicações das Diretrizes Curriculares Nacionais, sugere reflexões que recomendamos também no presente texto: de que sejam considerados no ensino aspectos mais globalizantes e humanísticos, isto é, que envolvam não só a vida profissional, mas também a social e cultural desses estudantes, futuros profissionais.

> Considerando os propósitos indicados nas DCN, observa-se que há uma preocupação com a contextualização das questões, inserindo os futuros profissionais num meio social com a capacitação para a utilização do conhecimento matemático em situações que podem não estar diretamente ligadas à Administração, mas que se inserem no meio social, cultural, político e pessoal dos examinados (Corsi; Allevato, 2020, p. 115).

A Dimensão Utilitária se mostra nas questões analisadas ao envolverem conteúdos que são ligados àqueles tratados em disciplinas específicas do curso de Administração, exigindo habilidades relacionadas à resolução de problemas, interpretação e comunicação de ideias. Trata-se das aplicações da Matemática, que são essenciais, ainda, à análise e compreensão de processos e situações econômicas, investimentos, aplicações financeiras e tomada de decisão, essenciais ao bom desempenho do administrador de empresas, em todas as áreas.

E considerando o destaque ao caráter crítico, analítico e interpretativo presente nas questões analisadas, há que se refletir sobre o potencial da Matemática de abarcar a Dimensão Formativa na constituição do administrador, ao promover, ainda, o desenvolvimento de diferentes formas de pensamento – lógico, intuitivo e dedutivo –, de modo que as disciplinas matemáticas e outras do curso de Administração que envolvem conceitos matemáticos devem ser abordadas considerando essas dimensões.

E, não menos importante, a Dimensão Social, que pretende ir além das fronteiras do ambiente acadêmico e/ou escolar, pela Matemática atinge o cotidiano das pessoas "como conhecimento que favorece o pensamento objetivo, a tomada de decisões e a resolução de problemas, e por meio desses elementos, sua interação social e ou profissional" (Corsi; Allevato, 2023, p. 13).

Consideramos que as dimensões do ensino, três das quais foram aqui abordadas a partir das questões do ENADE, precisam ser fortalecidas e constituir a própria natureza das atividades nas IES, podendo fornecer consistência às práticas de ensino e à gestão acadêmica, e promover a efetiva melhoria da qualidade da Educação Superior no país, particularmente dos cursos de Administração. E, ademais, ajudar os estudantes universitários, futuros profissionais, a valorizar suas experiências de formação na Educação Superior, reposicionando suas expectativas em relação ao curso, à profissão que pretendem abraçar e ao mercado de trabalho.

Portanto, este texto pretende promover reflexões acerca da relevância das dimensões do ensino na preparação desses egressos para a vida; e, em particular, como é objetivo do Ensino Superior, para a vida profissional.

REFERÊNCIAS

ALLEVATO, N. S. G.; ONUCHIC, L. de la R. As conexões trabalhadas através da resolução de problemas na formação inicial de professores de Matemática. **REnCiMa**, São Paulo, v. 10, n. 2. p. 1-14, 2019.

BRASIL. Ministério da Educação. Instituto Nacional de Estudos e Pesquisas Educacionais Anísio Teixeira. **Exame Nacional de Desempenho de Estudantes**. Brasília: MEC, 2022.

BRASIL. Ministério da Educação. Conselho Nacional de Educação. **Diretrizes Curriculares Nacionais do Curso de Graduação em Administração.** Brasília: MEC, 2021.

BRASIL. Ministério da Educação. Instituto Nacional de Estudos e Pesquisas Educacionais Anísio Teixeira. **Exame Nacional de Desempenho de Estudantes**. Brasília: MEC, 2018.

BRASIL. Ministério da educação. **Diretrizes Curriculares Nacionais do Curso de Graduação em Administração**. n. 4, 13 Jun. 2005. Brasília: MEC, 2005.

BRASIL. Ministério da Educação. **Lei nº. 10.861, de 14 de abril de 2004**. Institui o Sistema Nacional de Avaliação da Educação Superior - SINAES e dá outras providências. Brasília: Diário Oficial da União, 15 abr. 2004

CORSI, S. M. M. Desvelando a presença da Matemática nas provas do ENADE do Curso de Administração - 116f. **Dissertação** (Mestrado em Ensino de Ciências e Matemática). Universidade Cruzeiro do Sul, São Paulo, 2019.

CORSI, S. M. M.; ALLEVATO, N. S. G. A Matemática e as dimensões do ensino nos problemas ENADE do curso de Administração. **Revista de Ensino de Ciências e Matemática**, [S. l.], v. 14, n. 2, p. 1-25, 2023. Disponível em: https://revistapos.cruzeirodosul.edu.br/index.php/rencima/article/view/3867. Acesso em: 01 maio 2023.

CORSI, S. M. M.; ALLEVATO, N. S. G. Dimensões do ensino de Matemática: um estudo a partir de questões do Enade para o curso de Administração. **RPEM**, Campo Mourão, v. 9, n. 19, p. 95-119, jul./out. 2020.

CORSI, S. M. M.; ALLEVATO, N. S. G. A. A Matemática nas questões do ENADE do Curso de Administração - 27 f. **Produto Educacional** (Mestrado em Ensino de Ciências e Matemática). Universidade Cruzeiro do Sul, São Paulo, 2019. Disponível em: https://www.cruzeirodosul.edu.br/mestrado-e-doutorado/mestrado-profissional-em-ensino-de-ciencias-e-matematica/producaointelectual. Acesso em: 15 abr. 2023.

FIORENTINI, D.; LORENZATO, S. **Investigação em educação matemática**: percursos teóricos e metodológicos. 3. ed. Campinas: Autores Associados, 2012. 228 p. (Coleção Formação de Professores).

MACINTYRE, A. B. L. **Tecnologia e prazer**: o ensino da Matemática Aplicada à Administração. 2002. 108 f. Dissertação (Mestrado em Engenharia de Produção) - Universidade Federal de Santa Catarina, Florianópolis, 2002.

MASOLA, W. J.; ALLEVATO, N. S. G. Dificuldades de Aprendizagem Matemática de Alunos Ingressantes na Educação Superior. **Revista Brasileira de Ensino Superior**, Passo Fundo: IMED, v. 2, n. 1, p. 64-74, jan.-mar. 2016. Disponível em: https://seer.atitus.edu.br/index.php/REBES/article/view/1267. Acesso em: 21 abr. 2023.

MASOLA, W. J. Matemática: o "Calcanhar de Aquiles" de ingressantes na educação superior. 2015. 32p. **Produto Educacional** (Mestrado em Ensino de Ciências e Matemática) - Universidade Cruzeiro do Sul, São Paulo, 2015.

PIRES, C. M. C. Reflexões Sobre o Debate Curricular no Brasil. São Paulo: **Educação Matemática em Revista**. n. 43, p. 5-13, 2014. Disponível em: http://hdr.undp.org/sites/default/files/2018_human_development_statistical_update.pdf Acesso em: 10 abr. 2023.

RICO, L. Reflexión sobre los Fines de La Educación Matemática. Granada, **Suma 24**. fev, 1997.

VP ACADÊMICA - **Manual para Elaboração e Revisão de Questões para Avaliação** – 2017. 117 f. Disponível em: http://cms.saladoprofessor.com.br/media/attachments/2017/07/10/1.-manual-para-elaboracao-de-questoes-2017.2.pdf. Acesso em: 16 maio 2023.

ANÁLISE QUANTITATIVA DOS DADOS DA SONDAGEM DE MATEMÁTICA DOS ESTUDANTES DE 6º ANO REFERENTE A ALGUNS PROBLEMAS DO CAMPO MULTIPLICATIVO

Edda Curi
Marcos Luiz Ribeiro

INTRODUÇÃO

O presente texto é fruto de um Produto Educacional intitulado[30] "Análise quantitativa dos dados da Sondagem de Matemática dos estudantes do 6º ano referente aos Problemas do Campo Multiplicativo" (Ribeiro; Curi, 2021), defendido no Programa de Mestrado Profissional de Ensino de Ciências e Matemática da Universidade Cruzeiro do Sul. O referido produto foi orientado pela primeira autora e teve o propósito de analisar quantitativamente os dados de uma sondagem relacionada aos problemas do Campo Multiplicativo, realizada com uma turma de estudantes do 6º ano do Ensino Fundamental da Rede Municipal de Ensino de São Paulo (RME-SP).

Tal produto é decorrente dos resultados da pesquisa de mestrado do segundo autor e orientada pela primeira autora, intitulada "A resolução de problemas do Campo Multiplicativo a partir do uso da Sondagem de Matemática com alunos de 6º ano da Rede Municipal de Educação de São Paulo". Dentre os resultados, destaca-se que o trabalho com a Sondagem propiciou avanços na aprendizagem dos estudantes na medida em que os dados foram analisados, não apenas de forma quantitativa, embora apresentaram revelações importantes, mas também qualitativamente, utilizando a investigação de registros na resolução de problemas, observando as dificuldades, os procedimentos

---

[30] Link de acesso ao Produto Educacional: https://www.cruzeirodosul.edu.br/wp-content/uploads/2021/07/Produto-MARCOS-LUIZ-RIBEIRO.pdf

de resolução e as anotações realizadas pelos estudantes. Esses elementos nos deram pistas de quais conhecimentos eles já possuem sobre este campo conceitual (Ribeiro, 2021).

Tanto o Produto (Ribeiro; Curi, 2021) quanto a dissertação (Ribeiro, 2020) pautaram-se no documento da rede municipal de São Paulo denominado "Documento Orientador para Sondagem em Matemática", publicado em 2018, com a assessoria da primeira autora do texto, a Profa. Dra. Edda Curi.

O documento propõe uma avaliação diagnóstica envolvendo duas vertentes, a primeira versa sobre a escrita numérica e o Sistema de Numeração Decimal (SND) e a segunda sobre a resolução de problemas na perspectiva da Teoria dos Campos Conceituais apresentada por Vergnaud (1990), ou seja, as Estruturas Aditivas e as Estruturas Multiplicativas, esta última foi o foco da referida pesquisa.

O documento descreve que a principal finalidade da sondagem da resolução de problemas no Campo Multiplicativo é acompanhar as aprendizagens dos estudantes, observando a apropriação e a compreensão ou não das subcategorias desse campo, de acordo com a análise proposta.

Segundo Ribeiro (2021), a Sondagem de Matemática não é mais uma avaliação do processo de ensino, mas uma nova oportunidade aos profissionais que atuam nas escolas a diagnosticarem as facilidades e fragilidades dos discentes na construção e domínio das ideias do campo multiplicativo, e permitam melhores condições na elaboração de atividades, mobilizando novos conhecimentos dos estudantes para avançarem em suas aprendizagens neste campo conceitual.

O documento analisado também está articulado com outros documentos oficiais dessa rede de ensino, como o Currículo da Cidade de São Paulo – Matemática (2017), as Orientações Didáticas vol. 1 (2018) deste currículo e os Cadernos da Cidade-Saberes e Aprendizagens (2019). O documento apresenta dois instrumentos avaliativos para cada ano de escolaridade dos Ciclos de Alfabetização (1º, 2º, e 3º ano do Ensino Fundamental) e Interdisciplinar (4º, 5º e 6º ano do Ensino Fundamental) e indica a aplicação desses instrumentos no início de cada semestre do mesmo ano letivo, ou seja, avaliação diagnóstica "de entrada".

Isto posto, pretende-se neste texto analisar quantitativamente os dados da sondagem relacionada aos problemas do Campo Multiplicativo, realizada com estudantes do 6º ano do Ensino Fundamental da escola em que o segundo autor atua como Professor Orientador de Área (POA).

Esse tipo de pesquisa se justifica a um Mestrado Profissional, pois discute dados relativos à escola de atuação do pesquisador e o subsidia para novos trabalhos que possam se utilizar de dados da escola para atuar como formador de professores dessa escola.

TEORIA DO CAMPO CONCEITUAL MULTIPLICATIVO NA PERSPECTIVA DE VERGNAUD (1990)

A Teoria dos Campos Conceituais possibilita mapear as aprendizagens dos estudantes, e um dos objetivos principais dessa teoria é discutir algumas representações e aspectos que permitam oportunidades de compreender as filiações e rupturas entre os conhecimentos dos estudantes (Vergnaud, 1996).

Ao tratar do Campo Multiplicativo, Vergnaud (1990) contribui para a compreensão dos significados da multiplicação e divisão, e traz elementos sobre a percepção dos estudantes diante dessas operações, possibilitando verificar os conceitos apreendidos por eles, e quais não, dando pistas aos professores para seu trabalho com esse campo.

Vergnaud (2009) apresenta duas grandes categorias de problemas do Campo Multiplicativo, o Isomorfismo de Medidas e o Produto de Medidas, que de acordo com o autor, permitem agrupar os problemas de multiplicação e divisão em grupos menores que representam os significados dessas operações.

Embora Vergnaud (2009) não explicite subcategorias em seu texto, ele destaca no Isomorfismo de Medidas os problemas de proporcionalidade, mas também traz uma nomenclatura especial como dobro, triplo, metade, três vezes mais, duas vezes mais etc. Nos problemas do Produto de Medidas, o autor também destaca dois conjuntos de problemas, os de configuração retangular e os de combinação.

Desde os PCNs (Brasil, 1997), o Isomorfismo de Medidas é apresentado a partir de duas subcategorias, a Proporcionalidade, a qual envolve problemas com relação quaternária entre seus termos e uma proporção direta e simples entre duas grandezas, e a Multiplicação Comparativa, que tem situações com relação ternária de proporção direta e simples entre grandezas, as quais podem ser ensinadas desde os anos iniciais do Ensino Fundamental.

O significado de proporcionalidade direta e simples envolve problemas que possuem diferentes grupos de relações, e estão distribuídas nas situações de Um a Muitos, Partição (distribuição), Cota (agrupamentos) e Muitos a Muitos (quarta proporcional). O quadro adiante apresenta exemplos de tais significados.

Quadro 1 – Exemplos de significados de proporcionalidade.

Significado de Proporcionalidade	Exemplo
Correspondência Um a Muitos	Cada pacote tem 3 iogurtes, comprei quatro pacotes, quantos iogurtes comprei? Pacotes Iogurtes 1 → 3 4 → x
Correspondência da Partição	Comprei 12 iogurtes distribuídos em 4 pacotes. Quantos iogurtes foram distribuídos em cada pacote? Pacotes Iogurtes 1 → x 4 → 12
Correspondência Cota	Comprei alguns pacotes de iogurtes com um total de 12 iogurtes. Cada pacote tem 3 iogurtes, qual a quantidade de pacotes que comprei? Pacotes Iogurtes 1 → 3 x → 12
Correspondência Muitos a Muitos	Comprei três pacotes de iogurtes, com o total de nove iogurtes. Quantos iogurtes vem em quatro pacotes? Pacotes Iogurtes 3 → 9 4 → x

Fonte: Vergnaud (1991), adaptado pelo pesquisador.

Conforme podemos observar no quadro, a relação "Um a Muitos" é uma proporção direta e simples, a qual relaciona duas variáveis, e determina o quanto uma é maior e às vezes menor que a outra. No exemplo da correspondência Um a Muitos, observamos uma relação multiplicativa quaternária entre as grandezas de naturezas diferentes, onde o operador x3 resolve esse problema.

Na situação de correspondência de Partição, a quantidade de muitos é apresentada e busca-se o número de agrupamentos que teremos ao reparti-la em grupos menores de mesma quantidade, o operador x3 resolve o problema.

Na situação de correspondência de Cota, procura-se o número de agrupamentos (cota) que podemos formar com a quantidade de três iogurtes, o operador ÷3 resolve o problema.

Para a resolução da situação de correspondência Muitos a Muitos, é necessário compreender o padrão existente entre o número de pacotes e a quantidade de iogurtes por pacote, o operador x3 resolve o problema. Vergnaud (2009) relata que as crianças resolvem esse tipo de problema primeiro descobrindo a quantidade de iogurtes que há em um pacote, e depois em muitos, para isso utilizam duas operações, dificultando o processo de resolução.

No que tange a Multiplicação Comparativa, trata-se de uma correspondência de proporção simples, que relaciona as quantidades das grandezas com base nos termos dobro, triplo e metade, duas vezes mais, três vezes mais, entre outros. Os problemas dessa categoria correspondem ao referido desconhecido, o referente desconhecido e a relação desconhecida.

Nesse significado da multiplicação, as situações são semelhantes às estruturas aditivas, onde os problemas possuem somente duas grandezas de mesma natureza, que são comparadas pela multiplicação.

Quadro 2 – Exemplos de significados de multiplicação comparativa.

Significado multiplicação comparativa	Exemplo
Correspondência do Referido Desconhecido	Joaquim tem o triplo da idade de seu filho. Sabendo que a criança tem nove anos, quantos anos tem seu pai?
Correspondência do Referente Desconhecido	A idade de Joaquim é cinco vezes maior que a de seu filho. O pai tem 30 anos. Qual é a idade de seu filho?
Correspondência da Relação Desconhecida	Pedro tem 36 figurinhas e João 12 figurinhas. A quantidade de figurinhas que João tem é quantas vezes menor que a de Pedro?

Fonte: Vergnaud (1991), adaptado pelo pesquisador.

No que se refere à categoria Produto de Medidas, esta tem relação ternária nas situações, onde uma é o resultado da multiplicação entre as outras duas.

Essa categoria é formada pela Configuração Retangular e a Combinatória, e tem conjuntos de problemas mais difíceis de compreensão pelas crianças, comparado com o Isomorfismo de Medidas, por isso seu ensino é indicado a partir do 3º ano do Ensino Fundamental.

A Configuração Retangular é uma correspondência entre linhas e colunas, as quais configuram os lados de um retângulo, nas situações multiplicativas relacionadas com o cálculo de área retangular, sendo que a quantidade de objetos é obtida pela multiplicação entre uma linha e uma coluna dessa figura geométrica. Nos anos iniciais envolve grandezas discretas. Exemplo: Preciso colocar revestimento no piso de minha casa que tem formato retangular, com dimensões de 12 metros de comprimento por 7 de largura. Quantos metros quadrados de revestimento vou comprar?

No significado de combinatória, as situações apresentadas nesses problemas envolvem o princípio da contagem. O raciocínio utilizado pelos estudantes é o de esgotar as possibilidades, mostrando todas as combinações e posteriormente chegar ao entendimento que se trata de uma estrutura multiplicativa.

A representação da situação por um esquema é essencial em qualquer solução, nesse caso há vários conceitos do cotidiano envolvidos para encontrar as soluções. Os problemas com a combinatória podem ser de três tipos: o todo desconhecido e um dos números implícito, uma das partes desconhecida e o todo desconhecido e o número de escolhas implícito.

Quadro 3 – Exemplos de significados de combinatória.

Significado de combinatória	Exemplo
todo desconhecido e um dos números implícitos	Uma sorveteria vende um sorvete de uma bola nas opções casquinha e cascão, sendo que as opções de sabores são: abacaxi, baunilha, morango e uva. José quer um sorvete de uma bola, de quantas modos diferentes pode pedir um sorvete?
uma das partes desconhecida	O Bazar São José vende bolas de futebol grandes e pequenas, e com cores diferentes. Cada cor tem bola de dois tamanhos, e no total tem 6 bolas de futebol. Quantas são as cores dessas bolas?
todo desconhecido e o número de escolhas implícito	Um pedestre encontra-se no meio da praça abaixo, que em cada canto tem uma saída. Quantos caminhos diferentes ele pode seguir para sair dela, sem pisar nos canteiros e passar em cada via somente uma vez na mesma tentativa? Ele deverá se retirar desse espaço pela primeira saída a qual encontrar.

Fonte: Vergnaud (1991), adaptado pelo pesquisador.

METODOLOGIA E OS PROCEDIMENTOS DE PESQUISA

Na organização da metodologia desta investigação, utilizamos a abordagem quantitativa presente nos estudos de Creswell (2010) e seus colaboradores. A escolha pelo método quantitativo foi decorrente do número de participantes dessa pesquisa, pois investigamos todos os problemas dos protocolos dos 110 estudantes de 6º ano para classificá-los nas categorias da grade de análise indicada no Documento de Sondagens.

Nesta pesquisa o tratamento dos dados quantitativos realizados pelo pesquisador contribuiu para seu exercício como POA de Matemática junto à coordenação pedagógica e colegas professores que ensinam este componente curricular. Era também pretensão do pesquisador entender como os estudantes dos 6º anos desta escola formulavam suas hipóteses ao resolver problemas no Campo Multiplicativo e entendem os significados das operações de multiplicação e divisão.

O levantamento dos dados desta pesquisa por meio dos protocolos dos estudantes referente à Sondagem de Matemática, encaminha para a escolha da metodologia de Pesquisa Documental.

De acordo com Gil (1999), Marconi e Lakatos (2007), a Pesquisa Documental dispõe de documentos que têm fontes primárias, isto é, não passaram por análise. Valetim (2008) destaca que, na Pesquisa Documental, os objetivos são de identificar as fontes primárias, conferir a autenticidade, selecionar e analisar dados nos documentos que ajudem a entender a proposta do problema de pesquisa e proporcionar avanços no problema levantado.

Nesta pesquisa os protocolos dos estudantes utilizados são considerados documentos de fontes primárias, já que não houve nenhum tipo de análise, sendo autênticos e verídicos.

Cabe destacar que, embora fosse realizada uma análise documental, é importante descrever como foi o processo de aplicação da sondagem.

O professor de Matemática da referida escola aplicou os problemas do campo multiplicativo já citados nas três salas de 6º ano em março de 2019. Após análise e compatibilização dos dados, a proposta do pesquisador era de que os professores da escola discutissem os resultados com o POA e pensassem na organização de situações que permitissem os avanços das aprendizagens dos seus estudantes em relação ao Campo Multiplicativo. Além do instrumento avaliativo utilizado, o documento de Sondagem apresenta uma grade de análise desses problemas.

O documento apresenta por ano de escolaridade os tipos de problemas do campo multiplicativo, como mostra o quadro a seguir:

Quadro 4 – Problemas do campo multiplicativo por ano de escolaridade apresentados no Documento de Sondagem de Matemática.

Ano	Campo Multiplicativo			
	Proporcionalidade	Configuração Retangular	Combinatória	Multiplicação Comparativa
1º ano				
2º ano	X			
3º ano	X	X		
4º ano	X	X	X	
5º ano	X	X	X	X
6º ano	X	X	X	X

Fonte: Adaptado pelo pesquisador do Documento de Sondagem de Matemática (2018, p. 12).

Como já foi dito, nas Estruturas Multiplicativas temos as situações com a multiplicação e divisão, que estão agrupadas em categorias e o trabalho adequado com elas pode trazer a ampliação dos significados dessas operações por parte dos estudantes. Os problemas devem abranger diversos níveis de dificuldade, a fim de diagnosticar os conhecimentos dos estudantes sobre o tema e direcionar o ensino do Campo Multiplicativo, mas devem ser adequados ao ano de escolaridade.

Cabe destacar que, na primeira sondagem do 6º ano, há 8 problemas, sendo 4 do campo aditivo e os outros 4 do campo multiplicativo, abordando um significado diferente em cada problema.

Para coletar os dados da pesquisa foram utilizados os problemas numerados de 5 a 8 do documento de sondagem, que pertencem ao Campo Multiplicativo, e são eles:

Quadro 5 – Problemas do Campo Multiplicativo do instrumento de pesquisa.

Nº	Enunciado	Significado
5	Uma sorveteria vende sorvetes nos seguintes sabores: chocolate, abacaxi, morango, flocos e uva e quatro tipos de coberturas diferentes. Podendo escolher um tipo de sabor de sorvete e um tipo de cobertura, de quantas formas diferentes é possível montar esse sorvete?	Combinatória
6	Em uma sala de cinema há 18 poltronas em cada fileira. Na exibição de um filme, todas as 216 poltronas foram ocupadas. Quantas fileiras há nessa sala de cinema?	Configuração Retangular
7	Com 64 reais consigo comprar dezesseis barras de chocolate de mesmo valor. Com 48 reais, quantas dessas barras eu conseguiria comprar?	Proporcionalidade: Relação Muitos a Muitos
8	Em um ônibus de viagem cabem 42 passageiros sentados, que é o triplo de passageiros que cabem em um transporte escolar. Quantos passageiros cabem nesse transporte escolar?	Multiplicação Comparativa: Triplo

Fonte: Adaptado do Documento Orientador para Sondagem de Matemática (2018, p. 20).

Como já foi dito, o Documento Orientador para Sondagem de Matemática possui uma grade de análise que nos proporcionou agrupar os resultados dos estudantes em categorias, com a finalidade de analisar os resultados quantitativamente.

Na pesquisa realizada, investigamos as informações retiradas dos protocolos dos estudantes de 6º ano, com o objetivo de identificar quais os tipos de problemas que eles têm mais facilidade e apontar suas dificuldades diante das resoluções, para indicar intervenções no ensino e proporcionem avanços nas suas aprendizagens sobre o Campo Multiplicativo.

As categorias propostas na grade de análise no documento de sondagem serão descritas a seguir:

Quadro 6 – Categorias propostas na grade de análise no documento de sondagem.

Categoria	Descrição
Compreendeu a ideia, acertou a estratégia e o resultado (IER)	Nessa categoria, o documento aponta para os protocolos dos estudantes os quais compreenderam a ideia do problema, acertam a estratégia de resolução, mesmo que não formal, apresentando um método válido, e acertam os procedimentos de cálculo chegando no resultado correto.
Compreendeu a ideia, acertou a estratégia e errou o resultado (IE)	Nessa categoria o documento destaca os protocolos dos estudantes os quais compreenderam a ideia que resolve o problema, acertam a estratégia apresentando um método válido, porém, não acertam os procedimentos de cálculo e terminam errando o resultado.
Compreendeu a ideia, errou a estratégia e acertou o resultado (IR)	Nessa categoria o documento aponta para protocolos dos estudantes que compreenderam a ideia ao resolver o problema, erram a estratégia, pois não apresentam um método compatível com a situação, mas acertam o resultado por meio de raciocínios próprios.
Compreendeu a ideia, errou a estratégia e o resultado (I)	Nessa categoria o documento destaca os protocolos dos estudantes que compreenderam a ideia ao resolver o problema, erram a estratégia apresentando um método não válido e não acertam os procedimentos de cálculo, com isso erram o resultado.
Não compreendeu a ideia, errou a estratégia e o resultado (NA)	Nessa categoria o documento indica os protocolos dos estudantes que não compreenderam o raciocínio multiplicativo o qual resolve o problema, erram a estratégia apresentando um método não válido e não acertam os procedimentos de cálculo, com isso erram o resultado.
Não respondeu (NR)	Nessa categoria o documento aponta para os protocolos dos estudantes que não apresentaram nenhum tipo de registro para resolver o problema.

Fonte: Elaborado pelo pesquisador com base no documento de Sondagem.

ANÁLISE QUANTITATIVA DOS DADOS DA PESQUISA

A coleta de dados desta pesquisa contou com 110 protocolos, e analisamos 440 problemas com Estruturas Multiplicativas resolvidos por estudantes das turmas dos 6º anos de uma Escola de Ensino Fundamental de RME-SP. A tabela a seguir apresenta o número de estudantes por turma e a quantidade de protocolos analisados.

Tabela 1 – Quantidade de estudantes e protocolos analisados por turma.

Turmas	Quantidade de estudantes por turma	Quantidade de protocolos analisados por turma
6º A	30	28
6º B	30	28
6º C	30	28
6º D	30	26
Total	120	110

Fonte: Elaborado pelo pesquisador.

Os problemas serão analisados a seguir de acordo com a ordem apresentada no instrumento de sondagem, destacando a categoria e a subcategoria.

As tabelas apresentadas a seguir organizam por turmas os dados de acertos e erros dos estudantes em cada problema, conforme as categorias de análise do Documento de Sondagem de Matemática, que utiliza a grade de análise mencionada anteriormente.

Tabela 2 – Quantitativo de acertos por turma correspondente ao significado de combinatória.
Uma sorveteria vende sorvetes nos seguintes sabores: chocolate, abacaxi, morango, flocos e uva e quatro tipos de coberturas diferentes. Podendo escolher um tipo de sabor de sorvete e um tipo de cobertura, de quantas formas diferentes é possível montar esse sorvete?

Categorias de análise	6º A	6ºB	6ºC	6º D	Total	%
IER	16	17	17	16	66	60%
IE	1	3	1	2	7	6,4%
IR	3	1	0	3	7	6,4%
I	0	2	0	0	2	1,8%
NA	7	5	8	1	21	19%
NR	1	0	2	4	7	6,4%
Total	28	28	28	26	110	100%

Fonte: Elaborado pelo pesquisador.

Os dados da Tabela 2 expressam que, dos 110 problemas de combinatória analisados, observamos que muitos estudantes (66) resolveram corretamente o problema, se apropriando da ideia, utilizando estratégias corretas e chegando também ao resultado correto. Uma pequena parte, 7 estudantes, identificaram a operação que resolve o problema e usaram a estratégia correta, mas erraram no cálculo.

Outros 7 estudantes identificaram a ideia do problema, acertaram o resultado, mas apresentaram uma estratégia inadequada para a resolução ou apenas colocaram o resultado. Apenas 2 estudantes identificaram a ideia, mas não resolveram a operação. No entanto, 21 estudantes, ao que parece, não compreenderam a ideia do problema, o que não possibilitou utilizar uma estratégia correta para sua resolução e encontrar um resultado correto. Dos 110 estudantes, 7 não resolveram esse problema. Essa constatação nos leva a olhar com cuidado os 28 estudantes dessas turmas que ainda não se apropriaram dessa ideia.

Tabela 3 – Quantitativo de acertos por turma correspondente ao significado de Configuração retangular.

Em uma sala de cinema há 18 poltronas em cada fileira. Na exibição de um filme, todas as 216 poltronas foram ocupadas. Quantas fileiras há nessa sala de cinema?

Categorias de análise	6º A	6º B	6º C	6º D	Total	%
IER	6	10	10	17	43	39%
IE	7	1	1	3	12	10,9%
IR	2	2	3	1	8	7,3%
I	4	6	6	1	17	15,5%
NA	9	7	5	2	23	20,9%
NR	0	2	3	2	7	6,4%
Total	28	28	28	26	110	100%

Fonte: Elaborado pelo pesquisador.

Os dados apresentados na Tabela 3 mostram uma incidência de acertos bem menor do que no problema 5, talvez por ele ser solucionado por uma divisão, apresentar o produto e solicitar um dos fatores. Dos 110 protocolos, 43 estudantes identificaram a ideia, apresentaram corretamente a estratégia de resolução e o resultado do problema. Ainda compreendendo a ideia do problema, encontramos 12 estudantes que identificaram e realizaram a operação que resolveram, mas erraram o resultado. Outros 8 estudantes identificaram a operação, mas erraram a estratégia e acertaram o resultado. Consta ainda que 17 estudantes identificaram a operação a qual resolve o problema, mas não acertaram sua resolução e 30 estudantes não compreenderam a ideia envolvida no problema. Esses dados apontam fragilidades dos estudantes dos 6º anos com relação a essa ideia multiplicativa e a necessidade de analisar qualitativamente essas resoluções para depois pensar na formação dos professores.

Tabela 4 – Quantitativo de acertos por turma correspondente
ao significado de proporcionalidade

Com 64 reais consigo comprar dezesseis barras de chocolate de mesmo valor. Com 48 reais, quantas dessas barras eu conseguiria comprar?

Categorias de análise	6º A	6º B	6º C	6º D	Total	%
IER	5	4	6	8	23	20,9%
IE	2	2	3	1	8	7,3%
IR	3	1	1	1	6	5,4%
I	2	7	6	3	18	16,4%
NA	15	11	8	11	45	40,9%
NR	1	3	4	2	10	9,1%
Total	28	28	28	26	110	100%

Fonte: Elaborado pelo pesquisador.

Conforme podemos observar, embora seja um problema que envolve a ideia de proporcionalidade, a quantidade de acertos dos estudantes dos 6º anos é bastante pequena, 23 deles. Esses dados indicam que é preciso ter muita atenção nas aulas com esse tipo de problema, pois envolve uma ideia fundamental da Matemática, a proporcionalidade, a qual deve ser construída ao longo do ensino fundamental. A Tabela 4 mostra que 8 estudantes que compreenderam a ideia utilizaram a estratégia correta, mas erraram o resultado, 6 estudantes identificaram a ideia, mas não utilizaram a estratégia correta, apresentando apenas o resultado. Outros 18 apresentam indicativos de compreender a ideia envolvida no problema. Chama atenção a quantidade de estudantes os quais mostram não compreender a ideia (45) e não responderam (10), totalizando 50% do total de protocolos analisados.

Tabela 5 – Quantitativo de acertos por turma correspondente
ao significado de multiplicação comparativa.

Em um ônibus de viagem cabem 42 passageiros sentados, que é o triplo de passageiros que cabem em um transporte escolar. Quantos passageiros cabem nesse transporte escolar?

Categorias de análise	6º A	6º B	6º C	6º D	Total	%
IER	3	3	2	10	18	16,4%
IE	0	0	0	1	1	0,9%
IR	0	1	2	0	3	2,7%
I	19	16	15	11	61	55,4%
NA	4	7	7	1	19	17,3%
NR	2	1	2	3	8	7,3%
Total	28	28	28	26	110	100%

Fonte: Elaborado pelo pesquisador.

Esse foi o problema em que os estudantes tiveram maior dificuldade. Apenas 18 identificaram a operação envolvida na situação, pois compreenderam as relações entre triplo e terça parte, utilizaram a estratégia adequada e chegaram ao resultado correto. Há um número significativo de estudantes que mostram compreender a ideia de triplo, mas não resolvem corretamente o problema, pois deveriam calcular a 3ª parte. Além disso, 19 estudantes não compreenderam o problema e outros 8 não resolveram. Esses resultados apontam para análise qualitativa dos protocolos a fim de verificar as dificuldades encontradas e, a partir delas, organizar discussões com professores no sentido de proporcionar atividades que permitam avanços dos estudantes nesse significado.

ALGUMAS CONSIDERAÇÕES SOBRE A PESQUISA

Neste texto registramos a análise quantitativa desta pesquisa, como mencionamos anteriormente, e apresentamos algumas conclusões, que são melhor explicitadas na dissertação (Ribeiro, 2020), após a análise dos dados qualitativos.

As discussões sobre a importância da sondagem como uma das avaliações do processo de ensino das escolas, e como um instrumento capaz de fortalecer e potencializar as fontes de construção dos conhecimentos dos estudantes no Campo Multiplicativo foi fundamental ao grupo de professores da escola e ao próprio pesquisador. Esse tipo de avaliação permite identificar as aprendizagens dos estudantes no ingresso em um ano de escolaridade e a análise dos dados permite tomar decisões pedagógicas adequadas aos resultados que ficam à disposição dos profissionais da unidade escolar, mas que precisam ser discutidos, compreendidos e utilizados.

Ao fazer uma análise quantitativa para verificar quais são os tipos de significados do Campo Multiplicativo que os estudantes dos 6º anos apresentaram maior dificuldade ou facilidade de entendimento, permitiu aos professores da escola ter uma visão mais voltada a seus próprios estudantes e fazer intervenções adequadas aos seus alunos reais.

Os resultados obtidos revelam uma situação preocupante com a ideia de proporcionalidade, tanto na relação Muitos a Muitos como na multiplicação comparativa, e mostra que a abordagem desse tipo de raciocínio ainda não está adequada à faixa etária.

Cabe destacar que os documentos curriculares dessa rede apontam para o desenvolvimento de problemas com o significado de Isomorfismo (proporcionalidade e multiplicação comparativa) desde os anos iniciais do Ensino Fundamental.

Nesse sentido, seria interessante analisar quantitativamente os dados dos instrumentos que envolvem os problemas do Campo Multiplicativo nos outros anos de escolaridade e comparar não apenas os resultados, mas os tipos de problemas propostos.

Consideramos que talvez fosse interessante, como instrumento de sondagem, propor alguns problemas com enunciados que permitam uma resolução direta após a identificação da ideia, conforme o problema 5 e, só após, outros que exijam resoluções com operações inversas, como é o caso dos problemas 6, 7 e 8.

A comparação desses resultados pode dar pistas mais adequadas ao professor, como por exemplo, se a apropriação da ideia envolvida no problema só acontece em situações diretas e a partir desses dados ampliar seu trabalho com outros tipos de problemas.

Também é interessante mencionar que durante o ensino das operações de multiplicação e divisão, é fundamental abordar diferentes contextos com a variação da posição da incógnita, partindo de situações mais simples na busca do estado final. Os estudos teóricos realizados pelo pesquisador e as discussões realizadas na escola permitiram melhorar a visão dos professores sobre o ensino desse tema.

Sobre os estudantes que não realizaram nenhum registro como resposta dos problemas ou apresentaram métodos não válidos, concluímos que eles apresentam lacunas na compreensão das ideias multiplicativas (significados) dos problemas.

Os argumentos que Saiz (1996) traz sobre este fato é que eles não têm condições de abstrair da situação seu significado, distanciando-se do domínio da compreensão para resolver um problema.

Cabe destacar que consideramos as ideias do campo multiplicativo de acordo com os estudos de Vergnaud (2009) e refutamos **o significado** da multiplicação como um a adição de parcelas iguais, apresentada como habilidade na BNCC (2017), do quarto ano do Ensino Fundamental: "EF04M06 – Resolver e elaborar problemas envolvendo diferentes significados da multiplicação (adição de parcelas iguais, organização retangular e proporcionalidade) utilizando estratégias...". Com base nos estudos de Vergnaud (2009) e de Treffers e Buys (2001), não consideramos como significado da multiplicação uma adição de parcelas iguais. Esse não é um significado da multiplicação, mas sim um procedimento de cálculo estruturado por agrupamentos, de acordo com os estudos citados. Além disso, há uma confusão na escrita da referida habilidade, entre adição de parcelas iguais (cálculo por agrupamentos) e proporcionalidade, pois os cálculos por agrupamentos envolvem o significado de proporcionalidade, ou seja, o documento confunde significado com procedimento de cálculo.

Ressaltamos, ainda, que a apropriação desses significados com suas variáveis traz novas possibilidades para o trabalho didático com os estudantes. Além disso, consideramos os dados referentes à sondagem relevantes e contribuem muito para a melhoria dos processos de ensino, aprendizagem e planejamento.

Esperamos que este texto possa contribuir para a melhoria da compreensão de professores sobre os significados dos problemas do campo multiplicativo e sobre a análise de dados quantitativos no sentido de ajudá-los a avançar no ensino e na aprendizagem de seus estudantes sobre esse tema.

REFERÊNCIAS

BRASIL. Ministério da Educação. **Base nacional comum curricular**: matemática. Brasília: MEC, 2017.

BRASIL. Ministério da Educação. Secretaria de Educação Fundamental. **Parâmetros curriculares nacionais**: matemática. Brasília: MEC/SEF, 1997.

CASTRO, C. A. **Problemas do campo multiplicativo apresentados nas três coleções de livros didáticos mais vendidos 2013**. 2016. 101 f. Dissertação (Mestrado em Ensino de Ciências e Matemática) – Universidade Cruzeiro do Sul, São Paulo, 2016.

CRESWELL, J. W. **Projeto de pesquisa**: métodos qualitativo, quantitativo e misto. Porto Alegre: Artmed, 2010.

GIL, A. C. **Métodos e técnicas de pesquisa social**. 5. ed. São Paulo: Atlas, 1999.

MARCONI, M. A.; LAKATOS, E. M. **Metodologia científica**. 5. ed. São Paulo: Atlas, 2007.

NUNES, T.; BRYANT, P. **Crianças fazendo matemática**. Porto Alegre: Artmed, 1997.

RIBEIRO, M. L.; CURI, E. **Análise quantitativa dos dados da Sondagem de Matemática dos estudantes do 6º ano referente aos Problemas do Campo Multiplicativo**. 2021. Produto Educacional (Mestrado Profissional em Ensino de Ciências e Matemática). Universidade Cruzeiro do Sul. São Paulo.

RIBEIRO, M. L. A **resolução de problemas do Campo Multiplicativo a partir do uso da Sondagem de Matemática com alunos de 6º ano da Rede Municipal de Educação de São Paulo**. 2021. 159 f. Dissertação (Mestrado em Ciências e Matemática) – Universidade Cruzeiro do Sul, São Paulo, 2021.

SAIZ, I. Dividir com dificuldade ou a dificuldade de dividir. *In*: PARRA, C.; SAIZ, I. (Org.). **Didática da matemática:** reflexões psicopedagógicas. Porto Alegre: Artmed, 1996. p. 156-185.

SÃO PAULO (SP). Secretaria Municipal de Educação. Coordenadoria Pedagógica. **Currículo da cidade**: Ensino Fundamental: Matemática. São Paulo: SME/COPED, 2017.

SÃO PAULO (SP). Secretaria Municipal de Educação. Coordenadoria Pedagógica. **Orientações didáticas do currículo da cidade**: Matemática. v. 1. 1. ed. – São Paulo: SME / COPED, 2018.

SÃO PAULO (SP). Secretaria Municipal de Educação. Coordenadoria Pedagógica. **Documento orientador para sondagem de Matemática**: Ciclo de Alfabetização e Interdisciplinar – Ensino Fundamental. – São Paulo: SME / COPED, 2018.

SÃO PAULO (SP). Secretaria Municipal de Educação. Diretoria de orientação técnica. **Orientações curriculares e proposição de expectativas de aprendizagem para o ensino fundamental:** ciclo I. São Paulo: SME / DOT, 2007.

TREFFERS, A.; BUYS, K. Grade 2 (and 3) – calculation up to 100. *In*: HEUVEL-PANHUIZEN, M. (Ed.) **Children learn mathematics**. Netherlands: Freudenthal Institute (FI) Utrecht University & National Institute for Curriculum Development (SLO), 2001. p. 61-88.

VALENTIM, M. L. P. (Org.). **Gestão da informação e do conhecimento no âmbito da ciência da informação**. São Paulo: Cultura acadêmica: Polis, 2008.

VERGNAUD, G. **"La théorie des champs conceptuels"**. Recherches didactiques em mathématiques. Grenoble: La pensée sauvage, 1991.

VERGNAUD, G. **"Multiplicative conceptual field:** what and why."The development of multiplicative reasoning in the learning of mathematics, 1994, p. 41-59.

VERGNAUD, G. **Education**: the best part of Piaget's heritage. Swiss Journal of Psychology, 55(2/3): 1996a, p. 112-118.

VERGNAUD, G. **A trama dos campos conceituais na construção dos conhecimentos**. Revista do GEMPA, Porto Alegre, N° 4: 1996b, p. 9-19.

VERGNAUD, G. **Algunas ideas fundamentales de Piaget en torno a la didáctica**. Perspectivas, 26(10): 1996c, p. 195-207.

VERGNAUD, G. **A Criança, a matemática e a realidade**: problemas do ensino da matemática na escola elementar. Tradução Maria Lúcia Faria Moro. Revisão técnica Maria Tereza Carneiro Soares – Curitiba: Ed. da UFPR, 2009.

VERGNAUD, G. A Teoria dos Campos Conceituais. *In*: BRUN, J. **Didáctica das matemáticas**. Tradução por Maria José Figueiredo. Lisboa: Instituto Piaget, 1996. P. 155-191.

VERGNAUD, G. *et al*. Epistemology and psychology of mathematics education. *In*: NESHER, P.; KILPATRICK, J. (Eds.) **Mathematics and cognition: A research synthesis by International Group for the Psychology of Mathematics Education**. Cambridge: Cambridge University Press, 1990.

VERGNAUD, G. Multiplicative Conceptual Field: what and why? *In*: HAREL, G.; CONFREY, J. **The development of multiplicative reasoning in the learning of Mathematics**. New York: State of New York Press, 1994.

VERGNAUD, G. **Théorie des Champs Conceptuls**. Recherches em Didactique das Mathématiques, Grenoble, 1990.

ZARAN, M. L. O. **Uma análise dos procedimentos de resolução de alunos de 5° ano do ensino fundamental em relação à problemas de estruturas multiplicativas**. 2013. 172 f. Dissertação (Mestrado em Ciências e Matemática) - Universidade Cruzeiro do Sul, São Paulo, 2013.

SEQUÊNCIA DIDÁTICA: CONSTRUINDO O PENSAMENTO GEOMÉTRICO

Talita Freitas dos Santos Mazzini[31]
Márcio Eugen Klingenschmid Lopes dos Santos[32]

Introdução

Tendo em vista que o conteúdo Geometria é peça indispensável para no ensino de Matemática, levando em consideração que o aluno adquire grandes habilidades através do desenvolvimento do raciocínio lógico, este capítulo surge em função do grande número de alunos que estão ingressando no Ensino Médio sem ao menos ter desenvolvido o nível básico de pensamento geométrico.

Em resposta a este cenário, o produto educacional desenvolvido em Mazzini e Santos (2022) busca um método para minimizar essa defasagem no ensino da Matemática, começando pelo ensino fundamental, mais precisamente na aquisição dos conhecimentos geométricos, na tentativa de mitigar essa problemática. Por conseguinte, para auxiliar no estudo da geometria, apoia-se na utilização de sólidos geométricos para serem utilizados no estudo da Geometria Plana no Ensino Fundamental, juntamente com o caderno pedagógico desenvolvido como parte do produto educacional (Mazzini; Santos, 2022), para que assim, o professor do ensino fundamental possa ter neste material uma ferramenta de apoio para uma aula diferenciada, de modo a despertar o interesse e a atenção dos alunos.

---

31 Mestre em ensino de Ciências e Matemática, Docente e Designada na função de Professor Especialista em Currículo da Secretária da Educação do Estado de São Paulo. E-mail: talitafreitas@professor.educacao.sp.gov.br

32 Doutor em Ensino de Ciências e Matemática, Docente do Programa de Pós-graduação em Ensino de Ciências e Matemática da Universidade Cruzeiro do Sul. E-mail: marcioeugen@gmail.com

Este capítulo traz sequências didáticas a serem desenvolvidas em sala de aula para o ensino de geometria no Ensino Fundamental. As atividades foram desenvolvidas para serem trabalhadas utilizando o modelo de Van Hiele, para que o professor possa identificar as dificuldades enfrentadas pelo educando. Inicialmente, procura-se verificar em qual nível do desenvolvimento do pensamento geométrico cada educando se encontra, analisando por meio das respostas obtidas quais foram as dificuldades encontradas e, assim, através de atividades específicas e metodologia apropriada, contribuir para o desenvolvimento e evolução do pensamento matemático.

O caderno pedagógico apresenta dois momentos didáticos, sendo o primeiro constituído de um questionário, em que o professor o aplicará como forma de entender os conhecimentos prévios dos estudantes. Já o segundo momento contempla atividades planejadas, oferecendo alternativas que contribuam para o desenvolvimento da visualização e para o desenvolvimento do pensamento geométrico.

Teoria de Van Hiele e o Pensamento Geométrico

Professores de Matemática, do Ensino Fundamental e Ensino Médio, constantemente apontam falhas no desempenho de seus alunos nas aulas de Geometria. Lamentam-se de uma série de problemas, como a dificuldade de levar os alunos a aprender algum conceito novo ou a aplicar os conceitos aprendidos em exemplos semelhantes, pelo fato de estarem presos a fórmulas. Essa problemática ocorre não só no Brasil, mas em todo o mundo e vem sendo enfrentada por muitos anos (Pavanello, 1993).

Preocupados, diante desse problema enfrentado, dois professores holandeses, que davam aula de Matemática no curso secundário, passaram a estudar profundamente a situação com o objetivo de encontrar uma solução. Esses professores são Pierre Marie Van Hiele e Dina Van Hiele-Geldof, que, sob a orientação do educador matemático Hans Freudenthal, pesquisaram o ensino de Geometria com alunos de 12 e 13 anos, enfatizando a manipulação de figuras. O resultado dessa pesquisa foi publicado após concluírem o doutorado na Universidade de Utrecht. Dina faleceu logo depois de terminar a tese, então foi Pierre quem esclareceu, aperfeiçoou e promoveu a teoria de Van Hiele, como é conhecida (Jaime; Gutierrez, 1990).

A aplicação da metodologia de ensino baseada na teoria de Van Hiele, também considerada um modelo de aprendizagem, é uma possível estratégia para a reversão da problemática no ensino da geometria, pois, por ter sido originada em sala de aula, a teoria aliou os aspectos cognitivo e pedagógico do ensino da geometria (Nasser; Santanna, 1997). O modelo Van Hiele só não ficou totalmente no obscurantismo porque a União Soviética o adotou nos anos 1960, após a reformulação do currículo de geometria em suas escolas.

O modelo demorou a merecer atenção internacional. Nos Estados Unidos, somente na década de 1970, motivados por encontrar soluções para os problemas com o ensino de geometria na escola secundária, muitos pesquisadores tomaram como base de estudos a teoria dos Van Hiele. Em 1973, Hans Freudenthal publicou um livro intitulado "Mathematical as an Task Educational", no qual citava o trabalho dos Van Hiele e, em 1976, o professor americano Izaak Wirsup começou a divulgar o modelo em seu país. O interesse pelas contribuições dos Van Hiele tornou-se cada vez maior após as traduções para o inglês feitas em 1984 por Geddes, Fuls e Tisher. De modo geral, tais pesquisas objetivavam testar a validade do modelo, a viabilidade, as vantagens de sua aplicação (Crowley, 1996).

No Brasil, um dos trabalhos pioneiros foi apresentado pelo professor Nilson José Machado no livro "Matemática e Língua Materna" da editora Cortez, publicado em 1990, e em 1992, uma aplicação do modelo foi publicada pelo Projeto Fundão, da Universidade Federal do Rio de Janeiro, numa apostila chamada "Proposta de Geometria segundo a teoria da Van Hiele" (Kaleff *et al.*, 1994).

Andrade e Nacarato (2004), em pesquisa produzida no Brasil sobre as tendências didático-pedagógicas no ensino de Geometria a partir de trabalhos apresentados nos Encontros Nacionais de Educação Matemática no período de 1987 a 2001, apontam que, teoricamente, os trabalhos produzidos vêm se pautando pelo modelo Van Hiele, pela didática da Matemática Francesa e pelos construtos epistemológicos relativos à visualização e representação.

Os trabalhos como Ferreira (2013); Bezerra e Lopes (2016); Barguil (2016), Nascimento (2016); Vital, Martins e Souza (2016) e Mazzini (2022) apontam como tendência do uso desses instrumentos no processo de ensino e aprendizagem de Geometria nas salas de aula. Eles sugerem a inversão do processo de ensino das Geometrias plana e espacial, visando melhorar a compreensão dos alunos. Tal fato é justificado pelas muitas dificuldades que os estudantes apresentam em diferenciar figuras planas de espaciais.

Franco e Dias (2020) constatam a escassez de pesquisas que realizam mapeamentos ou estudos em relação à Geometria, especificamente referentes ao modelo de Van Hiele, e ressaltam a necessidade de se refletir sobre o modelo e sua abordagem.

O modelo de Van Hiele tem servido de base para trabalhos desenvolvidos no Ensino Fundamental e Médio como "O Ensino do conceito de área no sexto ano do Ensino Fundamental: uma proposta didática fundamentada na Teoria de Van Hiele" (Araujo, 2012) e "Ressignificando conceitos de Geometria Plana a partir dos estudos de sólidos geométricos" (Oliveira, 2012), abordando, principalmente, os seus níveis iniciais. Os autores destacam que o modelo tem influenciado, também, pesquisas desenvolvidas em ambientes computacionais, envolvendo a Geometria.

É importante que o professor, durante a prática pedagógica, ofereça espaços para que os alunos possam trocar informações, discutir, elaborar pensamentos e opinar. Que traga novas evidências para que possam incluí-las na discussão e tomar posicionamento. Essas abordagens podem ser realizadas pelo professor ou ser propostas através de atividades como leitura de textos, atividades experimentais, demonstração, observação de fenômenos etc. Otimizar o espaço educativo pode contribuir nas interações discursivas para que construam e reelaborem o conhecimento em sala de aula (Lopes Scarpa, 2015).

A Base Nacional Comum Curricular (BNCC), aprovada em dezembro de 2018, apresenta a proposta de interpretação de modelos explicativos, dados e/ou resultados experimentais para construir, avaliar e justificar conclusões no enfrentamento de situações-problema sob uma perspectiva científica.

A experimentação desperta grande interesse nos educandos, e isso é do conhecimento dos professores. É notório para os educadores que a experimentação pode aumentar a capacidade de aprendizado, pois funciona como meio de envolver os alunos em diversos temas (Giordan,1999).

Os Níveis de Raciocínio

De acordo com o modelo original da Teoria de Van Hiele, as pessoas desenvolveriam o pensamento geométrico conforme cinco níveis, enumerados de 0 a 4. Respeitando as críticas dos pesquisadores americanos sobre a relevância do nível zero, em 1986, Pierre M. Van Hiele escreveu o livro "Structure and Insight: A Theory of Mathematics Education", propondo uma simplificação do modelo original, com os níveis enumerados de 1 a 5, descritos em termos gerais e comportamentais (Oliveira, 2012).

Primeiro Nível (Básico): Reconhecimento – Esse período tem por características principais: o reconhecimento, a comparação e as nomenclaturas das figuras geométricas por sua aparência global. Pode-se dizer que a Geometria é visualizada, mas somente por sua aparência física, não por suas propriedades. A classificação de recortes de quadriláteros em grupos de quadrados, retângulos, paralelogramos, losangos e trapézios é um exemplo da compreensão que a criança deve ter nessa fase.

Segundo Nível: Análise – Nessa fase acontece a análise das figuras em termos de seus componentes, reconhecendo suas propriedades geométricas e usando-as para resolver problemas. Não obstante, ainda não é possível explicar a relação que existe entre as propriedades. Tem-se como exemplo a descrição de um quadrado por meio de suas propriedades: possui quatro lados iguais, quatro ângulos retos, lados opostos iguais e paralelos, mas o aluno ainda não consegue fazer a relação entre suas propriedades para dizer que todo quadrado também é um retângulo.

Terceiro Nível: Abstração – Nesse nível os alunos já possuem percepção da necessidade de uma definição precisa, compreendendo que uma propriedade pode decorrer de outra. O aluno começa a argumentar informalmente e consegue fazer ordenação de classes de figuras geométricas. Reconhecer as características principais de um quadrado, como quatro lados iguais, quatro ângulos retos e ainda reconhecer que todo quadrado é um retângulo.

Quarto Nível: Dedução – Percebe-se nessa fase o domínio do processo dedutivo e das demonstrações, bem como o reconhecimento das condições necessárias e suficientes. O aluno passa a compreender alguns axiomas, postulados e teoremas, partindo assim para a construção de demonstrações. Um exemplo seria a demonstração de propriedades dos triângulos e quadriláteros por meio da congruência de triângulos.

Quinto Nível: Rigor – Nesse nível o aluno já está apto ao estudo da Geometria, sendo capaz de compreender demonstrações formais e, também, o estabelecimento de teoremas em diversos sistemas, bem como fazer comparação entre eles.

Segundo Nagata (2016, p. 29), "para que haja compreensão do conteúdo, o professor precisa conhecer toda a estrutura envolvida de forma coerente, utilizando a linguagem adequada para cada grupo de alunos, a fim de tornar o processo de aprendizagem mais proveitoso". Dessa forma, cabe ao professor ser um mediador, entendendo em que nível do conhecimento seu aluno se encontra, para assim poder guiá-lo.

As Propriedades da Teoria de Van Hiele

Junto com as características particulares de cada nível de raciocínio, faz-se necessário mencionar algumas propriedades globais da teoria de Van Hiele. Para Crowley (1996), "essas propriedades são particularmente significativas para educadores, pois podem orientar a tomada de decisões quanto ao ensino". São elas:

- **Sequencial:** O aluno deve, necessariamente, passar por todos os níveis, uma vez que não é possível atingir um nível posterior sem dominar os anteriores.

- **Avanço:** A progressão ou não de um nível para outro depende mais dos métodos de ensino e do conteúdo do que da idade ou maturação biológica. Nenhum método de ensino permite ao aluno pular um nível, alguns acentuam o progresso, mas há alguns que retardam.

- **Intrínseco e Extrínseco:** Os objetivos implícitos num nível tornam-se explícitos no nível seguinte.

- **Linguística:** Cada nível tem sua própria linguagem e um conjunto de relações interligando-os. Assim, uma relação que é correta em um certo nível, pode se modificar em outro nível.

- **Combinação inadequada:** O professor e o aluno precisam raciocinar em um mesmo nível, caso contrário, o aprendizado não ocorre. Ou seja, professor, material didático, conteúdo e vocabulário devem estar compatíveis com o nível do aluno.

Fases de Aprendizagem

Para completar a descrição da teoria, vamos expor a proposta de Van Hiele sobre os passos que o professor deve seguir para ajudar seus alunos a avançar nos níveis de raciocínio. Como já foi mencionado, os Van Hiele afirmam que o progresso ao longo dos níveis depende mais da instrução recebida do que da maturidade do aluno.

Os Van Hiele propuseram uma sequência didática de cinco fases de aprendizagem: interrogação informada, orientação dirigida, explicação, orientação livre e integração.

As fases não são, por conseguinte, associadas para um determinado nível, mas cada nível de raciocínio começa com atividades da primeira fase e continua com as atividades das fases seguintes. No final da quinta fase, os alunos devem ter atingido o próximo nível de raciocínio (Mazzini, 2022).

As principais características das fases de aprendizagem são:

1. Interrogação informada

Professor e aluno conversam e desenvolvem atividades sobre os objetos de estudo do respectivo nível. Aqui se introduz o vocabulário específico do nível, são feitas observações e várias perguntas. É uma fase preparatória para estudos posteriores.

2. Orientação dirigida

Atividades são desenvolvidas para explorarem as características de um nível e isso deve ser feito com o uso de material selecionado e preparado pelo professor.

3. Explicação

Agora, o papel do professor é de somente orientar o aluno no uso de uma linguagem precisa e adequada. Baseando-se em experiências anteriores, os alunos revelam seus pensamentos e modificam seus pontos de vista sobre as estruturas trabalhadas e observadas.

4. Orientação livre

Diante de tarefas mais complexas, os alunos procuram soluções próprias que podem ser concluídas de maneiras diferentes. Assim, eles ganham experiência ao descobrir sua própria maneira de resolver tarefas.

5. Integração

Nessa fase, o aluno relê e resume o que foi aprendido, com o objetivo de formar uma visão geral da nova rede de objetos e relações. Assim, o aluno alcança um novo nível de pensamento.

Questionário para avaliar os Níveis Segundo Van Hiele

Apresento a seguir algumas das questões que constam no questionário com as possíveis respostas dadas pelos estudantes, seguida de exemplo de análise.

Questões Relativas ao Primeiro Nível

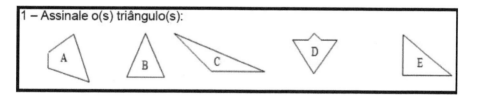

Fonte: Nasser; Sant'Anna (2010, p. 95).

Possíveis respostas e exemplos de análise:
Aluno X : Somente a alternativa B.
Aluno Y : Alternativas B, C e D.
Aluno Z : Alternativas B, C e E.

O aluno X conhece o triângulo somente na forma tradicional, não sendo capaz de indentificar as figuras C e E também como triângulos, sendo assim, não se encontra no nível básico. O aluno Y consegue reconhecer um pouco mais, pois marcou também a figura C, porém, ao marcar a figura D, considerou apenas os segmentos grandes, desconsiderando que os dois segmentos pequenos que acrescentavam dois novos lados ao desenho, compreende as formas geométricas como um todo (aparência física), não pelas suas propriedades ou partes e, sendo assim, de igual maneira não se encontra no nível básico. Por sua vez, o aluno Z, conseguiu encontrar os três triângulos inseridos nas alternativas, este sujeito alcançou nível básico de Van Hiele de visualização.

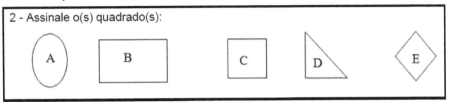

Fonte: Nasser; Sant'Anna (2010, p. 95).

Possíveis respostas e exemplos de análise:

Aluno X : Somente a alternativa C.

Aluno Y : Alternativas B e C.

Aluno Z : Alternativas C e E.

O aluno X tem imagem conceitual do quadrado, e não é capaz ainda de reconhecer que a figura E também é um quadrado e, portanto, ainda não atingiu o nível básico. O aluno Y consegue reconhecer a figura C, porém, ao marcar a figura B, o faz somente por ter quatro lados paralelos, desconsiderando o fato das medidas serem diferentes, dessa forma, apenas baseou-se na aparência (nível de visualização). Já o aluno Z compreendeu as propriedades dos quadrados, reconhecendo também a figura E, que seria uma característica de raciocínio no nível de análise.

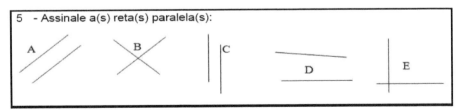

Fonte: Nasser; Sant'Anna (2010, p. 95).

Possíveis respostas e exemplos de análise:

Aluno X: B e/ou D e/ou E

Aluno Y: C

Aluno Z: A e C

O aluno X não compreendeu o conceito de retas paralelas, não atingindo o nível básico do reconhecimento. Já o aluno Y compreendeu o conceito de uma forma visual "tradicional", não acertando a questão por inteiro. O aluno Z, além de reconhecer a figura C, ainda percebeu que na figura A também se encontram retas paralelas.

Questões Relativas ao Segundo Nível

6 - No retângulo ABCD, as linhas AD e BC são chamadas de diagonais. Assinale a(s) afirmativas(s) verdadeira(s) para todos os retângulo:
a) Têm 4 ângulos retos.
b) Têm lados opostos paralelos.
c) Têm diagonais de mesmo comprimento.
d) Têm os 4 ângulos iguais.
e) Todas são verdadeiras

Fonte: Nasser; Sant'Anna (2010, p. 96).

Possíveis respostas e exemplos de análise:
Aluno X: A, B ou C
Aluno Y: D ou E
Aluno Z: A, B e C

7 – Dê três propriedades dos quadrados:
I:_____
II:_____
III:_____

Fonte: Nasser; Sant'Anna (2010, p. 96).

O aluno X consegue reconhecer apenas uma das características do retângulo, não analisando todas as sentenças adequadamente, ou ainda "chutou" uma resposta. O aluno Y, ao assinalar a resposta D, confundiu a característica do retângulo com uma característica do quadrado ou ainda não lembrou que para a alternativa estar certa se faz necessário a palavra "opostos" – tem lados <u>opostos</u> iguais, por isso também a alternativa E não está correta. Já o aluno Z buscou analisar todos os detalhes respondendo corretamente, características do segundo nível.

Possíveis respostas e exemplos de análise:

1 – É um quadrilátero (possui quatro lados);

2 – Possui ângulos opostos iguais;

3 – Lados Congruentes;

4 – Ângulos internos retos (90°)

5 – A soma dos ângulos internos é igual a 360°;

6 – As diagonais de um quadrado cruzam-se em seus pontos médios.

Essa é uma questão com um certo grau de dificuldade para alunos, porém, a priori, espera-se que os alunos consigam identificar as características relacionadas à aparência global de um quadrado. As respostas anteriormente citadas estão corretas de acordo com o segundo nível do conhecimento geométrico, a análise.

Não obstante, as possíveis respostas apresentadas pelos alunos serão:

Aluno X: 1 – Quatro lados; 2 – Lados iguais; 3 – Tem 90° graus.

Aluno Y: 1 – Quadrilátero; 2 – Tem quatro lados iguais; 3 – Quatro vértices.

Aluno Z: 1 – Possui lados opostos paralelos e iguais; 2 – Possui duas diagonais;

3 – Ângulos de mesma medida.

O aluno X observou a imagem, porém, não apresentou características presentes no quadrado, dessa forma, não se encontra no nível 1, pois não conseguiu fazer o reconhecimento da figura. Já o aluno Y descreve o quadrado em uma linguagem informal, observando apenas a aparência da figura. Contudo, o estudante Z consegue verificar características presentes no paralelogramo e utilizar uma linguagem formal, dando indícios de estar iniciando o nível da Análise.

> 10 - Dê um exemplo de um quadrilátero cujas diagonais não tem o mesmo comprimento. Desenhe este quadrilátero.

Fonte: Nasser; Sant'Anna (2010, p. 96).

Para essa questão, é muito comum que os alunos façam inúmeros desenhos, e é outro exercício em que os alunos apresentarão dificuldades em realizar, isso se dá porque todos os quadriláteros por eles conhecidos tem diagonais congruentes, porém, o paralelogramo obliquângulo é um quadrilátero que apresenta diagonais com comprimentos diferentes. Sendo o aluno capaz de desenhar corretamente e identificar a figura usando linguagem formal nos dá indícios de estar iniciando o nível da Análise.

> 12 – O quatros ângulos A, B, C e D de um quadrilátero ABCD são todos iguais.
> I – Pode –se afirmar que ABCD é um quadrado?_____
> II – Porque?
>
> III – Que tipo de quadrilátero é ABCD?

Fonte: Nasser; Sant'Anna (2010, p. 97).

Questões Relativas ao Terceiro Nível

Possíveis respostas e exemplos de análise:

Aluno X: Sim, porque possui lados iguais. É um quadrado.

Aluno Y: Não, porque retângulos também possuem ângulos iguais. Pode ser tanto quadrado como retângulo.

No momento em que o aluno X responde que "sim", percebe- se que algumas características presentes no quadrado e retângulo ainda não estão bem claras. Por conseguinte, o aluno Z analisa as propriedades do retângulo e as propriedades do quadrado e verifica que qualquer propriedade do retângulo satisfaz para um quadrado. Este aluno estabelece inter-relação entre as propriedades das figuras dando indícios de que se encontra no nível de Dedução Informal.

> 13 – Pode –se afirmar que todo retângulo é também um paralelogramo?_____
> Porque?

Fonte: Nasser; Sant'Anna (2010, p. 97).

Possíveis respostas e exemplos de análise:

Aluno X: Não, porque não tem ângulos retos;

Aluno Y: Sim, porque tem quatro lados;

Aluno Z: Sim, porque o retângulo é um tipo especial de paralelogramo. O retângulo possui ângulos opostos iguais, lados opostos paralelos e de mesma medida, possui quatro ângulos e suas diagonais cruzam-se em seus pontos médios.

No momento em que o aluno diz SIM, é possível perceber que ele possui algum conhecimento referente a retângulo e paralelogramo, analisando as figuras em termos de seus componentes (análise). O aluno X não compreendeu que todo retângulo é também um paralelogramo, mas nem todo paralelogramo é um retângulo. O aluno Y não está errado, pois essa é uma das características de ambos, porém, não justifica a resposta (análise), já o aluno Z apresenta em sua justificativa, propriedades que definem um retângulo como um paralelogramo.

Construindo o Pensamento Geométrico

Após aplicação do Teste para avaliar em que nível de pensamento geométrico se encontra a turma em questão, propõe-se uma sequência de atividade para minimizar as defasagens. É interessante que em todo o processo o professor provoque o aluno a se aprofundar no assunto, mas também que sejam proporcionados momentos de recuperação e aprofundamento para que alcance todos os níveis de aprendizagem.

ATIVIDADE 1

A atividade a seguir visa que os estudantes estabeleçam relações entre as formas encontradas no cotidiano e a Geometria, visto que estão em contato direto com as formas tridimensionais e, muitas vezes, não fazem ligação com o assunto estudado.

Na ATIVIDADE 1, o(a) professor(a) pode identificar quais são os conhecimentos prévios apresentados pelo educando.

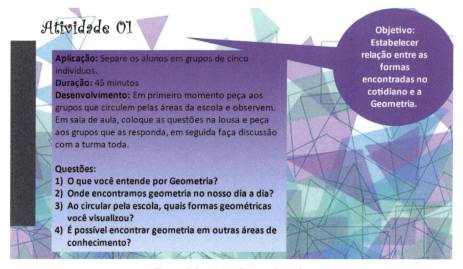

Fonte: Mazzini e Santos (2022).

É importante ressaltar que o professor será neste momento somente um mediador, para favorecer o protagonismo dos alunos. Através das trocas é despertado conhecimentos anteriores que estavam guardados, favorece o aprendizado e os prepara para a fase seguinte de aprendizagem.

ATIVIDADE 2

Esta atividade consiste em manusear objetos geométricos encontrados no cotidiano, e para este caso, iniciaremos com tipos diferentes de prismas (caixa de sapato, creme dental ou sabonete, de algum alimento, entre outros). Dessa forma, poderá ser trabalhado o conceito de prismas, com todos os seus elementos e, na sequência, introduzir as formas poligonais apresentadas nas faces de cada prisma.

No exato momento em que o aluno consegue manipular os objetos matemáticos, a abstração será mais bem compreendida, ainda mais quando este conteúdo está presente no dia a dia, fazendo as associações matemáticas necessárias, tudo se tornará mais fácil.

Para que esta tarefa possa ser realizada, pede-se ao aluno para trazer de casa alguns sólidos geométricos encontrados no cotidiano, dando sequência à discussão da aula anterior. Neste momento, será oportunidade para observar se o conteúdo foi absorvido com sucesso.

Depois de efetuada a atividade, sempre se faz necessário uma conversa com o grupo, pois é nesse momento que o aluno, com seus conhecimentos prévios, troca informações com seus colegas e, em muitos momentos, muda-se a percepção em relação ao objeto estudado, adquirindo novos conceitos.

O professor tem um papel muito importante nessa etapa, auxiliando na transição da linguagem informal para a uma linguagem mais formal, mostrando matematicamente as formas presentes no cotidiano.

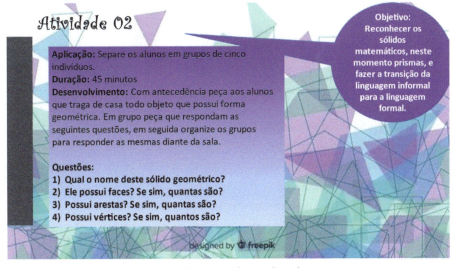

Fonte: Mazzini e Santos (2022).

Torno a dizer que o papel do professor será somente mediar. Será necessário nesta atividade relembrar os conceitos de área, face e aresta, porém, em primeiro momento provoque os alunos a buscar a informação. Neste momento será possível ter um *feedback* das ações do docente e, se necessário for, faça novas intervenções e recomece.

ATIVIDADE 3

Complementando, seguiremos fundamentando-nos na desconstrução do objeto, ou seja, o aluno passará da dimensão 3 para a dimensão 2, manipulando o sólido.

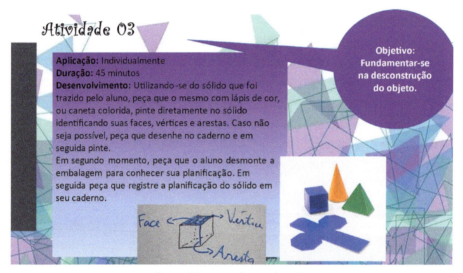

Fonte: Mazzini e Santos (2022).

Com o objetivo que a geometria tenha uma melhor compreensão, muitos alunos precisaram mais do que somente visualizar as imagens abordadas no livro didático. Por este motivo é que, na ATIVIDADE 3, proporcionamos aos estudantes manusear objetos presentes no cotidiano com um olhar matemático. Ao final desta atividade, assim como nas outras, separe alguns minutos para socialização das descobertas, lembre-se que, para alcançarmos novos níveis, se faz necessário que o conteúdo faça sentido e seja absorvido.

Segundo Beline e Costa (2010), o mundo em que vivemos é tridimensional, dessa forma, os conceitos geométricos podem ser melhor entendidos quando, primeiramente, apresentados em sua forma habitual, ou seja, introduzir a geometria com as formas espaciais.

ATIVIDADE 4

Na ATIVIDADE 4 faremos uso de elementos figurais, porém, este ainda exposto em três dimensões. Ao desenvolver esta tarefa, o aluno conseguirá assimilar com maior facilidade os principais sólidos geométricos.

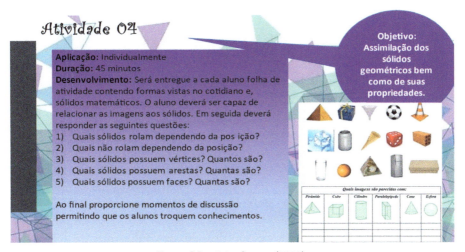

Fonte: Mazzini e Santos (2022).

Se faz importante o papel do professor como mediador, para favorecer o protagonismo dos alunos. Através das trocas se proporciona momentos e questionamentos que consigam interrelacionar os conhecimentos prévios a conteúdos novos.

ATIVIDADE 5

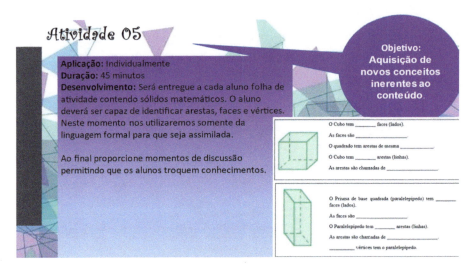

Fonte: Mazzini e Santos (2022).

Na ATIVIDADE 5 será exigido dos alunos conhecimentos relacionados aos elementos matemáticos, mais especificamente dos sólidos geométricos, visando uma observação mais detalhada do sólido apresentado, na tentativa de adquirir novos conceitos inerentes ao conteúdo.

Diante dos conhecimentos abordados na ATIVIDADE 5, chegou o momento do professor introduzir a Geometria Plana, estabelecendo relações entre os sólidos geométricos e suas respectivas faces. E, como complemento, introduziremos a ATIVIDADE 6.

ATIVIDADE 6

A ATIVIDADE 6 tem por objetivo reconhecer as diferentes figuras planas através das semelhanças encontradas.

Neste momento deverá diferenciar as figuras geométricas entre suas propriedades, bem como identificar figuras planas e sólidos geométricos, observando assim as semelhanças e diferenças encontradas entre as imagens propostas.

Esta é uma das atividades propostas pelo Projeto Fundão, coordenado por Nasser e Sant'Anna (2010, p. 16-17), em que a presente atividade visa trabalhar com "as representações das figuras e dos sólidos".

Fonte: Mazzini e Santos (2022).

ATIVIDADE 7

Esta atividade consiste em investigar as propriedades das formas geométricas por sua aparência, separando as figuras por grupos, quadrados, retângulos, paralelepípedos, entre outros. Primeiramente, os alunos deverão discutir as propriedades em grupo e depois compartilhar com os demais colegas.

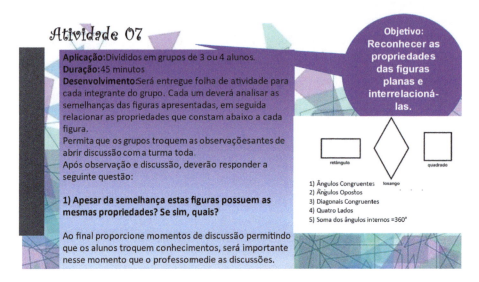

Fonte: Mazzini e Santos (2022).

Durante todo o desenvolvimento das atividades propostas, sugere-se a troca de informações entre os alunos, bem como a interpretação dos resultados e validação presente na discussão de toda a turma juntamente com o professor. Dessa forma, o professor estará na condição de mediador, orientando-os na obtenção do conhecimento e o aluno protagonista de seu aprendizado.

Vale ressaltar que Han Viele descreveu as fases de aprendizagem onde se possibilita o avanço de um nível para outro, a sequência apresentada tem origem no educacional proposto por Mazzzini (2022), objetiva respeitar as fases para não ocorrer perda no processo de desenvolvimento dos níveis de pensamento geométrico. O papel do professor neste processo como mediador é de fundamental porque não é possível pular de um nível para outro, porém, dependendo do método ou material utilizado, pode-se retardar o processo, trazendo prejuízos a aprendizagem.

Considerações Finais

O objetivo deste capítulo é fornecer orientação prática para os professores de matemática do Ensino Fundamental, constituindo-se como uma possível ferramenta orientadora para aplicação e análise de atividades que promovam o desenvolvimento do pensamento geométrico que contribua para compreensão dos conteúdos e melhoria das aulas.

A metodologia utilizada na dissertação e a avaliação da aprendizagem foi por meio da aplicação de um questionário, de acordo com o modelo de Van Hiele.

As Sequências Didáticas foram desenvolvidas com alunos do nono ano do Ensino Fundamental, sendo realizadas em sala de aula como forma de os conhecimentos relativos à Geometria, apresentando resultados satisfatórios ao processo de ensino e aprendizagem de conceitos geométricos, bem como melhores resultados nas avaliações institucionais.

O Questionário servirá como suporte e valiosa ferramenta para verificar a percepção geométrica adquirida pelos alunos em anos anteriores, ajudando o professor na escolha do método, conteúdo, material e mediação das atividades. Já a sequência de atividades aqui proposta, baseia-se nas características primárias envolvendo a geometria, já que a intenção se dá em construir o pensamento geométrico iniciando-se do nível básico de visualização, podendo o professor adaptá-las, caso o nível da turma seja mais elevado. Espera-se que este caderno pedagógico possa contribuir significativamente com os(as) professores(as) no desenvolvimento do ensino da Geometria, para que assim sejamos capazes de desenvolver nos estudantes o pensamento geométrico, a fim de alcançar aprendizagem satisfatória, potencializando melhores resultados na aprendizagem.

Referências

ANDRADE, J. A.; NACARATO, A. M. Tendências didatico-pedagógicas no Ensino de Geometria: Um olhar sobre os trabalhos apresentados nos ENEMs. **Educação Matemática em Revista**. Recife, PE, v. 11, n. 17, p. 61-70, 2004.

ARAUJO, W. R. **O Ensino do conceito de área no sexto ano do ensino fundamental:** uma proposta didática fundamentada na teoria de Van Hiele. Dissertação (Mestrado) — Universidade Federal de Alagoas, 2012.

BARGUIL, P. M. Fiplan: recurso didático para o ensino e a aprendizagem de Geometria na educação infantil e no ensino fundamental. **Anais do XII Encontro Nacional de Educação Matemática**. São Paulo, 2016.

BEZERRA, L. S.; LOPES, J. P. O tangram e suas contribuições para o processo de abstração e compreensão dos conceitos geométricos de área e perímetro. **Anais do XII Encontro Nacional de Educação Matemática**. São Paulo, 2016.

BRAGA, E. R.; DORNELES, B. V. Análise do desenvolvimento do pensamento geométrico no ensino fundamental. **Educação Matemática Pesquisa**, v. 13, n. 2, p. 273 -289, 2011.

CROWLEY, M. L. **Aprendendo e Ensinando Geometria**. São Paulo: Atual, 1996.

DAMBROSIO, U. **Educação Matemática da teoria à prática**. 16. ed. São Paulo: Papirus, 2008.

FERREIRA, F. E. Ensino e aprendizagem de poliedros regulares via teoria de Van Hiele com origami. **Anais do XI Encontro Nacional de Educação Matemática**. Curitiba, 2013.

FRANCO, G.; DIAS, M. DE O. Modelo geométrico de Van Hiele: Estado da arte nos Encontros Nacionais de Educação Matemática (ENEM). **Revista de Ensino de Ciências e Matemática**, v. 11, n. 1, p. 169-188, 1 jan. 2020.

HIELE, P. M. V. **Structure and insight:** a theory of mathematics education. Nova York: Academic Press, 1986.

JAIME, A.; GUTIERREZ, A. **Una propuesta de fundamentación para la enseñanza de la geometria:** El modelo de van Hiele. [S.l.]: S. Llinares and M. V. Sánchez, 1990.

KALEFF, A. M. et al. Desenvolvimento do pensamento geométrico: Modelo de van Hiele. **Bolema**, v. 10, p. 21-30, 1994.

MAZZINI, T. F. S. **Considerações sobre os Níveis de Van Hiele com grupo de estudantes do Ensino Fundamental II**. 99 f. Dissertação (Mestrado em Ensino de Matemática) - Universidade Cruzeiro do Sul, São Paulo, 2022.

MAZZINI, T. F. S.; SANTOS, M. E. K. L. **Construção do pensamento geométrico em sequências didáticas**. 35 f.: il. Produto educacional. Universidade Cruzeiro do Sul, São Paulo, 2022.

NASCIMENTO, E. C. O desenvolvimento do pensamento geométrico, interação social e origami. **Anais do XII Encontro Nacional de Educação Matemática**. São Paulo, 2016.

NASSER, L.; LOPES, M. L. M. L. **Geometria na era da imagem e do movimento**. Rio de Janeiro: UFRJ, 1996.

NASSER, L.; SANTANNA, N. P. **Geometria segundo a teoria de Van Hiele**. Rio de Janeiro: UFRJ, 1997.

NASSER, L.; SANT'ANNA, N. F. P. **Geometria segundo a teoria de Van Hiele**. 2. ed. Rio de Janeiro: IM/UFRJ, 2010.

OLIVEIRA, M. C. E. **Ressignificando conceitos de Geometria Plana a partir dos estudos dos sólidos geométricos**. 2012. 279 f. Tese (Mestrado em Ensino de Matemática) - Universidade Católica de Minas Gerais, Minas Gerais, 2012.

PAVANELLO, R. M. O abandono do ensino da geometria no Brasil: causas e consequências. **Revista Zetetiké**, v. 1, n. 1, p. 7-17, 1993.

SAMPAIO, F. F.; ALVES, G. de S. O modelo de desenvolvimento do pensamento geométrico de van Hiele e possíveis contribuições da geometria dinâmica. **Revista de Sistemas de Informação da FSMA**, n. 5, p. 69-76, 2010.

SANTOS, J. M. S. R. **A teoria de Van Hiele no estudo de áreas de polígonos e poliedros**. 2015. 109 f. Tese (Mestrado em Matemática) - Universidade Estadual do Norte Fluminense Darcy Ribeiro de Campos dos Goytacazes, Rio de Janeiro, 2015.

VITAL, C.; MARTINS; E. R.; SOUZA, J. R. O uso de materiais concretos no ensino de Geometria. **Anais do XII Encontro Nacional de Educação Matemática**. São Paulo, 2016.

VILLIERS, M. Algumas reflexões sobre a teoria de van Hiele. **Educacao Matemática Pesquisa**, v. 12, n. 3, p. 400-431, 2010.

YIN, R. **Estudo de caso:** planejamento e métodos. 3. ed. Porto Alegre: Bookman, 2005.

GUIA DIDÁTICO EDUCACIONAL PARA PROFESSORES: "TECNOLOGIAS DIGITAIS EM SALA DE AULA – ROTEIRO DE APRENDIZAGEM"

Terezinha Galli do Rosário[33]
Juliano Schimiguel[34]
Alex Paubel Junger[35]

APRESENTAÇÃO

O Programa de Pós-Graduação em Mestrado Profissional de Ensino de Ciências e Matemática da Universidade Cruzeiro do Sul tem como um dos requisitos para a obtenção do título de Mestre a elaboração de um Produto Educacional.

Este produto educacional possui um propósito fundamental: enriquecer o planejamento do trabalho docente nas disciplinas técnicas do Ensino Técnico, com foco especial no eixo de Infraestrutura e no curso Técnico em Edificações. Seus objetivos são múltiplos e convergentes: servir como um recurso pedagógico valioso, oferecendo suporte aos professores dessas matérias, e contribuir de maneira significativa para o processo de ensino e aprendizagem, fornecendo uma gama de atividades práticas que estimulam a compreensão do conteúdo lecionado. Uma das características deste produto educacional é sua ênfase na integração das tecnologias digitais no ambiente de sala de aula, representando um produto educacional abrangente. Ele aborda a concepção

---

[33] Mestranda do Programa de Pós-graduação em Ensino de Ciências e Matemática da Universidade Cruzeiro do Sul, São Paulo – SP, Brasil. E-mail: tereza.galli26@gmail.com

[34] Doutorado (2006) e Mestrado (2002) em Ciência da Computação pelo Instituto de Computação da UNICAMP, Campinas/SP. Professor Permanente no Programa de Doutorado/Mestrado em Ensino de Ciências e Matemática. Universidade Cruzeiro do Sul, São Paulo, SP, Brasil. E-mail: schimiguel@gmail.com

[35] Doutorado em Energia (2015) pela UFABC e mestrado em educação (2008). Professor Permanente no Programa de Doutorado/Mestrado em Ensino de Ciências e Matemática. Universidade Cruzeiro do Sul, São Paulo, SP, Brasil. E-mail: alex.junger@cruzeirodosul.edu.br

e a implementação de ambientes virtuais e colaborativos de aprendizagem, refletindo a abordagem "Aprendizagem mediada pela utilização de tecnologias digitais e sua aplicabilidade na concepção dos docentes", como discutido por Rosário e Schimiguel (2023).

O material disposto neste Guia foi estruturado a partir de seções de análises de questionário e subseção de uma reunião pedagógica a partir das concepções dos docentes acerca da utilização de tecnologias digitais em sala de aula como mediação para a aprendizagem de conteúdo das disciplinas técnicas do Eixo de Infraestrutura e as principais práticas foram escolhidas pela pesquisadora para compor o Produto Educacional ocorrido no ano de 2023.

As etapas das estratégias sugeridas no guia didático se relacionam com algumas indagações adaptadas de acordo com Biggs e Tang (2011), que são: Objetivo Pedagógico: O que os alunos devem ser capazes de fazer (habilidades) no final da aula? Verificação da Aprendizagem: Como verificarei se os alunos aprenderam? Atividade da aula: Quais atividades serão propostas durante a aula para que os alunos atinjam o resultado de aprendizagem pretendida.

Ao recorrer a essas indagações, o docente tende a ter um planejamento mais assertivo e equilibrado para que suas ações no ensino estejam contempladas, os objetivos de aprendizagem pretendidos, evitando sobrecarga cognitiva pelo excesso de informações e conteúdo. Reitera-se, portanto, um olhar atento às competências digitais docentes, numa perspectiva de inclusão de todos: docentes e discentes de como que o digital possa auxiliar no desenvolvimento de práticas de ensino e de aprendizagem e de todo um ecossistema educativo de elevada qualidade (Ota; Dias-Trindade, 2020).

A proposta tem como princípios norteadores a correlação das habilidades e competências das disciplinas segundo a BNCC (Base Nacional Comum Curricular), seção Itinerário Formativo e a utilização das tecnologias digitais em sala de aula, podendo ser utilizado conforme a necessidade de ensino.

Espera-se que este Produto Educacional possa contribuir para a prática pedagógica de professores e que possa ser uma ferramenta mediadora na construção do conhecimento pedagógico, colaborando para o aumento do conhecimento técnico e intelectual e possibilitando a ampliação na formação profissional e humana dos discentes.

REFERENCIAL TEÓRICO

É corrente nos estudos sobre a formação de professores que os saberes necessários ao ensinar não podem ser reduzidos aos conhecimentos dos conteúdos das disciplinas. Quem ensina sabe muito bem que, para ensinar, é preciso muito mais do que simplesmente conhecer a matéria, mesmo reconhecendo que esse conhecimento seja fundamental. Paralelamente, confundiu-se por muito tempo que as habilidades necessárias à docência podiam ser resumidas ao talento natural dos professores, ou seja, ao seu bom senso, à sua intuição, à sua experiência ou mesmo à sua cultura. Essas ideias preconcebidas prejudicam o processo de profissionalização do ensino, impedindo o desabrochar de um saber desse ofício sobre si mesmo. É o que os autores denominam de um ofício sem saberes (Gauthier *et al.*, 1998; Rosário, 2023).

O professor do Ensino Técnico não é concebido como um profissional da área da educação, mas um profissional de outra área e que nela também leciona. Por sua vez, as agências formadoras também encontram dificuldades na definição dos currículos para os cursos e programas de formação desse professor, considerando-se, sobretudo, a variada gama de disciplinas dos cursos técnicos, os diferentes setores da economia aos quais se referem, as características do aluno e do próprio quadro docente responsável pela formação desse futuro professor (Oliveira, 2006).

Evidencia-se a necessidade e relevância de se voltar o olhar sobre a formação docente para a educação profissional, não somente por tratar-se de um campo ainda pouco pesquisado, mas também pelas possibilidades que estudos nessa direção podem oferecer para a ampliação do conhecimento sobre o processo de formação e atuação dos professores nessa modalidade de ensino, bem como para um maior entendimento sobre a docência nessa realidade específica.

De acordo com Area *et al.* (2016), existem, sobretudo, dois padrões de integração das TDICs (Tecnologias Digitais de Informação e Comunicação), um fraco, em que os professores usam recursos educativos tradicionais como os manuais e, esporadicamente, usam tecnologia, numa exposição de transferência de conhecimento; e outro modelo, de integração intensiva com uma significativa mistura ou combinação dos recursos tradicionais com as TDICs, utilizados numa perspectiva de aprendizagem mais ativa. O que lhes permitiu concluir que normalmente os professores incorporam as TDICs com as abordagens e as estratégias metodológicas que já tinham, sem quebrar com as suas práticas de ensino anteriores.

Os efeitos positivos da utilização das TDICs só se verificam quando os professores se empenham na sua aprendizagem e domínio e promovem atividades desafiadoras e criativas, sendo, para isso, necessário que os professores também as usem com os alunos, designadamente para tratar e representar a informação, para apoiar os alunos na construção de conhecimento significativo e ainda para desenvolver projetos, integrando as tecnologias no currículo (Miranda, 2007; Rosário, 2023).

Ainda, para Rosário (2023, pp. 58):

> ...para a superação dos desafios e o alcance dos potenciais educativos das TDICs, a mudança no fazer pedagógico se faz necessária. Isso implica em ações comunicativas, pelas e para as quais, os docentes necessitam se preparar continuamente.

Barbosa e Moura (2013) apontam que a educação profissional ainda tem sido objeto de discussões com foco, majoritariamente, nas organizações curriculares e percursos formativos, sem atribuir muita ênfase em metodologias ativas de aprendizagem que fortaleçam a construção de competências profissionais. Ressalta-se, dessa forma, a importância de trazer ao debate a questão da revisão das práticas tradicionais de ensino, visando novas possibilidades de mediação do conhecimento, principalmente com metodologias ativas na educação profissional.

Levando em conta que "a tecnologia pode incrementar um ensino de excelência, mas que uma excelente tecnologia não pode substituir um ensino pobre" (OCDE, 2015, p. 4), conclui-se que a adaptação e a integração das tecnologias nas salas de aula das escolas da sociedade contemporânea exigem a adoção de novos papéis e formas de trabalho por parte do professor, assim como a aceitação de uma postura reflexiva e a análise dos impactos relacionados com esta nova relação com o saber, apresentando-se a formação dos professores como um fator chave neste processo.

Nessa percepção, é importante que o docente entenda o objetivo das TDICs nas práticas pedagógicas em uma formação específica direcionada aos ensinos profissionalizantes, como se ensina e como se aprende em um processo de ensino e aprendizagem, levando-se em conta as características individuais de cada discente.

A pesquisa realizada sinalizou a necessidade da oferta de uma formação específica sobre o tema Tecnologias Digitais em sala de aula – roteiro de aprendizagem aos docentes. Na educação profissional existe uma singularidade maior, pois estão envolvidas a formação humana e a formação no mundo do trabalho e o Ensino Técnico possui especificidades que precisam ser consideradas no processo de ensino e aprendizagem, por meio de atividades teóricas e práticas voltadas para contextos reais de atuação profissional.

Alinhamento Construtivo

O Alinhamento Construtivo foi proposto por John Biggs (Biggs; Tang, 2011) e é definido pelo próprio autor como um "design for teaching". Em português, pode ser entendido como uma maneira de planejar, projetar e delinear o ensino. No Alinhamento Construtivo, o professor deve iniciar planejando o que ele deseja que os estudantes aprendam e isso deve estar escrito nos resultados pretendidos da aprendizagem.

A escrita deve iniciar com verbos e sua apresentação deve permitir que o aluno, ao ler, saiba o que e como fazer para alcançar este resultado. Assim, verbos como "entender" ou "compreender", geralmente utilizados para declarar objetivos, são considerados inadequados porque eles não transmitem o nível de ação que é requerido dos alunos (Biggs; Tang, 2011 *apud* Mendonça, 2015).

Conforme pode ser observado na Figura 1, a taxonomia é composta por cinco níveis, no qual cada nível torna-se uma base sobre a qual a aprendizagem futura é construída. A descrição de cada nível é apresentada a seguir (Brabrand; Dahl, 2007):

Figura 1 – Tipos de Taxonomia.

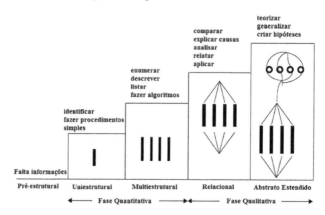

Fonte: Biggs e Tang (2011 *apud* Mendonça, 2015).

A partir dessas estratégias de ensino e aprendizagem, nota-se que todas são verdadeiras metodologias ativas onde o fator pedagógico transforma essas estratégias em verdadeiros métodos educativos (Moran, 2015).

Percurso Metodológico

Este subtítulo é dedicado à apresentação de algumas ferramentas e suas potencialidades pedagógicas no ensino técnico profissionalizante, especificamente no eixo de Infraestrutura, seus recursos, técnicas e produtos associados. Assim, os demais capítulos deste produto educacional são desdobramentos da realização do guia didático educacional.

O Catálogo Nacional de Cursos Técnicos (CNCT), aprovado pelo Conselho Nacional de Educação (CNE), por meio da Resolução CNE/CEB nº 2, de 15 de dezembro de 2020, disciplina a oferta de cursos de educação profissional técnica de nível médio para orientar e informar as instituições de ensino, os estudantes, as empresas e a sociedade em geral. E para que atenda as exigências dessa demanda, um modelo estabelecido no Quadro 1 visa orientar a instituição com uma grade curricular completa no eixo de Infraestrutura.

No contexto da Educação Profissional, as metodologias ativas, mediadas pela tecnologia, têm sido valorizadas não apenas como prática mais eficiente para a formação de competências, mas também pelos valores que promovem como: independência, responsabilidade, autoconfiança, dentre outros. O perfil do profissional para atuar em ambientes produtivos intensamente baseados em tecnologias da informação requer a formação de habilidades de análise, raciocínio, solução de problemas, criatividade, expressão verbal e escrita, aprender a aprender e a empreender. A metodologia possibilita o desenvolvimento de tais habilidades em contextos que reproduzem situações reais. Para isso, uma mudança de postura pedagógica traz consigo nova conceituação de educação, novas práticas, gerando um ambiente de aprendizagem voltado para a construção do conhecimento.

Quadro 1 – Modelos de grade curricular do curso de educação profissional técnica de nível médio – Técnico em Edificações.

```
Disciplinas Técnicas
├── 1º ano
│   ├── Desenho Técnico
│   ├── Planejamento Técnico da Construção Civil
│   ├── Instalações Prediais I
│   ├── Informática aplicada a Construção Civil
│   └── Solos e Fundações
├── 2º ano
│   ├── Planejamento Econômico da Construção Civil
│   ├── Instalações Prediais II
│   └── Técnicas e Práticas Construtivas
└── 3º ano
    ├── TCC
    ├── Ética e Cidadania
    └── Técnicas e Práticas Construtivas de Acabamento
```

Fonte: Rosário e Schimiguel (2023).

As mudanças nas funcionalidades das ferramentas de tecnologias digitais são ótimos exemplos para observar os rumos que a comunicação educacional tem tomado em decorrência dos modelos de ensino com a adoção de metodologias ativas mediadas pela tecnologia.

Nota-se, na Figura 2, o caminho percorrido das organizações para conscientizar a necessidade da aplicação das metodologias ativas de aprendizagem em sala de aula, entretanto, destaca-se que, no Plano Didático do Curso, não é inserido as aplicações pedagógicas no conteúdo programático já planejado, visando a necessidade desta reflexão e adequação ao planejamento do professor.

Figura 2 – Síntese de Planejamento Pedagógico para Educação Profissional.

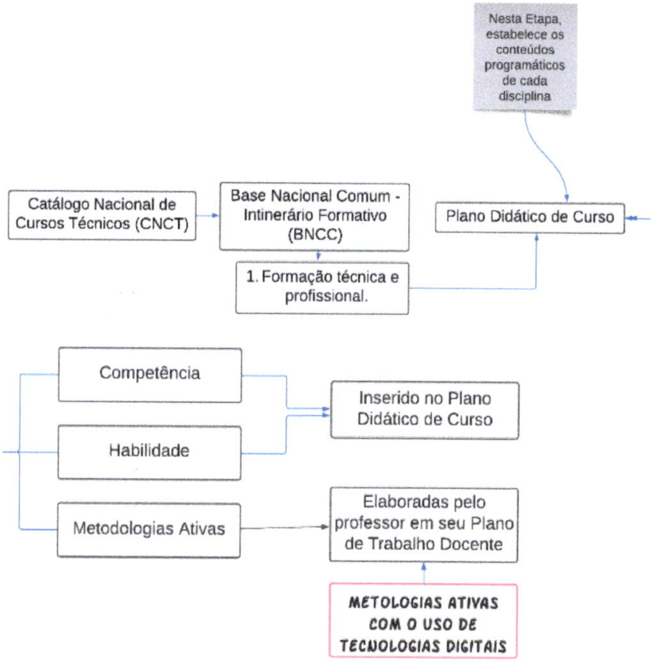

Fonte: Rosário e Schimiguel (2023).

METODOLOGIA DO PRODUTO/PROCESSO EDUCACIONAL

Na literatura, as orientações para a condução do estudo dos alunos podem ser encontradas na técnica conhecida como "Estudo Dirigido". Menegolla e Sant'Anna (2013, p. 58) mencionam que, por meio do estudo dirigido, "o aluno aprende a estudar de forma independente, realizando seu próprio trabalho de forma clara, precisa e rica de informações".

Por meio do estudo dirigido o professor poderá auxiliar os alunos a: desenvolver autonomia na realização dos estudos; organizar e consolidar conhecimentos; desenvolver estratégias individuais de aprendizagem; e estabelecer relações entre os conteúdos aprendidos. Ao professor, possibilita observar o desenvolvimento e dificuldades dos alunos e verificar a condução do seu trabalho em sala de aula (Libâneo, 2017).

Essa técnica possui como "ferramenta", ou instrumento de aplicação, o roteiro de aprendizagem. Nele são organizados, de forma estratégica, o caminho, ou roteiro, que o aluno deverá seguir para alcançar os resultados da aprendizagem, planejados pelo professor. Essas características alinham-se à Base Nacional Comum Curricular (Brasil, 2018), que solicita dos professores meios de apresentar os componentes curriculares de maneira a "selecionar e aplicar metodologias e estratégias didático-pedagógicas diversificadas, recorrendo a ritmos diferenciados e a conteúdos complementares, se necessário, para trabalhar com as necessidades de diferentes grupos de alunos [...] e "conceber e pôr em prática situações e procedimentos para motivar e engajar os alunos nas aprendizagens [...]" (Brasil, 2018, p. 16-17).

Destacamos o que Vaz (2017, p. 3) menciona sobre "roteiro didático": [...] uma ferramenta pedagógica que vem a calhar para aqueles professores que ainda não se adaptaram com as novas tecnologias da informação.

Vemos este instrumento do estudo dirigido com um potencial maior do que apenas "transformar sua aula tradicional em algo mais atrativo". Ela promove uma atividade ativa por parte do aluno, ao solicitar dele uma ação na interpretação e análise de textos de acordo com seus conhecimentos e capacidades, na resolução de questões elaboradas pelo professor que podem ser acompanhadas dentro e fora da sala de aula.

Os roteiros podem contribuir como estratégia de sistematização de estudo e ajudam a explorar novas possibilidades, conforme os objetivos propostos pelo professor. Eles conduzem o aluno também na resolução de problemas, na busca por informações, por responder questões apresentadas dentro do contexto que está inserido.

Para isso, o professor necessita cumprir alguns requisitos, tais como: elaborar tarefas com clareza e de acordo com o conhecimento e nível cognitivo do aluno; se a tarefa ocorrer dentro da sala de aula, garantir um ambiente para que ela possa ocorrer (silêncio, material didático etc.); oferecer assessoria durante o processo e compartilhar os resultados com a classe para aumentar o aprendizado (Libâneo, 2017).

Cabe ao professor, com base no propósito pedagógico de sua disciplina, conteúdo ou unidade didática, definir até que nível os alunos devem se aprofundar em determinado conhecimento ou habilidade. Esclarecemos também que é possível trabalhar mais de um nível por roteiro ou apenas enfatizar um, o processo não é engessado e pré-determinado. Mas o professor deve analisar e ter clareza sobre a situação do aluno e suas necessidades de aprendizado.

O PRODUTO

Este guia didático educacional – roteiro de aprendizagem para professores, conforme Figuras 3 e 4, foi elaborado com a finalidade de auxiliar os professores que ministram disciplinas técnicas do eixo de infraestrutura, em especial aqueles que querem utilizar tecnologias como recursos didáticos. Aqui, disponibilizaremos todo o passo a passo para os procedimentos básicos de um planejamento de aula e como sugestão ao trabalho do professor, a fim de que este verifique a aprendizagem dos seus alunos.

Figura 3 – Capa do Guia Didático Educacional.

Fonte: Rosário e Schimiguel (2023).

Para a realização do 1º passo deste roteiro, recomenda-se identificar o perfil dos alunos, ou seja, qual a turma, que ano está, o que os alunos já sabem, suas experiências nos anos anteriores, conforme Figura 8.

Figura 4 – 1º Passo – Identificar o perfil do aluno.

Fonte: Rosário e Schimiguel (2023).

No passo 2, segundo o conceito de alinhamento construtivo de Baggs e Ting (2011), deve-se identificar a taxonomia dos alunos seguindo o exemplo da Figura 5, o objetivo é relacionar o saber do aluno com a atividade que poderá ser proposta na sala de aula.

Figura 5 – 2º Passo – Identificar a taxonomia.

Fonte: Rosário e Schimiguel (2023).

No passo 3 será necessário analisar a disciplina que ministra e suas potencialidades pedagógicas, verificando as habilidades, competências, para que fim é a tecnologia e qual a melhor escolha, dentro do Quadro 1 já apresentado. Ao planejar o roteiro de aprendizagem, é importante ressaltar que dependendo da atividade, poderá escolher mais tipos de tecnologias, dependendo do tempo que os alunos terão para a realização.

Figura 6 – 3º Passo – Análise das potencialidades pedagógicas

Fonte: Rosário e Schimiguel (2023).

No passo 4, sugere-se uma proposta esquemática, onde suas respostas nortearão o planejamento efetivo da atividade. Sendo assim, o professor conseguirá ver a interatividade, criatividade, senso crítico, responsabilidade e cumprimento de prazos no desenvolvimento da tarefa, conforme Figura 7.

Figura 7 – 4º Passo – Proposta Esquemática.

Fonte: Rosário e Schimiguel (2023).

Desenvolvimento do produto/processo

Após a elaboração do planejamento de trabalho docente, o professor deverá preencher o roteiro de aprendizagem (Figura 8), cuja conclusão será a aplicação em sala de aula e dependerá de o aluno ter ou não ter aprendido o conteúdo técnico usando recurso tecnológico.

Figura 8 – 5º Passo – Roteiro de aprendizagem – preenchida.

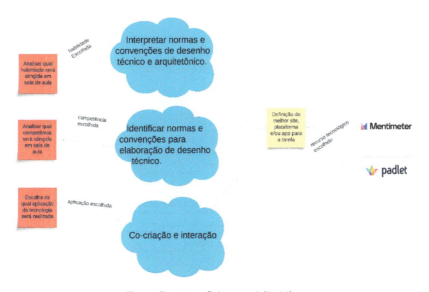

Fonte: Rosário e Schimiguel (2023).

Entre as limitações do roteiro, destaca-se as limitações tecnológicas da Unidade Escolar, desse modo, como recomenda-se verificar junto ao responsável de laboratório, as condições de internet, computador e equipamentos necessários para a realização desta tarefa.

Proposta de aula:

CONTEÚDO

Apresentação da NBR 10647 – Norma define os termos empregados em desenho técnico.

OBJETIVOS

Agregar as habilidades e competências necessárias ao futuro profissional e como a disciplina se relaciona ao mundo do trabalho.

Promover a participação, interação e envolvimento dos estudantes por meio do uso de tecnologias digitais.

COMPETÊNCIA

Interpretar normas e convenções de desenho técnico e arquitetônico.

HABILIDADE

Identificar normas e convenções para elaboração de desenho técnico.

METODOLOGIA:

Tabela 1 – Proposta de metodologia de trabalho de uma aula de 50 minutos.

Descrição das Ações	Tempo
Apresentação do Conteúdo que será abordado	5 minutos
Exposição do conteúdo mediante a utilização da plataforma	5 minutos
Tempo para o desenvolvimento da tarefa	25 minutos
Correção e Compartilhamento	5 minutos
Atividades domiciliares complementares	5 minutos

Fonte: Rosário e Schimiguel (2023).

Antes de começar os trabalhos propostos, é essencial investigar a situação real da sala de aula, no quesito acesso à internet, equipamentos disponíveis para participação em sala de aula, entre outros. Tais questionamentos se fazem necessários para o diagnóstico da turma.

Na Tabela 2, destaca-se a proposta pedagógica preenchida, para que o professor visualize suas potencialidades pedagógicas utilizando as tecnologias como recurso tecnológico:

Tabela 2 – Proposta pedagógica.

O que veremos hoje?	NBR 10647 - Norma define os termos empregados em desenho técnico.
O que os alunos devem ser capazes de fazer (habilidades) no final da aula?	Memorizar e nomear, alguns termos conhecidos da NBR 10647 para aplicar no desenho técnico.
Como verificarei se os alunos aprenderam?	Por meio do aplicativo Mentimeter, realizando um *brainstorm* para verificar o que os alunos já sabem sobre o assunto e como agregar este novo conhecimento técnico ao cotidiano do aluno.
Quais atividades serão propostas durante a aula para que os alunos atinjam o resultado de aprendizagem pretendida?	Aplicação do aplicativo Mentimeter – nuvem de ideias, para que eles acessem pelo *smartphone* deles, e escrevam qual pensamento remete a palavra PADRONIZAÇÃO. Após esta etapa, e passado o conteúdo, abrir o aplicativo Padlet para que os alunos façam um mural colaborativo do conhecimento com o intuito de deixar registrado o aprendizado
Tempo:	50 minutos
Qual competência e habilidade foi inserida no contexto e quais foram efetivamente alcançadas?	Saber interpretar nomenclaturas de desenho técnico.

Fonte: Rosário e Schimiguel (2023).

Atividade

Nesta atividade, deverá ser aberto pelo professor diretamente o aplicativo Mentimenter[36], após fazer o login na sua conta do Mentimeter, poderá criar uma apresentação seguindo os seguintes passos: Clique na opção '+New presentation' Dê um nome para a apresentação e clique em 'create presentation'. Você será direcionado para a página de edição, onde poderá adicionar slides. Após esta etapa, através de um código de acesso, os alunos poderão com seu smartphone entrar no aplicativo www.menti.com e digitar o código que

---

[36] www.mentimenter.com

aparece na tela do professor. Os alunos podem responder até 3 palavras-chave, via *smartphone*, de acordo com a Figura 9.

Assim, com as palavras-chave que irão aparecer, o professor poderá iniciar seu conteúdo sobre a norma técnica de desenho, com base no sentimento do aluno, quando pensa na palavra Padronização, por exemplo. E daí, indagar os alunos de forma geral, do porquê sentem "ansiedade", "medo", "desespero", "satisfação" etc.

Figura 9 – Exemplo de apresentação do aplicativo Mentimeter.

Fonte: Rosário e Schimiguel (2023).

O professor tem como previsão de que as aulas teóricas de Legislação de Desenho Técnico, por exemplo, são apenas uma por semana, portanto, é importante refletir e pensar sobre os assuntos que deverão ser abordados em suas aulas nesse período.

Após o término da explicação do conteúdo, o professor poderá novamente entrar no aplicativo Mentimeter e propor que os alunos escrevam na nuvem de ideias palavras-chave que definam a aula apresentada. Neste contexto, com certeza os alunos conseguirão memorizar palavras ou conceitos da aula. O professor deverá notar quais palavras mais estiveram em destaque e propor que elas sejam pesquisadas e postadas em uma outra ferramenta, que é um aplicativo Padlet[37]. Considerando que esta aula inaugural é teórica, deverá

---

37   https://pt-br.padlet.com/

prevalecer neste mural, fotos de desenho, croquis, ou até mesmo um resumo da aula que possa ser compartilhada com todos. Assim, iniciará um mural colaborativo *on-line* de cada aula apresentada e os alunos terão um caderno virtual, podendo sempre recorrer a este mural, se surgirem dúvidas.

No aplicativo Padlet, o professor realizará um cadastro com login e senha, e para os alunos acessarem, o jeito mais fácil de fazer isso é simplesmente clicar em "compartilhar", no canto superior direito da tela, que permite enviar o acesso ao mural através do e-mail. É interessante apresentar aos estudantes diferentes pontos de vista e abordagens sobre o tema, em formatos variados. Nesses quadros, os alunos poderão criar anotações, inserir imagens, conforme exemplo na Figura 10.

A avaliação do professor nesta atividade deve ser feita de forma a verificar os conteúdos das postagens individuais dos alunos, trabalhados em um nível de resposta que prevaleça a coerência dos conteúdos trabalhados em sala, levando em consideração o teor das postagens apresentadas e a pontualidade e assiduidade de cada aluno em realizar as suas tarefas.

Figura 10 – Exemplo de apresentação no aplicativo Padlet.

Fonte: Rosário e Schimiguel (2023).

Para a tarefa de recuperação, no caso de não atingirem uma construção de conhecimentos suficientes, a critério do professor, os alunos devem confeccionar um novo mural, dando ênfase aos pontos que não foram atingidos satisfatoriamente na avaliação anterior, interagindo novamente para resolução de dúvidas de forma colaborativa no ambiente, realizando suas atividades, efetuando a troca de informações entre si de forma colaborativa, utilizando o aplicativo Padlet, com o objetivo de discutir temas pertinentes aos assuntos abordados.

Após o planejamento do conteúdo e sua execução em sala de aula, deve-se compartilhar o resultado da tarefa em sala de aula e realizar uma roda de conversa com os alunos, para saberem sua opinião sobre a tarefa realizada e quais melhorias para uma próxima atividade merecem destaque, assim, dentro de um novo conteúdo, poderá ajustar o roteiro de aprendizagem para as necessidades da turma.

Dessa forma, será possível trabalhar os aspectos teóricos desta disciplina com estas ferramentas, e os alunos poderão compreender a importância desta metodologia ativa para as suas formações acadêmicas, mais preparados e seguros em sua profissão quanto para o mercado de trabalho.

ORIENTAÇÕES AO PROFESSOR

Este produto educacional apresenta uma alternativa para seu trabalho docente nas aulas com disciplinas técnicas. As constantes mudanças no cenário das tecnologias e o aumento significativo de seus usuários fez surgir nos últimos anos um contingente significativo de *softwares*, plataformas *on-line*, aplicativos, que, literalmente, possuem ferramentas aplicáveis como recurso pedagógico. Assim, cabe aos educadores criarem novas oportunidades nas aulas para fins educativos em nossas escolas e salas de aula.

Por ser interativa, iterativa e incremental, a aplicação destas ferramentas demonstra a necessidade de o professor promover constantemente em suas aulas metodologias ativas mediadas pela tecnologia, que provoquem a criatividade, senso crítico, responsabilidade, coesão e coerência, onde culmine o desenvolvimento de um conjunto de saberes deste aluno.

No que diz respeito aos roteiros de aprendizagem, cursos de formação continuada de professores para elaboração e aplicação destes roteiros, estudos sobre a pertinência deles em diferentes contextos e níveis de ensino se tornam essenciais na educação profissional tecnológica. É importante ainda destacar que fomentar processos formativos demanda de planejamento, previsão de tempo e espaço, para possibilitar a participação da maioria dos professores.

Nessa direção, é preciso que Organizações e Instituições criem estratégias para oportunizar a formação continuada em serviço aos profissionais da educação profissional, e para que se possa pensar em uma mudança nas práticas de aula, o professor precisa compreender que ensinar é construir um espaço e um tempo para que a aprendizagem ocorra, com sua mediação. Nesse sentido, repensar o uso das tecnologias em sala de aula exige repensar os demais elementos constitutivos do trabalho pedagógico, como: planejamento e ensino e aprendizagem.

Cada sugestão aqui encontrada deve ser muito bem avaliada por cada professor que fizer uso deste material, afinal de contas, são muitos os desafios encontrados para a execução desta proposta. Portanto, este trabalho não tem a intenção de representar a solução para todo e qualquer problema referente à aprendizagem com o uso de tecnologias digitais, mas certamente tem a intenção de apresentar novos horizontes e perspectivas ao trabalho docente.

Cabe a você, professor, identificar a melhor maneira de aplicá-la e conduzir o processo de aprendizagem em sua sala de aula, sempre tendo em vista a melhoria do ensino e do aprendizado do estudante.

CONSIDERAÇÕES FINAIS

A utilização de um *software* específico para as aulas técnicas é um estímulo para que o aluno possa obter de forma satisfatória as habilidades e competências do conteúdo programático da disciplina, visto que os conteúdos podem ser dispostos de maneira mais atrativa e interativa, que possibilitem uma melhor visualização e entendimento. Com o uso destas ferramentas tecnológicas que se tornam pedagógicas, percebemos possibilidades de despertar a curiosidade do aluno, estimular a reflexão e o raciocínio, ajudar na elucidação dos conteúdos lecionados em sala de aula, incentivar a autonomia dos estudos.

Concluiu-se que é possível diversificar a maneira tradicional de ensinar os conteúdos da base técnica, demonstrando aos estudantes que a disciplina pode ser associada ao uso de suas respectivas tecnologias da informação e comunicação (TDICs), o que torna o processo de ensino e aprendizagem mais interessante. Com a adoção de TDICs como auxiliares do processo de ensino e aprendizagem, o aluno abandona a posição de observador passivo e passa a agir como construtor do seu próprio conhecimento, quando passa a utilizar-se das ferramentas digitais para explorar possibilidades e chegar a conclusões através da interação com o meio digital ou através de discussões com os colegas. É necessário estimular o uso destas ferramentas com o intuito de melhorar a qualidade de ensino, para que estes sirvam de apoio para obtermos um melhor aproveitamento dos alunos e de apoio pedagógico para os professores.

Mas para que isso se torne viável, também é fundamental uma transformação no conceito do próprio entendimento sobre educação. É necessário entender esta fase como uma revolução que acelerou diversos processos, no qual a sociedade acabou sendo forçada a entrar de uma vez por todas na era digital. E aqueles que não estiverem inseridos dentro deste processo de percepção, aprendizagem, ensino digital, ficará marginalizado, do ponto de vista da aprendizagem.

A estratégia de utilização das tecnologias digitais como metodologia ativa nas aulas revela a importância de se discutir com problemas reais. Este guia didático educacional ressaltou o papel importante das metodologias ativas com a utilização das tecnologias no processo de ensino e aprendizagem. O professor, apropriando-se do uso de ferramentas tecnológicas, abre uma oportunidade para os alunos assumirem seu papel ativo na construção do conhecimento, fazendo com que superem os desafios encontrados durante o desenvolvimento do projeto.

Espera-se que a tecnologia continue fazendo parte da educação e seu uso possibilite um novo olhar para a aprendizagem.

REFERÊNCIAS

ANASTASIOU, L. G. C.; ALVES, L. P. **Estratégias de ensinagem**. São Paulo: Rocha, 2004.

BIGGS, J.; TANG, C. **Ensino para uma Aprendizagem de Qualidade na Universidade: O Que Faz o Aluno**. Open University Press, 2011.

BRASIL. **Lei de Diretrizes e Bases da Educação Nacional (Lei nº 9.394/1996)**. Brasília, DF, 1996.

_____. Lei nº 9.394, de 20 de dezembro de 1996. **Estabelece as diretrizes e bases da educação nacional**. Diário Oficial da União, Brasília, 23 dez. 1996. Disponível em: http://www.planalto.gov.br/ccivil_03/leis/L9394.htm. Acesso em: 13 fev. 2023.

_____. Ministério da Educação. **Portaria nº 1.432, de 28 de dezembro de 2018**. Brasília, DF, 2018.

_____. Parecer CNE/CEB n.º 16/99. **Diretrizes Curriculares Nacionais para a Educação Profissional de Nível Técnico.** Brasília, DF, 1999.

MOURA, D. H. S.; LIMA SILVA, S. M. L.; FILHO, R. R. M. A educação profissional e tecnológica e o desenvolvimento humano integral: uma análise do contexto. *In*: **Anais do 10º Congresso Brasileiro de Educação e Pesquisa em Educação em Ciências.** Campinas, SP, 2015.

OLIVEIRA, M. M. A utilização das tecnologias de informação e comunicação no ensino superior: uma percepção do docente universitário. **Revista FAE**, v. 17, n. 2, p. 6-25, 2014.

OTA E DIAS-TRINDADE. Um Roteiro de Atividades com Tecnologias Digitais para a Formação de Professores. **Revista Brasileira de Aprendizagem Aberta e a Distância**, v. 19, n. 1, p. 26-44, 2020.

ROSÁRIO, T. G. **Aprendizagem mediada pela utilização de tecnologias digitais e sua aplicabilidade na concepção dos docentes.** 153 páginas. Dissertação (Mestrado Profissional em Ensino de Ciências e Matemática) – Universidade Cruzeiro do Sul, São Paulo, 2023.

ROSÁRIO, T. G.; SCHIMIGUEL, J. **Guia Didático Educacional para Professores: Tecnologias Digitais em Sala de Aula – Roteiro de Aprendizagem.** 26 páginas. Produto Educacional (Mestrado Profissional em Ensino de Ciências e Matemática) – Universidade Cruzeiro do Sul, São Paulo, 2023.

FORMAÇÃO DE PROFESSORES: ESCUTANDO A "VOZ" DOS ALUNOS SURDOS

Viviane Regina de Oliveira Silva[38]
Vera Maria Jarcovis Fernandes[39]

> [...] educação faz-se um direito de todos, porque [...] não é um processo de especialização de alguns para certas funções na sociedade, mas a formação de cada um e de todos para a sua contribuição à sociedade integrada e nacional, que se está constituindo com a modificação do trabalho e do tipo de relações humanas (Teixeira, 1996, p. 60).

Introdução

A relevância deste artigo é apresentar um produto educacional realizado na dissertação do Mestrado Profissional de Ciências e Matemática, que identificou e analisou as estratégias de ensino para estudantes surdos ou com deficiência auditiva no ensino regular.

Dessa forma, realizamos um produto educacional como formação continuada aos professores que são os atores dessa transformação na aprendizagem na educação inclusiva no ensino de LIBRAS. Que sejamos agentes da transformação, não somente daquela que deve ocorrer em sala de aula, mas também da gestão do processo que deve ter como resultado a construção do saber.

Entretanto, o Brasil possui leis que referenciam a educação como um direito pleno à população como um todo, ou seja, ter acesso a ela é um direito de todos os cidadãos, onde quer que estejam, pelos "quatro cantos" do

---

38 Mestre em Ensino de Ciências e Matemática. E-mail: prof.viviane.2015@gmail.com
39 Doutora em Ensino de Ciências e Matemática e Docente pesquisadora do Programa de Pós-Graduação em Ensino de Ciências e Matemática da Universidade Cruzeiro do Sul. E-mail: vera.fernandes@cruzeirodosul.edu.br

país. Entretanto, colocar em prática essa premissa, que deveria, ao longo do tempo, ser mais fácil, muitas vezes torna-se complicado, por diversos entraves: sociais, políticos, interesses divergentes, desvio de recursos.

Segundo Tonini, Martins e Costas (2012), para o exercício de uma cidadania plena, considerando uma sociedade que necessita que todos os cidadãos sejam escolarizados, dessa forma provocando a ideia de educação universal e "educação para todos", desperta a seguinte indagação: A educação é realmente para todos, inclusive para as pessoas com deficiência? A resposta para essa questão parece óbvia, porém, está longe de ser unanimidade. Apesar da evolução iniciada no século XX, encontramos, ainda em 2023, ou seja, século XXI, profissionais das áreas de educação e correlatas que apoiam a exclusão ou a integração das pessoas com deficiência, o que é muito diferente da sua inclusão.

Para Marshall (1967), refletir e discutir sobre inclusão é falar sobre direitos e assim, considerar um desafio em constituir-se em um valor, nos habilitando a desenvolver uma consciência heterogênea ao abordarmos tal assunto na educação, pois estamos tratando de um direito de todas as pessoas. E o professor... ah, o professor... é figura fundamental, no nosso entender, a mais importante nesse processo.

> A formação não se constrói por acumulação (de cursos, de conhecimentos ou de técnicas), mas sim através de um trabalho de reflexividade crítica sobre as práticas e de (re)construção permanente de uma identidade pessoal. Por isso é tão importante investir na pessoa e dar um estatuto ao saber da experiência (Nóvoa, 2014, p. 25).

A educação no Brasil passou e passa por transformações inimagináveis, tanto para o bem e quanto para o mal, todavia, o que podemos afirmar, com toda certeza, é que a "maioria" dos professores trabalha para a convivência respeitosa e a aprendizagem de todos os alunos, considerando a individualidade, a cultura e a diversidade. O uniforme tamanho único já não serve em todos os educandos, na verdade, nunca serviu em ninguém.

Todos sabemos que, antes do professor estar diante de seus alunos, um trabalho árduo de bastidores é realizado, por uma equipe de profissionais que busca a efetividade, a beleza, o interesse e o saber de cada um em sala de aula, ou seja, espera-se que o projeto pedagógico da instituição direcione o professor e auxiliares, conduzindo-os a estratégias e atividades a serem colocadas em prática, comprometidas com a diferença, gerando oportunidades colaborativas entre crianças e jovens, favorecendo a construção coletiva do conhecimento. Para que se gere os resultados desejados, é necessário uma rede de apoio que auxilie e complemente o trabalho do professor, que busque em todas as suas ações a educação inclusiva. "Todos os estudantes são diferentes e suas necessidades educacionais poderão requerer apoio e recursos diferenciados, o foco deve ser nas competências do aluno e não em suas limitações" (Alonso, 2013).

É notório que ser professor envolve aspectos cognitivos, humanistas, empatia, ética, direito à educação inicial e continuada com qualidade, com recursos adequados para execução da atividade, despertando a cidadania através do reconhecimento social, permitindo crescimento e desenvolvimento pessoal e profissional a si e aos seus alunos.

Alonso (2013) afirma que

> O professor consciente da importância de adequar seu planejamento de acordo com as necessidades dos alunos, pode se sentir despreparado para identificar suas necessidades e avaliá-los. Quando o educador possui instrumentos para identificar a potencialidade e os saberes de seus alunos, sente-se capaz de ajustar sua práxis para aqueles com necessidades educacionais especiais. Porém, o professor precisa estar ciente de sua capacidade para tornar possível o processo inclusivo.

Atualmente, há um debate frequente sobre a inclusão social dos surdos, tanto na área da educação básica como na educação inclusiva, no que se refere à sua inserção no ensino básico regular. Para a pessoa surda, a ferramenta de comunicação utilizada pelo meio a qual está envolvida não se apresenta como um recurso que auxilie seu intercâmbio com a sociedade como um todo, e sim um obstáculo a ser transposto para conectar-se ao mundo de forma efetiva (Cardoso, 2006). Que desafio! Ao compararmos as pessoas surdas e as que ouvem, constatamos as particularidades entre elas; além de não podermos generalizar os surdos, pois entre eles há diferenças em termos sensoriais e comunicativos (Hindley, 1997).

Logo, para uma metodologia eficaz na educação inclusiva, é imprescindível que a nova geração de educadores esteja preparada para atuar dentro dos respectivos preceitos que substitui a postura passiva dos alunos surdos ou com deficiência auditiva por uma postura ativa e integrada, fazendo com que o conhecimento seja contextualizado com o ambiente social dos próprios estudantes, permitindo a comunicação efetiva entre todos os alunos e seus professores.

A inclusão de alunos surdos ou com deficiência auditiva no ensino regular, desde os primeiros anos até o ensino superior, demanda uma série de desafios, entre eles, a formação dos professores que trabalham ou que trabalharão com esses estudantes, para que consigam atender suas necessidades pedagógicas e de aprendizagem. Segundo Cunha (2014, p. 101), "não há como falar em inclusão sem mencionar o papel do professor. É fundamental que ele tenha condições de trabalhar com a inclusão e na inclusão".

Por conta disso e ciente do papel fundamental dos professores e de outros atores do cenário educacional, apresentamos a seguir proposta de curso de formação continuada para profissionais da educação, com o objetivo de refletir sobre os saberes docentes relacionados à inclusão de alunos surdos e deficientes auditivos nas instituições de ensino, em todos os níveis, buscando o compartilhamento de suas vivências e desafios, possibilitando a elaboração das próprias experiências, em especial no processo ensino/aprendizagem da matemática.

> A voz dos surdos são as mãos e os corpos que pensam, sonham e expressam. Pensar sobre surdez requer penetrar no 'mundo dos surdos' e 'ouvir' as mãos que, com alguns movimentos, nos dizem o que fazer para tornar possível o contato entre os mundos envolvidos, requer conhecer a 'língua de sinais'. Permita-se 'ouvir' essas mãos, pois somente assim será possível mostrar aos surdos como eles podem ouvir o silêncio da palavra escrita (Quadros, 2005).

Não pretendemos oferecer diversidade de atividades didáticas e de ensino da matemática para surdos e deficientes auditivos, mas sim apoiar e estimular atuais e futuros professores e profissionais da área da educação a refletirem sobre sua prática pedagógica numa perspectiva inclusiva, compreenderem a importância de garantir ao indivíduo surdo e com deficiência auditiva o acesso à comunicação, à educação, ao conhecimento, ou seja, sua real integração à sociedade, tendo como proposição de que todas as pessoas, independentemente de sua condição e diferenças, possuem os mesmos direitos.

Esperamos que, colocada em prática, esta proposta contribua com a formação continuada dos professores e outros profissionais da educação, estimulando o repensar e a discussão de questões relativas à inclusão e às oportunidades relacionadas às pessoas surdas ou com deficiência auditiva, em busca das melhores metodologias pedagógicas no processo de ensino/aprendizagem e que proporcione crescimento, desenvolvimento e excelência pessoal e profissional (Silva; Fernandes, 2020; Silva, 2020).

Nossa experiência como professoras do ensino superior, ao recebermos em sala de aula alunos surdos ou com deficiência auditiva e os desafios gerados por essa vivência; o acompanhamento das dificuldades enfrentadas por esses alunos e colegas professores nesse contexto; o resultado do estudo realizado sobre os artigos do GT 13, estabelecendo que 48% dos trabalhos apresentados têm como público-alvo os alunos nessas condições e a constatação de que são necessárias reflexões e discussões contínuas sobre as práticas efetivas no atendimento dessas pessoas; impulsionaram o interesse em contribuir com o aprendizado desses estudantes por meio da formação dos professores, oferecendo um ambiente de aprendizagem, com o intuito de orientar os profissionais sobre as especificidades relacionadas à linguagem, cultura, identidade e comportamento desses indivíduos.

Assim, promovemos o conhecimento sobre o processo de ensino e aprendizagem dos alunos surdos ou com deficiência auditiva e noções da Língua Brasileira de Sinais (LIBRAS), que permita uma comunicação básica com os estudantes; além de possibilitar a reflexão sobre as melhores práticas pedagógicas sob a ótica da inclusão dos alunos com essas características, considerando suas especificidades de comunicação, sua identidade, sua cultura e comportamento (Silva; Fernandes, 2020; Silva, 2020).

O ontem e o hoje das pessoas com deficiência

As pessoas com deficiência, desde os primórdios da humanidade, são discriminadas. Ao longo do tempo, salvo exceções, criou-se formas de tirá-las do convívio social, pois as pessoas ditas "normais" acreditavam que as "deformidades" apresentadas pelas outras, fossem físicas ou mentais, eram contagiosas.

Vários foram os períodos da história em que as pessoas com deficiência eram assassinadas ou protegidas, proteção essa relacionada, na maioria das vezes, à religiosidade, à admiração que as "normais" desejavam diante de entidades sobrenaturais (Gugel, 2008).

No Antigo Egito, por exemplo, os médicos acreditavam que as doenças e as deficiências físicas ou mentais graves eram provocadas por maus espíritos, por demônios ou por pecados de vidas anteriores que deveriam ser pagos. Os indivíduos com deficiência não podiam ser debelados, a não ser pela intervenção dos deuses ou pelo poder divino que era transmitido aos médicos sacerdotes, especializados nos chamados "Livros Sagrados" sobre doenças e suas curas, que se preparavam durante anos para o exercício da função, com competência para prestar auxílio médico a pessoas que apresentavam indícios de males graves ou de deficiências físicas e mentais, fossem consequentes de malformações congênitas, acidentes ou infortúnios das guerras; além disso, somente a nobreza, os guerreiros e seus familiares tinham o privilégio de serem assistidos pelos sacerdotes (Silva, 1987). No que tange especificamente à integração dos deficientes na sociedade, as pesquisas mostram que, no Antigo Egito, esses poderiam ser encontrados em diferentes espectros da sociedade: faraós, nobres, artesãos, agricultores, inclusive os escravos. A arte egípcia revela, por meios das pinturas, papiros, túmulos e múmias que, para alguns deficientes, foi possível viver uma vida normal e constituir família.

Silva (1987) faz referência aos antigos hebreus, destacando que esses acreditavam que tanto a doença crônica quanto a deficiência física ou mental, e mesmo qualquer deformação, indicavam certo grau de impureza ou de pecado.

Entre os hebreus e os gregos, essa realidade não era diferente. Deficiências como a cegueira, a surdez e a paralisia eram consideradas consequências diretas de pecados ou de crimes cometidos. Para os gregos, o corpo belo e forte era prova de saúde e força, requisitos necessários para o combate e a luta, para a conquista de novas terras, sendo que aqueles que não correspondessem a esse ideal, como crianças e doentes, eram eliminados ou abandonados para morrerem. Na época de guerras, o uso de armas cortantes, os combates corpo a corpo, além de muitos acidentes de trabalho nas construções civis e falta de equipamentos, resultavam em ferimentos e mutilações traumáticas das mãos, braços e pernas. Por conta disso, a Grécia se viu obrigada a amparar as pessoas que não tinham condições de garantir o seu próprio sustento. Com o intuito de solucionar esse problema, implantou um sistema de atendimento, inicialmente destinado somente aos mutilados de guerra, porém, posteriormente, a outras pessoas deficientes, independente da causa do problema. Em virtude dessa iniciativa, passou a ser considerada pioneira dos movimentos de assistência médica à população civil e aos portadores de deficiência. A assistência médica era efetuada por meio de medicações, intervenções cirúrgicas, banhos especiais, massagens e fisioterapias, bem como pela força da fé em seu poder de cura. Não obstante, essa atenção garantida por lei não amparava as crianças que nasciam com deficiência, uma vez que eram julgadas por uma comissão oficial de anciãos ou pelo próprio pai, que determinavam o seu destino (Silva, 1987). Em Esparta, a prática de lançar crianças deficientes em abismos ou abandoná-las em cavernas e florestas foi considerada normal por muitos séculos (Pessotti, 1984).

Na cultura romana, as leis garantiam o direito de viver apenas para crianças que não apresentassem sinal de malformação congênita ou doenças graves, na medida em que, para aquela sociedade, tais crianças seriam inúteis. Mesmo com a aceitação da lei, o infanticídio legal não foi praticado com regularidade, pois cabia ao pai executar a criança e alguns não tinham coragem, acabando por abandoná-las em cestos às margens do rio Tigre.

Com o Cristianismo, isso mudou e a pessoa com deficiência passou a ser vista como criatura de Deus, possuidora de alma e não merecedora de castigo, e sim de cuidados. Atitudes de extermínio não eram mais aceitáveis e a atenção com a pessoa com deficiência passou a ser ratificada pela família e pela igreja, mesmo que não garantisse a integração do deficiente na sociedade. Logo, em nome da caridade, a rejeição se transforma em confinamento, pois o asilo que garante teto e alimento também esconde e isola o inútil (Pessotti, 1984). Nesse contexto, a prática da medicina fundiu-se à prática religiosa, os hospitais eram considerados santuários que se ergueram na vizinhança dos mosteiros sob inspiração e direção religiosa. Na Idade Média, o período entre os séculos V e XV foi de grande crescimento urbano, favorecendo o aparecimento de muitas doenças epidêmicas, bem como de outros males como problemas mentais e malformações congênitas. Acreditava-se que resultavam de maldições, feitiços e bruxarias, atuação de maus espíritos, do demônio ou eram sinais da ira divina, "castigos de Deus".

Entre o século XV e XVII, o período conhecido como Renascimento foi marcado por grandes descobertas da medicina. Apesar de ter sido uma época revolucionária sob muitos aspectos, a Renascença não conseguiu romper com os preconceitos para com as pessoas com deficiências físicas. As crianças com retardo mental profundo ainda eram consideradas, em certos meios, não humanas, possuídas por maus espíritos, influenciadas por bruxas, fadas maldosas e duendes demoníacos. Mesmo para os intelectuais essa era uma verdade, como foi o caso de Martinho Lutero, que defendia que pessoas com deficiência mental eram seres diabólicos que mereciam castigos para serem purificadas (Silva, 1987). Na Inglaterra, durante os séculos XVI e XVII, a deterioração das condições de vida das populações pobres, dos enfermos e dos deficientes em geral, levou o rei Henrique VIII a promulgar a "Lei dos Pobres", em que todos os súditos eram obrigados a pagar o que foi chamado de "taxa da caridade", para dar continuidade à criação de entidades hospitalares ou organizações destinadas ao atendimento de pessoas com problemas crônicos ou gravemente incapacitadas para a vida independente (Silva, 1987). No século XVIII, como consequência do Movimento Renascentista, o progresso da ciência determinou o aperfeiçoamento gradual das casas de assistência, a área da cirurgia sofreu um bom impulso graças à melhoria dos conhecimentos anatômicos e ao abandono da obediência à Igreja, que proibia ao clero a realização de operações que demandassem derramamento de sangue.

A partir do século XIX, a sociedade começou a reconhecer a sua responsabilidade para com as pessoas com deficiências, principalmente no que se refere a medidas de assistência e proteção aos grupos minoritários e marginalizados. Em 1861, os Estados Unidos criaram medidas para assegurar moradia e alimentação aos marinheiros e fuzileiros navais que adquiriam limitações físicas. Depois da Guerra Civil norte-americana, foi construído, na Filadélfia, em 1867, o Lar Nacional para Soldados Voluntários Deficientes (Silva, 1987). Assim, a humanidade foi avançando e retrocedendo, dando dois passos para frente, quatro para trás, pois, na prática, o preconceito e a discriminação continuavam no coração e atitudes da sociedade.

Após a Segunda Guerra Mundial, a formação do Estado de Bem-Estar Social nos países europeus levou ao crescimento da preocupação com assistência e qualidade do tratamento da população de modo geral, incluindo as pessoas com deficiência. Programas e políticas assistenciais passaram a ser propostos no sentido de atender os pobres, os idosos, as crianças carentes e as pessoas com deficiência, em particular as vítimas e mutilados de guerra. O número de pessoas com deficiência aumentou significativamente, o que resultou em maior importância na política interna dos países com proporções internacionais, envolvendo a Organização das Nações Unidas (ONU). Em dezembro de 1982, a ONU aprovou o programa de Ação Mundial para as Pessoas com Deficiência, como postulado básico a igualdade de oportunidades, garantindo a todos os deficientes o acesso ao sistema geral da sociedade. Em 1994, na Espanha, foi adotada em Assembleia Geral, a resolução das Nações Unidas, que apresenta os Procedimentos-Padrão para a Equalização de Oportunidades para Pessoas com Deficiência, dando destaque à preocupação com a educação especial para pessoas em tal condição (Declaração de Salamanca), considerada mundialmente como um dos mais importantes documentos de inclusão social (Jorge Neto; Cavalcante, 1999; Costa, 2008). Nesse momento e nos próximos anos há um avanço significativo nas leis, porém, na prática, nem tanto.

Nesse contexto, Figueira (2008), pesquisador sobre a história das pessoas com deficiência no Brasil, descreve fatos comuns da cultura de alguns povos indígenas que habitaram nossas terras no século XIV, que confirmam condutas, práticas e costumes de eliminação ou o assassinato de crianças que nascessem com alguma deficiência ou que viessem a adquirir algum tipo de limitação física ou sensorial. O ato era praticado em rituais de sacrifício, com o objetivo de conservar as tradições de seus antepassados. Outras formas utilizadas pelas tribos indígenas era o abandono dos recém-nascidos nas matas ou atirá-los das montanhas mais altas. Ainda hoje temos relatos de tal situação.

Em relação aos maus tratos praticados contra os escravos africanos, documentos oficiais do século XVIII atestam a violência e a crueldade dos castigos físicos aplicados pelos senhores de engenhos. As práticas usualmente empregadas eram os maus tratos e as mutilações, como cortar uma orelha do escravo fugido para que fosse identificado ou seccionar o tendão de Aquiles para impedi-lo de fugir; castrações; amputações de seios; extração de olhos; fratura de dentes; desfiguração da face; amputações de membros. Os acidentes de trabalho também foram motivos de mutilações dos escravos no Brasil, a exemplo dos acidentes nas engrenagens das casas de moinho que mutilavam mãos e braços (Lobo, 2008).

Além das deformidades físicas diretamente acarretadas pelo trabalho, havia com frequência marcas de doença e de cegueira. Estudos mostram que, no século XIX, o problema da deficiência aparece de maneira mais recorrente devido ao aumento dos conflitos militares internos e pelos externos ocorridos constantemente na época, cujos resultados confirmavam um número significativo de soldados mutilados, com deficiências físicas e sensoriais; de modo que, em meados do século XIX, várias instituições foram criadas, sendo o atendimento focado nos deficientes pobres desprovidos de qualquer tipo de assistência.

Dados oficiais indicam a fundação de duas instituições: o Imperial Instituto dos Meninos Cegos, em 1958 (atual Instituto Benjamim Constant) e o Instituto dos Surdos-Mudos (atual Instituto Nacional da Educação dos Surdos) em 1856 (Kassar, 1999). Ao longo do século XX, os avanços da medicina trouxeram a atribuição de uma maior importância em relação aos deficientes.

A criação dos hospitais-escolas, como o Hospital das Clínicas de São Paulo, em 1944, durante o governo de Getúlio Vargas, significou um novo marco na produção de novos estudos e pesquisas no campo da reabilitação. Nesse contexto, havia uma clara associação entre a deficiência e a área médica. Segundo Sassaki (2010), acreditava-se que, sendo a deficiência um problema existente exclusivamente na pessoa com deficiência, bastaria prover-lhe algum tipo de serviço para solucioná-lo. O conceito considerado era o de que a deficiência era doença e devia ser tratada fora do convívio social, através da reabilitação ou da cura, em instituições como as Santas Casas de Saúde e Misericórdia. Para Fletcher (1996), tal modelo médico de intervenção era segregacionista e revelava a resistência da sociedade em aceitar a necessidade de mudar suas estruturas e atitudes para incluir em seu núcleo as pessoas com deficiência e/ ou com outras condições atípicas, dando-lhes oportunidade de buscarem o seu próprio desenvolvimento pessoal, social, educacional e profissional. Nesse período, a questão da deficiência deixa de ser responsabilidade exclusiva da família e das instituições de caráter filantrópico para passar a ser uma preocupação também do Estado, que assume essa responsabilidade não como uma política pública, mas apenas apoiando as instituições beneficentes sem fins lucrativos, adotando um modelo assistencialista.

Amparadas no modelo médico, essas instituições, além de seguirem a linha da reabilitação médica, assumem a educação especial somente para deficientes mentais das classes menos favorecidas. Dez anos após a ONU conceber a Declaração dos Direitos das Pessoas Portadoras de Deficiência, o Brasil assume as recomendações da ONU e faz uma emenda à Carta Magna de 1967, assegurando aos deficientes a melhoria de sua condição social e econômica: educação especial gratuita; assistência, reabilitação e reinserção na vida econômica social do país; proibição de discriminação, inclusive quanto à admissão ao trabalho ou ao serviço público e a salários; possibilidade de acesso a edifícios e logradouros públicos. Em 1988, com a promulgação da Constituição Federal (vigente atualmente), os direitos e garantias fundamentais, juntamente com os direitos civis e políticos, passam a ser a bandeira do Estado Democrático de Direito. Costa (2008) destaca que a Carta Magna representou um papel fundamental no sentido de abandonar o modelo assistencialista e adotar a integração social da pessoa com deficiência, preocupando-se em facilitar o seu acesso aos logradouros públicos e privados e aos meios de consumo coletivo.

Atualmente, a legislação brasileira coloca o Estado como coadjuvante, como observador, obrigando a família (muitas vezes sem condição econômica, social e psicológica) a cuidar de seus entes com deficiência, intervindo somente quando considera a situação agravante.

E as pessoas surdas e com deficiência auditiva?

Os surdos e as pessoas com deficiência auditiva sempre estiveram no rol das pessoas com deficiência, sendo assim, sofreram os mesmos preconceitos e discriminações ao longo da história da civilização. Até o século XV os surdos eram considerados ineducáveis. A partir do século seguinte, iniciou-se a luta pela educação dos surdos, marcada pela atuação de um surdo francês, chamado Eduard Huet. Em 1857, Huet veio ao Brasil a convite de D. Pedro II para fundar a primeira escola para surdos do país, chamada na época de Imperial Instituto de Surdos-Mudos. Com o passar do tempo, o termo "surdo-mudo" saiu de uso, por ser incorreto, todavia, a escola persistiu e funciona até hoje, com o nome de Instituto Nacional de Educação de Surdos (INES) (Bogas, 2017). A língua de sinais – Libras – foi criada, junto com o INES, a partir de uma mistura entre a língua francesa de sinais e de gestos utilizados pelos surdos brasileiros, ganhando espaço gradativamente. Apesar disso, em 1880, em um congresso sobre surdez em Milão, foi vedado o uso das línguas de sinais no mundo, acreditando que a leitura labial era a melhor forma de comunicação para os surdos, o que não fez com que parassem de se comunicar por sinais, mas atrasou a difusão da língua no país (Bogas, 2017). Com a persistência do uso e uma crescente busca por legitimidade da língua de sinais, a Libras voltou a ser aceita. Em 1993 começou uma nova batalha, com um projeto de lei que buscava regulamentar o idioma no país. Quase dez anos depois, em 2002, a Libras foi finalmente reconhecida como uma língua oficial do Brasil. Os sinais de Libras são uma combinação de configurações de mão, movimentos e de pontos de articulação, locais no espaço ou no corpo, cujos sinais são realizados também através de expressões faciais e corporais que transmitem os sentimentos, ideias e fatos, que para os ouvintes são transmitidos pela entonação da voz, e juntos compõem as unidades básicas dessa língua (Gesser, 2016).

> A linguagem nos permite ir além de nossos limites individuais e dos limites do estado de coisas existentes no mundo. Ir ao encontro do outro significa sair do nosso mundo particular, expressar nossa individualidade, acolher a diferença. Transpor essa fronteira significa superar a indiferença e o individualismo da vida moderna e descobrir que na interação podemos construir e compartilhar um mundo melhor (Felipe, 2001, p. 7).

De acordo com o Decreto nº 5.626/2005, que dispõe sobre a Língua Brasileira de Sinais (LIBRAS), considera-se pessoa surda "aquela que, por ter perda auditiva, compreende e interage com o mundo por meio de experiências visuais, manifestando sua cultura principalmente pelo uso de Libras" (Brasil, 2005). Dessa forma, o mesmo documento que regulamenta a Lei nº 10.436/2002, determina que "deficiência auditiva é a perda bilateral, parcial ou total, de quarenta e um decibéis (dB) ou mais, aferida por audiograma nas frequências de 500Hz, 1.000Hz, 2.000Hz e 3.000Hz" (Brasil, 2005).

Sobre a questão da surdez, além de considerar seus diferentes graus de perda auditiva, é necessário se saber quando ocorreu essa perda, já que essas diferenças influenciam no aprendizado da língua oral pelos alunos surdos (Sacks, 2010).

Segundo Sacks (2010), a perda auditiva pode ser pré-linguística ou pré-lingual e pós-linguística ou pós-lingual. A surdez pré-linguística é característica de pessoas que nascem surdas, com surdez congênita ou que perderam a audição na infância, constitui na surdez adquirida antes da aquisição da fala da língua portuguesa, não possuindo lembranças auditivas. A surdez pós-linguística é aquela de pessoas que perderam a audição depois da aprendizagem da língua oral.

Perlin (2000) afirma que a pessoa que perde a audição após ter adquirido a linguagem por meio de vias auditivas e mantém sua capacidade de se comunicar oralmente é considerada um deficiente auditivo. O autor destaca que os deficientes auditivos não se enquadram na cultura surda, já que possuem um problema que pode ser eliminado pelo simples aumento do volume de som ou aparelhos de amplificação sonora. Entretanto, a pessoa que nasce sem audição ou a perde antes de adquirir a linguagem e está impossibilitada de adquiri-la por meio de vias auditivas é considerada surda.

Segundo Sá (2002), a surdez não se caracteriza por uma diferença física perceptível e, ao contrário do que se pensa, está cheia de preconceitos, em uma dúvida interminável em ser ou não uma deficiência.

> Partindo-se então do pressuposto de que a dificuldade maior dos surdos está exatamente na aquisição de uma linguagem que subsidie seu desenvolvimento cognitivo, os estudos que envolvem a condição de pessoa surda são revestidos de fundamental importância e seriedade, visto que a surdez, analisada exclusivamente do ponto de vista do desenvolvimento físico, não é uma deficiência grave; mas a ausência da linguagem, além de criar dificuldades no relacionamento pessoal, acaba por impedir todo o desenvolvimento psicossocial do indivíduo (Sá, 2002, p. 47).

Logo, entende-se por surdez a ausência total de audição, enquanto que a deficiência considera um aspecto parcial dessa ausência.

Metodologia do produto/processo educacional

Nossa proposta de formação continuada a professores e outros profissionais de educação, sob a ótica da inclusão de estudantes surdos ou com deficiência auditiva, foi construída através de pesquisas bibliográficas sobre o tema, norteadas pelos resultados obtidos no mapeamento dos artigos publicados no GT 13 Diferença, Inclusão e Educação Matemática nos eventos do SIPEM, objeto da dissertação de mestrado de uma das autoras – Viviane Regina; além de conversas e entrevistas com educadores e estudiosos da área, que de forma quase unânime relataram sobre as dificuldades e os desafios de professores e outros profissionais da educação, ao se depararem com alunos surdos ou com deficiência auditiva em seus ambientes pedagógicos.

O curso

> Todas as crianças, jovens e adultos, em sua condição de seres humanos, têm o direito de beneficiar-se de uma educação que satisfaça as suas necessidades básicas de aprendizagem, na acepção mais nobre e mais plena do termo, uma educação que signifique aprender e assimilar conhecimentos; aprender a fazer, a conviver e a ser. Uma educação orientada a explorar os talentos e capacidades de cada pessoa e a desenvolver a personalidade do educando, com o objetivo de que melhore a sua vida e transforme a sociedade (Carvalho, 2004, np).

Nome: Formação de professores: escutando a "voz" dos alunos surdos.
Modalidade: presencial.
Carga horária: 24 horas (6 encontros de 4 horas).
Público-alvo: professores atuais e futuros, pedagogos, coordenadores, diretores de escola, estudantes de pedagogia e licenciaturas e outros profissionais da educação.
Número de vagas: 20 participantes (aproximadamente).
Frequência da oferta: conforme demanda.
Periodicidade dos encontros: semanal.

Seu objetivo é promover o conhecimento sobre o processo de ensino e aprendizagem dos alunos surdos ou com deficiência auditiva e noções da Língua Brasileira de Sinais (LIBRAS), que permita uma comunicação básica com os estudantes; além de possibilitar a reflexão sobre as melhores práticas pedagógicas sob a ótica da inclusão dos alunos com essas características, considerando suas especificidades de comunicação, sua identidade, sua cultura e comportamento, de modo a discutir sobre as práticas pedagógicas realizadas nas escolas de ensino regular e de ensino superior e as metodologias mais adequadas para o processo de ensino/aprendizagem dos estudantes surdos ou com deficiência auditiva; refletir sobre o papel do professor e de outros atores da educação no processo de aprendizagem de tais pessoas; conhecer e analisar as políticas de acesso relacionadas às pessoas surdas ou com deficiência auditiva nos diversos espaços sociais, em especial no ambiente escolar; seus aspectos legais, administrativos e práticos; conhecer a Língua Brasileira de Sinais (LIBRAS), de maneira a propiciar uma comunicação verdadeiramente efetiva.

Como apresentado anteriormente, o curso tem uma carga horária de 24 (vinte e quatro) horas, distribuída em 6 (seis) encontros semanais de 4 (quatro) horas, com turmas de aproximadamente 20 (vinte) participantes. Deve ser mediado por dois profissionais: o primeiro da área de educação, professor (a) com conhecimento e vivência na educação inclusiva de alunos surdos e com deficiência auditiva, portanto, saber se comunicar através da Língua Brasileira de Sinais (LIBRAS) é desejável; o segundo, impreterivelmente intérprete de LIBRAS, uma vez que o foco dos 3 (três) últimos encontros é a comunicação entre os professores e outros profissionais da área com os alunos surdos ou com deficiência auditiva.

Entendemos que em todos os encontros são necessários suporte e intervenção dos mediadores, problematizando os assuntos abordados.

A metodologia adotada na condução do curso é a exposição dialogada; estudo de *cases* (simulações e casos reais); dinâmicas de grupo; reflexões, discussões e apresentações norteadas por leituras dirigidas, individuais e em grupos; relatos das experiências e vivências individuais e; leitura e análise de artigos selecionados relacionados à educação inclusiva dos surdos ou deficientes auditivos, preferencialmente aqueles apresentados no Grupo de Trabalho (GT) 13 – Diferença, Inclusão e Educação Matemática nos eventos do SIPEM.

No início de cada encontro, os mediadores devem resgatar os assuntos abordados na aula anterior e, ao término, elaborar as considerações sobre os tratados, propondo uma atividade à distância ou como preparação para o encontro seguinte (exemplos: leitura de textos, pesquisas sobre os aspectos teóricos e práticos no campo de atuação do participante), além de sugestões de leituras complementares. No 6º e último encontro, faz-se a avaliação de aprendizagem pelos mediadores e participantes. A avaliação, como processo formativo e investigativo, é realizada em todos os encontros, com o objetivo de acompanhar e redirecionar (se preciso for) o processo de ensino/aprendizagem do curso, ou seja, de forma continuada e cumulativa, em busca do alcance dos objetivos propostos, contribuindo e estimulando os participantes em prol de seu desenvolvimento e preparo para o exercício de sua atividade, sob o olhar da educação inclusiva das pessoas surdas ou com deficiência auditiva. Ao final do curso, cada aluno recebe o certificado de participação mediante os seguintes critérios: 75% (setenta e cinco por cento) de presença com base na carga horária total de 24 (vinte e quatro) horas e o mesmo percentual de realização das atividades presenciais e a distância.

Quadro 1: Roteiro com dinâmica dos encontros – Elaboração própria.

		Dinâmica dos encontros (presenciais – 4 horas) e temas abordados	
1º	Apresentação dos mediadores; do curso, cronograma de atividades e encontros; metodologia a ser utilizada; dos participantes e suas expectativas.	**Introdução** • A pessoa surda ou com deficiência auditiva: características e diferenças; a família e a comunidade surda; • Contexto histórico da educação do surdo, da antiguidade à idade contemporânea e as respectivas filosofias educacionais: Oralismo, Comunicação Total, Bilinguismo e o termo "Pedagogia Surda"; • A comunicação, a cultura, a identidade e o comportamento da pessoa surda ou com deficiência auditiva; • A importância da cultura dos surdos e deficientes auditivos.	Fechamento com proposição de uma atividade a distância, considerações finais e avaliação do encontro e da aprendizagem, realizados pelos mediadores e participantes.
2º	Resgate dos assuntos abordados no encontro anterior, relacionando-os com aqueles que serão tratados e da eventual atividade à distância, em que cada participante apresenta suas percepções sobre sua realização e análise das contribuições para a aprendizagem proposta.	**Temas** • A diversidade e o direito à educação; • A educação especial e a inclusiva sob o olhar da educação das pessoas surdas ou com deficiência auditiva; • O ensino da matemática sob a ótica da educação inclusiva de surdos ou deficientes auditivos; • O papel da escola no contexto da educação inclusiva de pessoas surdas ou com deficiência auditiva, como um espaço social para alunos, professores e família; • A formação e capacitação dos professores: competências e habilidades necessárias para o efetivo processo de ensino/aprendizagem de alunos surdos ou com deficiência auditiva.	Fechamento com proposição de uma atividade a distância, considerações finais e avaliação do encontro e da aprendizagem, realizados pelos mediadores e participantes.

3º	Resgate dos assuntos abordados no encontro anterior, relacionando-os com aqueles que serão tratados e da eventual atividade a distância, em que cada participante apresenta suas percepções sobre sua realização e análise das contribuições para a aprendizagem proposta.	**Temas** • Leitura e discussão dos pontos básicos das leis brasileiras que abordam a educação inclusiva e a educação de surdos; • Análise dos preceitos legais em relação à formação do professor, a inclusão do aluno surdo ou com deficiência auditiva e a atuação do intérprete de LIBRAS; • O intérprete de LIBRAS: sua importância na comunicação com o aluno surdo ou com deficiência auditiva; • As práticas pedagógicas realizadas nas escolas de ensino regular e de ensino superior e as metodologias mais adequadas para o ensino e aprendizagem dos alunos surdos ou com deficiência auditiva.	Fechamento com proposição de uma atividade a distância, considerações finais e avaliação do encontro e da aprendizagem, realizados pelos mediadores e participantes.
4º	Resgate dos assuntos abordados no encontro anterior, relacionando-os com aqueles que serão tratados e da eventual atividade a distância, em que cada participante apresenta suas percepções sobre sua realização e análise das contribuições para a aprendizagem proposta.	**Tema:** Língua Brasileira de Sinais (LIBRAS) • Conceito e características; • Estruturação; • Expressão corporal e sua aplicação; • Noções linguísticas de Libras. Descrição dos níveis linguístico-gramaticais; • Parâmetros fonológicos. Frases em LIBRAS.	Fechamento com proposição de uma atividade a distância, considerações finais e avaliação do encontro e da aprendizagem, realizados pelos mediadores e participantes.
5º	Resgate dos assuntos abordados no encontro anterior, relacionando-os com aqueles que serão tratados e da eventual atividade a distância, em que cada participante apresenta suas percepções sobre sua realização e análise das contribuições para a aprendizagem proposta.	**Tema:** Língua Brasileira de Sinais (LIBRAS) (conteúdos básicos) • Alfabeto manual (Datilologia); • Sinais pessoais, percepção visual; • Saudações, cumprimentos e apresentação pessoal, advérbios de tempo, expressões idiomáticas; • Números, expressões númericas e algébricas, figuras geométricas e outros conceitos matemáticos; • Contextualização dos sinais e diálogos.	Fechamento com proposição de uma atividade a distância, considerações finais e avaliação do encontro e da aprendizagem, realizados pelos mediadores e participantes.

6º	Resgate dos assuntos abordados no encontro anterior, relacionando-os com aqueles que serão tratados e da eventual atividade a distância, em que cada participante apresenta suas percepções sobre sua realização e análise das contribuições para a aprendizagem proposta.	**Tema:** Língua Brasileira de Sinais (LIBRAS) • Exercícios de comunicação em LIBRAS, realizados individualmente e em grupos; contextualizando os sinais através de frases sobre diversos assuntos do dia a dia, nos diversos ambientes sociais, em especial na escola e salas de aula; leitura e interpretação em LIBRAS de textos em português e exercícios matemáticos.	Fechamento e considerações finais com as participações dos mediadores e alunos, contextualizando todos os assuntos tratados. Avaliação do curso e da aprendizagem proposta: por escrito, os participantes registram suas considerações sobre o trabalho realizado, os aspectos positivos e aqueles a serem desenvolvidos. Entrega dos certificados de participação.

Considerações finais

Esta proposta de formação de professores representa uma iniciativa que visa contribuir para a reflexão sobre as práticas pedagógicas utilizadas no processo de ensino/aprendizagem sob a ótica da inclusão de alunos surdos ou deficientes auditivos, e ainda preencher uma lacuna existente na formação inicial dos profissionais de educação nesse contexto.

Entendemos que, com o compartilhamento das experiências e considerando o processo pedagógico como resultado da formação acadêmica e continuada do professor, ser possível construir práticas adequadas às necessidades dos alunos, sendo esse um dos propósitos do curso.

Permitimo-nos afirmar que o avanço das políticas públicas em relação à educação inclusiva e à educação dos surdos pouco tem impactado na redução da insegurança de muitos professores e outros profissionais da educação em relação à comunicação com os alunos surdos ou com deficiência auditiva e seu instrumento principal – a língua de sinais (LIBRAS), que na maioria das vezes ausente de materiais específicos para o processo de ensino/aprendizagem inclusivo, vale-se da criatividade do professor, em busca da construção do saber do aluno.

Não temos a pretensão de ensinar a comunicação através da Língua Brasileira de Sinais (LIBRAS), já que a carga horária total sugerida para o curso não é suficiente para tal, entretanto, conhecer a língua de sinais, suas particularidades e a interação básica é pertinente e possível. Estimular a continuidade e o aprofundamento desse conhecimento é o nosso propósito.

Temos a certeza de que, apesar das dificuldades e desafios inerentes à prática docente e à comunicação com os alunos surdos ou deficientes auditivos, os professores e outros profissionais participantes compartilharão momentos únicos de construção do conhecimento e de saberes, de forma receptiva e aberta à continuidade da formação.

Esperamos que esse seja o início de uma jornada em busca de efetivamente ouvir a "voz" dos alunos surdos ou com deficiência auditiva, através da comunicação e da linguagem que lhes é natural: a língua de sinais.

Alonso (2013) afirma ser necessário que reflitamos sobre a qualidade da formação, atualização e reciclagem dos professores. A educação para a diversidade enseja a preparação da ação docente e do sistema educacional: a valorização profissional por meio de apoio e estímulo; o aperfeiçoamento das escolas para a oferta do ensino; o apoio e a parceria da educação especial; além do incentivo e da facilitação do trabalho em equipe. É nessa expectativa que todos nós profissionais da educação devemos trabalhar.

Que sejamos agentes da transformação, não somente daquela que deve ocorrer em sala de aula, mas também da gestão do processo que deve ter como resultado a construção do saber.

Como disse Cora Coralina (1983), "Feliz aquele que transfere o que sabe e aprende o que ensina", e essa transferência e aprendizagem devem ocorrer em sua plenitude. Que privilégio têm os agentes da educação, em especial os professores, ao conviverem e aprenderem com esses indivíduos únicos.

Referências

ALONSO, D. **Educação Inclusiva**: desafios da formação e da atuação em sala de aula. 2013. Disponível em: https://novaescola.org.br/conteudo/588/educacao-inclusiva-desafios-da-formacao-e-da-atuacao-em-sala-de-aula. Acesso em: 18 abr. 2023.

BOGAS, J. V. **Conheça a história da Libras, a língua de sinais do Brasil.** Comunidade surda, ensino de Libras. 2017. Disponível em: https://www.handtalk.me/br/blog/historia-lingua-de-sinais/. Acesso em: 20 abr. 2023.

BRASIL. **Decreto nº 5.626, de 22 de dezembro de 2005**. Regulamenta a Lei nº 10.436, de 24 de abril de 2002, que dispõe sobre a Língua Brasileira de Sinais - Libras e o art. 18 da Lei nº 10.098, de 19 de dezembro de 2000. Diário Oficial [da República Federativa do Brasil], Brasília, DF, n. 246, p. 28-30, 22 dez. 2005. Disponível em: http:// www.planalto.gov.br/ccivil_03/_ato2004-2006/2005/decreto/d5626.htm. Acesso em: 20 out. 2020.

CARDOSO A. H.; RODRIGUES, K. G.; BACHION, M. M. Perception of with severe or profound deafness about the communication process during health care. **Revista Latino Americana de Enfermagem**. A inclusão do surdo na educação brasileira, UFSC, 2006.

CARVALHO, R. É. **Educação inclusiva:** com os pingos nos "is". Porto Alegre: Mediação, 2004.

CASTRO, A. R.; CARVALHO, I. S. **Comunicação por Língua Brasileira de Sinais.** Distrito Federal: SENAC, 2004.

COSTA, S. M. de B. **Dignidade humana e pessoa com deficiência**: aspectos legais e trabalhistas. São Paulo: LTr, 2008.

FELIPE, T. A. Libras em contexto: curso básico. **Livro do Estudante Cursista.** Brasília: Programa Nacional de Apoio à Educação dos Surdos, MEC; SEESP, 2001.

FERNANDES, V. M. J. **Mapeamento das pesquisas em Educação Matemática Inclusiva: a partir da criação e atuação do GT13 no SIPEM da SBEM.** Dissertação do Programa de Pós graduação do Mestrado Profissional da Universidade Cruzeiro do Sul. São Paulo, 2020.

FIGUEIRA, E. **Caminhando no silêncio**: uma introdução à trajetória das pessoas com deficiência na história do Brasil. São Paulo: Giz, 2008.

FLETCHER, A. **Ideias práticas em apoio ao Dia Internacional das Pessoas com Deficiência**: 3 de dezembro. Tradução Romeu K. Sassaki. São Paulo: RODEF/APADE, 1996.

GESSER, A. **Libras? Que língua é essa?** São Paulo: Parábola, 2016.

GIORDANI, L. F.; GAI, D. N.; MARINS, C. L. Cartografando currículos na educação de surdos: saberes e práticas docentes entre diferenças. **Revista Reflexão e Ação**, Santa Cruz do Sul, v. 23, n. 3, p. 79-103, set./dez. 2015.

GUGEL, M. A. **Pessoa com deficiência e o Direito ao concurso público**. Brasília: Secretaria Especial dos Direitos Humanos, 2007.

HINDLEY P. **Psychiatric aspects of hearing impairments**. J Child Psychol Psychiatry, 1997.

HUBNER, C. A. R. **A formação de professores da Escola-Polo Estadual de Educação para Surdos na Regional de São José - Santa Catarina**. 119f. 2006.

JORGE NETO, F. F.; CAVALCANTE, J. de Q. P. **Estudos dirigidos**: Direito do Trabalho. São Paulo: LTr, 1999.

KASSAR, M. de C. M. **Deficiência múltipla e educação no Brasil**: discurso e silêncio na história de sujeitos. Campinas: Autores Associados. 1999.

LEITE, T. A. **A segmentação da Língua de Sinais Brasileira (Libras)**: um estudo linguístico descritivo a partir da conversação espontânea entre surdos. (Tese) Programa de Pós-graduação em Estudos Linguísticos e Literários em Inglês. São Paulo, Universidade de São Paulo, 2008.

LOBO, L. F. **Os infames da história**: pobres, escravos e deficiente no Brasil. Rio de Janeiro: Lamparina, 2008.

MANTOAN, M. T. E. **Inclusão escolar**: O que é? Por que? Como fazer? 2. ed. São Paulo: Moderna, 2007.

NÓVOA, A. S. **Vidas de professores**. 4. ed. Porto: Porto Editora, 2014.

PERLIN, G. **Identidade surda e currículo**. *In:* LACERDA, C. B. F.; GÓES, M. C. R. Surdez – Processos educacionais e subjetividade. São Paulo: Lovise, 2000.

PESSOTI, I. **Deficiência mental**: da superstição à ciência. 4. ed. São Paulo: T. A. Queiroz, Universidade de São Paulo, 1984.

QUADROS, R. M. **Alternativas de formações profissionais no campo da surdez**. *In:* Congresso Internacional de Surdez, 8, 2005, Rio de Janeiro. Anais... INES, Rio de Janeiro, 2005.

SACKS, O. **Vendo vozes**: uma viagem ao mundo dos surdos. Edição de bolso. São Paulo: Companhia das Letras, 2010.

SÁ, N. R. L. de. **Cultura, poder e educação de surdos.** Manaus: Universidade Federal do Amazonas, 2002.

SASSAKI, R. K. **Inclusão:** construindo uma sociedade para todos. 8. ed. Rio de Janeiro: WVA, 2010.

SILVA, O. M. da. **A epopeia ignorada:** a pessoa deficiente na história do mundo de ontem e de hoje. São Paulo: Cedas, 1987.

SILVA, V. R. O. **Mapeamento das pesquisas em Educação Matemática Inclusiva: a partir da criação e atuação do GT13 no SIPEM da SBEM.** Dissertação (Mestrado Profissional). Programa de Pós-graduação em Ensino de Ciências e Matemática. Universidade Cruzeiro do Sul. São Paulo, 2020.

SILVA, V. R. O.; FERNANDES, V. M. J. **Formação de Professores: escutando a "voz" dos alunos surdos.** Produto Educacional do Programa de Mestrado Profissional da Universidade Cruzeiro do Sul. São Paulo, 2020.

TONINI, A.; MARTINS, A. P. L.; COSTA, F. A. T. Dificuldades de aprendizagem específicas: uma análise entre Brasil e Portugal. **Revista de Educação Especial e Reabilitação.** Lisboa, v. 18, p. 9-43, 2012.

ZILIOTO, G. S. **Educação especial na perspectiva inclusiva:** fundamentos psicológicos e biológicos. Curitiba: Inter Saberes, 2015.

MINICURRÍCULOS DOS AUTORES

Agda Melania Polydoro

Possui graduação em Licenciatura de Letras (Português/Inglês) pela Unifieo; Licenciatura em Pedagogia e Mestrado Profissional em Ensino de Ciências e Matemática, ambos os cursos pela Universidade Cruzeiro do Sul – São Paulo/SP. Possui especializações em Letramento, Metodologias e Práticas Educativas; em Psicopedagogia Clínica e Institucional; e em Educação a Distância pela UNIFEO. Realizou trabalho voluntário com adolescentes e em atividades para grupos de EJA. Realizou trabalhos em salas de informática, leitura e projeto de Aprendizagem Criativa da Faber-Castell. Tem experiência na área de Educação, com ênfase em docência na Educação Infantil e Ensino Fundamental I. Atualmente atua como professora de Educação Básica I da Rede Estadual de Ensino de São Paulo; também como supervisora/bolsista CAPES do PIBID na Universidade Presbiteriana Makenzie. Seus interesses de estudos concentram-se na Alfabetização Científica, e em Ciência, Tecnologia e Sociedade, envolvendo currículo, metodologias de ensino e aprendizagem, avaliação e formação de professores.

Alex Paubel Junger

Pós-Doutor em Engenharia e Gestão da Inovação, Doutor em Energia pela Universidade Federal do ABC, e Mestre em Educação, Administração e Comunicação pela Universidade São Marcos. Possui graduação em Administração, Comunicação Social (Publicidade e Propaganda) e Letras: Português-Inglês. Atualmente é docente no Programa de Pós-Graduação em Ensino de Ciências (acadêmico) e em Ensino de Ciências e Matemática (profissional), orientando pesquisas de mestrado e doutorado na área de Ensino. Atua em auditorias como avaliador de cursos de graduação pelo INEP/MEC, e de Programas de Pós-Graduação *Stricto Sensu* vinculado à Área 46 (Ensino), pela CAPES.

Alexandre Vinicius Aleixo Lourenço Conceição

Licenciado em Física pela UNESP – Universidade Estadual Paulista Julio de Mesquita Filho, com Trabalho de Conclusão de Curso na área de aprendizagem por modelos mentais; Pós-graduado em Docência no Ensino Superior. É discente no Mestrado Profissional do Programa Pós-graduação em Ensino de Ciências e Matemática da Universidade Cruzeiro do Sul, com pesquisa na área de Educação CTS e Educação Humanista, dedicando-se especialmente à temática da sensibilização no processo de aprendizagem, na busca pelo equilíbrio emocional, desenvolvimento do pensamento crítico e do raciocínio lógico.

Carmem Lucia Costa Amaral

Possui graduação em Química pela Universidade Federal do Rio Grande do Norte, mestrado em Química Orgânica pela Universidade de São Paulo e doutorado em Química Orgânica pela Universidade de São Paulo. Atualmente é vice coordenadora do Programa de Pós-graduação em Ensino de Ciências e Matemática (profissional) e docente pesquisadora dos Programas de Pós-graduação em Ensino de Ciências (acadêmico) e de Ensino de Ciências e Matemática da Universidade Cruzeiro do Sul (profissional).

Edda Curi

Graduação em Licenciatura e Bacharelado em Matemática, Mestrado e Doutorado em Educação Matemática pela Pontifícia Universidade Católica de São Paulo. Membro da comissão de assessoramento Técnico-Pedagógico em Matemática e suas Tecnologias para exames e avaliações da Diretoria de Avaliação da Educação Básica (DAEB) pelo INEP/MEC. Atua na elaboração de itens de avaliação de Matemática do Ensino Fundamental no âmbito do Programa "Redes Municipais". Docente e coordenadora do Programa de Pós-graduação em Ensino de Ciências (acadêmico) e docente do Programa de Pós-graduação em Ensino de Ciências e Matemática (profissional da Cruzeiro do Sul. Atuou como assessora para equipes técnicas da Secretaria Estadual de Educação de São Paulo (SEE) e Secretaria Municipal de Educação de São Paulo (SME) na elaboração de Currículo de Matemática (SME) e de materiais curriculares (SME, SEE). É membro da Diretoria Nacional Executiva – DNE da Sociedade Brasileira de Educação Matemática desde 2022.

Flavio Medeiros da Silva

Mestre em Ensino de Ciências e Matemática pela Universidade Cruzeiro do Sul (2022). Graduado em Pedagogia, em Geografia e em Filosofia. Pós-graduado em Design Instrucional para EaD; em Educação Ambiental; em Ensino de Filosofia; em Mídias na Educação; em Planejamento, Implementação e Gestão na EaD; em Práticas de Alfabetização e Letramento; e em Tecnologias da Informação e Comunicação para a Educação Básica. Tem experiência como professor na Educação Básica, na Secretaria da Educação do Estado de São Paulo; e na Educação Infantil e Fundamental I, na Prefeitura do Município de São Paulo. Atualmente é Coordenador Pedagógico na Prefeitura do Município de São Paulo, atuando com a formação de professores e planejamento pedagógico escolar. Atua, ainda, como Professor Tutor e Coorientador de TCC do Curso de Pós-graduação Educação em Direitos Humanos, da Universidade Federal do ABC (UFABC).

João Pedro Mendes da Ponte

Doutor em Educação Matemática pela Universidade da Geórgia (EUA). Professor emérito do Instituto de Educação da Universidade de Lisboa. Foi professor visitante em diversas universidades do Brasil, Espanha e EUA. Coordenou projetos de investigação em Educação Matemática, Formação de Professores e Tecnologias de Informação e Comunicação (TIC) e orientou um expressivo número de teses de doutoramento e mestrado. Sua pesquisa atual está voltada nas áreas de ensino de Álgebra, Conhecimento Profissional, Prática Docente, Desenvolvimento Profissional e Formação de Professores.

Jorge Luis Costa

Possui graduação em Ciências Biológicas pelo Centro Universitário FIEO. Possui especialização em Microbiologia pela Faculdade Oswaldo Cruz e em Ensino de Biologia pela Universidade de São Paulo. É Mestre em Ensino de Ciências pela Universidade Cruzeiro do Sul – São Paulo/SP. Tem experiência na área de Educação e administração escolar, e em laboratório clínico na área de Microbiologia. É professor Titular de Ciências Físicas e Biológicas pela Secretaria da Educação do Estado de São Paulo e no Centro Paula Souza na ETEC Dr. Celso Giglio em Osasco, ministrando os componentes de Biologia e Microbiologia, além de outros componentes técnicos.

Juliano Schimiguel

Doutorado em Ciência da Computação pela Universidade Estadual de Campinas - UNICAMP, Mestrado em Ciência da Computação pela Universidade Estadual de Campinas - UNICAMP e Graduação de Bacharelado em Informática pela Universidade Estadual de Ponta Grossa. Atualmente é docente dos Programas de Pós-graduação em Ensino de Ciências (acadêmico) e em Ensino de Ciências e Matemática (profissional) da Universidade Cruzeiro do Sul - São Paulo/SP; professor do Centro Universitário Anchieta – UNIANCHIETA – Jundiaí/SP; e Associado Profissional no Programa de Educação Continuada em Economia e Gestão de Empresas (Pecege) da USP/Esalq - Piracicaba/SP.

Kelly Cristina Coutinho

Mestranda em Ensino de Ciências e Matemática – Mestrado Profissional – pela Universidade Cruzeiro do Sul. Pedagoga, Licenciada em Letras (Português/Inglês) e Artes, e Bacharel em Serviço Social. Especialista em Educação a Distância: elaboração de materiais didáticos, tutoria e ambientes virtuais de aprendizagem. Atualmente exerce a função de professora orientadora de Trabalhos de Conclusão de Curso (TCCs) do curso de Serviço Social no Grupo Educacional Cruzeiro do Sul – São Paulo/SP.

Marcio Eugen Klingenschmid Lopes dos Santos

Professor e pesquisador nos Programas de Pós-graduação em Ensino de Ciências e Matemática (profissional) e em Ensino de Ciências (acadêmico), e professor adjunto nos cursos de graduação e pós-graduação da Universidade

Cruzeiro do Sul – São Paulo/SP. Autor de materiais didáticos para a Rede Municipal de Ensino de São Paulo e para cursos da modalidade a distância. Tem experiência na área de Ensino de Matemática e tecnologias, com interesse nas seguintes temáticas: Estilos de aprendizagem, Tecnologias educacionais, Ensino de Matemática e Elementos de Probabilidade e Estatística.

Marco Antonio Sanches Anastacio

Doutorando e Mestre Profissional em Ensino de Ciências e Matemática pela Universidade Cruzeiro do Sul. Docente desde 1996, atua como Professor de Física no Ensino Médio e Professor nos cursos de graduação em Tecnologia da Informação na Universidade Cruzeiro do Sul, São Paulo/SP.

Marcos Luiz Ribeiro

Mestre em Ensino de Ciências e Matemática pela Universidade Cruzeiro do Sul. Licenciado em Matemática pela Universidade de Santo Amaro (UNISA), Pedagogo pela Universidade Nove de Julho (UNINOVE), graduado em História pelo Centro Universitário de Jales (UNIJALES). Cursou especialização em Ludopedagogia e em Formação e Profissão Docente, ambas pela Faculdade de Ciências e Tecnologia Paulistana. Atua como professor de Matemática nas redes Públicas Municipal e Estadual de Ensino de São Paulo nos Anos Finais do Ensino Fundamental e Ensino Médio; é professor orientador da Área de Matemática, ocupando as funções de professor de recuperação paralela e coordenador pedagógico.

Marcos Rincon Voelzke

Doutor em Ciências Naturais, com Especialização em Astrofísica, pela Ruhr Universität Bochum. Professor Titular e Pesquisador do Programa de Pós-graduação em Ensino de Ciências (acadêmico) na Universidade Cruzeiro do Sul (UNICSUL), São Paulo/SP.

Maria Delourdes Maciel

Possui graduação em Ciências Biológicas pela UFRGS; Mestrado em Supervisão e Currículo, Doutorado e Pós-Doutorado em Educação: Psicologia da Educação, pela Pontifícia Universidade Católica de São Paulo – PUC-SP. É docente aposentada pela UFRGS e, atualmente, é docente, pesquisadora e orientadora de Mestrado e Doutorado, supervisora de estágios de Pós-Doutorado dos Programa de Pós-Graduação em Ensino de Ciências (acadêmico) e em Ensino de Ciências e Matemática (profissional) da Universidade Cruzeiro do Sul – São Paulo/SP; líder do Grupo de Pesquisa Formação de Professores, Ensino e Aprendizagem e Construção do Conhecimento. É coordenadora do Núcleo Interdisciplinar de Estudos e Pesquisas em CTS (NIEPCTS); secretária da AIA-CTS. Desenvolve pesquisas sobre Currículo, Ensino e Formação de Professores com foco na Educação CTS.

Maria Isabel Tavares Pinheiro Martins

Professora catedrática (aposentada) de Didática das Ciências da Universidade de Aveiro, Portugal, e membro do CIDTFF – Centro de Investigação em Didática e Tecnologia na Formação de Formadores. É presidente eleita da Associação Ibero-Americana CTS na Educação em Ciência, desde 2012. Foi Vice-reitora da Universidade de Aveiro, 2004-2010. Dirigiu projetos de desenvolvimento curricular e de formação de professores em Timor-Leste, no âmbito da cooperação Portugal – Timor-Leste, 2010-2018. Consultora do Ministério da Educação de Portugal, autora de programas de Química para o ensino secundário e de formação de professores para o Ensino Experimental das Ciências. As suas áreas de investigação são: didática das ciências, educação CTS, ensino experimental das ciências, formação de professores e desenvolvimento curricular.

Mauro Sérgio Teixeira de Araújo

Mestre e Doutor em Física pela USP. Docente, pesquisador e orientador de pesquisas no Programa de Pós-graduação em Ensino de Ciências e Matemática (profissional) da Universidade Cruzeiro do Sul. Tem experiência na área de ensino de Física e de Ciências, com ênfase em abordagens baseadas na Educação CTS e em tópicos de Educação Ambiental, salientando a formação para a cidadania, o desenvolvimento de valores e atitudes, a conscientização e a construção de conhecimentos. Também realiza investigações envolvendo contextualização, interdisciplinaridade e abordagens de temas contemporâneos em diferentes níveis de escolaridade.

Mónica Ester Villarreal

Graduada em Matemática pela Universidad Nacional de Córdoba – Argentina e doutora em Educação Matemática pela Universidade Estadual Paulista Júlio de Mesquita Filho – UNESP – Rio Claro/SP. É membro do Grupo de Pesquisa em Informática, outras mídias e Educação Matemática (GPIMEM) da UNESP, coordenado pelo Prof. Dr. Marcelo de Carvalho Borba. É professora titular da *Faculdad de Matemática, Astronomia, Física y Computación* da Universidad Nacional de Córdoba, onde atua na Licenciatura em Matemática, tendo participado, ainda, da criação e atuado como diretora do Doutorado em *Educación en Ciencias Básicas y Tecnología*. É pesquisadora independente do Conselho Nacional de Pesquisas Científicas e Técnicas (CONICET) da Argentina. Atua no Programa de Incentivo a Docentes-Pesquisadores do Ministério de Educação da Argentina. Desde 2016, é a representante argentina na Comissão Internacional de Instrução Matemática (ICMI). Seus interesses de pesquisa são voltados ao desenvolvimento profissional docente, à modelagem matemática e ao uso de tecnologias digitais em contextos.

Norma Suely Gomes Allevato

Graduada em Licenciatura e Bacharelado em Matemática, e mestre em Matemática Pura pela UEL-Londrina/PR; doutora em Educação Matemática pela UNESP-Rio Claro/SP. Membro no GTERP-Grupo de Trabalho e Estudos em Resolução de Problemas, coordenado pela Profa. Dra. Lourdes de la Rosa Onuchic, vinculado à UNESP. Pesquisadora, orientadora, supervisora de estágios de pós-doutorado dos Programas de Pós-graduação em Ensino de Ciências (acadêmico) e em Ensino de Ciências e Matemática (profissional) da Universidade Cruzeiro do Sul – São Paulo/SP, este último sob sua coordenação. Nesta última, coordena o GPEAEM – Grupo de Pesquisa e Estudos Avançados em Educação Matemática. Como assessora-formadora da Secretaria Municipal de Educação de São Paulo, desenvolve atividades de formação de professores da Educação Básica. Sua experiência na área de Ensino e interesse de pesquisa, com ênfase em Educação Matemática, estão centradas na Proposição e Resolução de Problemas, envolvendo também aspectos ligados ao currículo, TDIC, ensino, aprendizagem, avaliação e formação de professores.

Priscila Bernardo Martins

Doutora e Mestra no Ensino de Ciências e Matemática. Matemática, Pedagoga e Gestora de Recursos Humanos. Especialista em Educação a Distância: elaboração de materiais didáticos, tutoria e ambientes virtuais de aprendizagem. Coordenadora adjunta do Grupo de Trabalho GT1, referente a Educação Infantil e Anos Iniciais do Ensino Fundamental da Sociedade Brasileira de Educação Matemática (SBEM). Avaliadora *ad hoc* INEP/MEC (Instrumento de Avaliação Externa – Ato Autorizativo Cursos de Graduação). Atualmente, exerce a função de docente dos Programas de Mestrado Acadêmico em Ensino de Ciências e Mestrado Profissional em Ensino de Ciências Matemática e dos cursos em Licenciatura em Pedagogia, Matemática e Física e graduações em Administração e Ciências Contábeis e participa como ponto focal da Equipe Multidisciplinar da Reitoria presencial e EAD do Grupo Cruzeiro do Sul Educacional, recebendo as comissões do MEC. Além disso, atua na Gestão Pedagógica da Plataforma Virtual de Aprendizagem do Programa de Redes Municipais da Parceiros da Educação (formação continuada de professores, coordenadores e diretores nos componentes curriculares de Matemática e Língua Portuguesa).

Regina Coeli Carvalhal Perrotta

Mestre profissional em Ensino de Ciências e Matemática pela Universidade Cruzeiro do Sul – São Paulo/SP. Possui graduação em Nutrição pela Universidade do Estado do Rio de Janeiro (UERJ) e em Gastronomia pelo CEUNSP. Docente no curso de Gastronomia no Centro Universitário

Nossa Senhora do Patrocínio (CEUNSP). Juíza Internacional de Vinhos e Sommelier atestada pela Universidade de Caxias do Sul (UCS) em parceria com a Federazione Italiana Sommelier Albergatori e Ristoratori (FISAR).

Rita de Cássia Frenedozo

Bacharel em Ecologia e Ciências Biológicas pela Universidade Estadual Paulista Júlio de Mesquita Filho, mestrado em Ciências Biológicas (Biologia Vegetal) pela Universidade Estadual Paulista Júlio de Mesquita Filho e doutorado em Geociências e Meio Ambiente pela Universidade Estadual Paulista Júlio de Mesquita Filho. Atualmente é professora titular de Ciências Biológicas e da Saúde da Universidade Cruzeiro do Sul – São Paulo/SP. Ministra disciplinas da área da Ecologia Geral, Avaliação de Impacto Ambiental e de Ecologia de Populações e Ecossistemas. Na pós-graduação é docente do Programa de Pós-graduação em Ensino de Ciências (acadêmico) com projetos na área de ensino de Ciências e Biologia e de Educação Ambiental.

Sonia Maria Martins Corsi

Mestre profissional em Ensino de Ciências e Matemática e doutoranda do Programa de Pós-graduação em Ensino de Ciências (acadêmico) pela Universidade Cruzeiro do Sul – São Paulo/SP. Possui especialização em Docência no Ensino Superior; graduação em Administração, pelo CEUNSP – Centro Universitário Nossa Senhora do Patrocínio, licenciatura em Matemática pela UNIBAN – Universidade Bandeirante de São Paulo/SP. Atuou como professora do Ensino Básico da Rede Estadual durante 17 anos na disciplina de Matemática. Atualmente é professora universitária do CEUNSP, atuando especialmente nos cursos da área de Negócios – Administração e Ciências Contábeis.

Suzete de Souza Borelli

Possui graduação em Matemática pela Pontifícia Universidade Católica de São Paulo e em Pedagogia pela Universidade do Grande ABC; mestrado em Educação Matemática pela Universidade Bandeirante de São Paulo e doutorado em Ensino de Ciências e Matemática pela Universidade Cruzeiro do Sul – São Paulo/SP, onde atua como docente nos programas profissional e acadêmico. Atuou como professora de Matemática na Rede Municipal e Estadual de São Paulo. Foi Diretora de divisão do Ensino Fundamental e coordenadora Pedagógica da Rede Municipal de Educação de São Paulo. Assessorou a elaboração de currículos da cidade de São Paulo na área de Matemática. Atua como formadora de professores e gestores pela Organização Parceiros da Educação no Programa Minha Escola é Nota 10 da Rede Estadual de São Paulo. Na formação de professores e na pesquisa, dedica-se aos seguintes temas: ensino e aprendizagem de Matemática, currículo, educação de jovens e adultos.

Talita Freitas dos Santos Mazzini

Possui graduação em Matemática pela Universidade do Grande ABC e graduação em Pedagogia pela Faculdade de Conchas; Mestrado em Ensino de Ciências e Matemática (profissional) pela Universidade Cruzeiro do Sul – São Paulo/SP. Atualmente é professora coordenadora da Escola Estadual Professora Beatriz do Rozário Bassi Astorino. Tem experiência na área de Educação, com ênfase em Educação Matemática, atuando principalmente nos seguintes temas: Educação Matemática, estilos de aprendizagem, ensino fundamental, pensamento geométrico e teoria de Van Hiele.

Terezinha Galli do Rosário

Possui graduação em Engenharia Civil pela Universidade Nove de Julho; Formação Pedagógica de Docente pelo Centro Estadual de Educação Tecnológica Paula Souza; Pós-graduação em Avaliações e Perícias pela Universidade Nove de Julho e em Segurança do Trabalho pela Universidade da Cidade de São Paulo. É discente do mestrado profissional em Ensino de Ciências e Matemática da Universidade Cruzeiro do Sul, São Paulo/SP. Atualmente é professora da ETEC – Escola Técnica Estadual ITAQUERA II e coordenadora de projetos pedagógicos da CESU – Unidade de Ensino Superior de Graduação do Centro Estadual de Educação Tecnológica Paula Souza.

Uelinton Aparecido Valeriano

Mestre em Ensino de Ciências e Matemática pela Universidade Cruzeiro do Sul – São Paulo/SP, Especialista em Planejamento, Gestão e Educação Ambiental, Licenciado em Ciências Biológicas e Química. Atualmente é Diretor de Escola na Prefeitura do Município de São Paulo. Tem experiência na área da Educação, com ênfase no ensino de Ciências da Natureza, atuando, principalmente, nos seguintes temas; ensino de Biologia, ensino de Ciências, ensino de Química, metodologia de ensino, Educação Ambiental, formação de professores e coordenação de grupos.

Vera Maria Jarcovis Fernandes

Doutora em Ensino de Ciências e Matemática pela Universidade Cruzeiro do Sul, Mestra Profissional em Ensino de Ciências e Matemática pela Universidade Cruzeiro do Sul – São Paulo/SP, graduação em Pedagogia pela Universidade Cruzeiro do Sul. Atua na formação de professores como coordenadora do curso de Pedagogia na modalidade EaD; docente no curso de Licenciatura em Pedagogia presencial; orientadora de Iniciação Científica (IC); coordenadora do Núcleo de Estágios (NUFEP); coordenadora institucional do PIBID; professora orientadora do Projeto Incluir do Grupo Cruzeiro do Sul Educacional. Docente e pesquisadora do Programa de Pós-Graduação em Ensino de Ciências e Matemática (profissional) da Universidade Cruzeiro do Sul – São Paulo/SP.

Vitor Skif Brito

Mestre em Ensino de Ciências e Matemática pelo Programa de Pós-graduação em Ensino de Ciências e Matemática (profissional) da Universidade Cruzeiro do Sul – São Paulo/SP, tendo realizado pesquisa com enfoque em alimentação e sustentabilidade ambiental; pós-graduado em Gastronomia Funcional pela Faculdade Método de São Paulo; e graduado em Gastronomia pelo Centro Universitário Nossa Senhora do Patrocínio. Atualmente exerce o cargo de professor e coordenador do Curso Superior de Tecnologia em Gastronomia do Centro Universitário Nossa Senhora do Patrocínio.

Viviane Regina de Oliveira Silva

Psicóloga pelo Centro Universitário Nossa Senhora do Patrocínio e mestre em Ensino de Ciências e Matemática pela Universidade Cruzeiro do Sul; pós-graduada em Gestalt – Terapia Clínica e Institucional pela Universidade Cruzeiro do Sul. Possui graduação em Administração de Empresas pelo Centro Universitário Nossa Senhora do Patrocínio (CEUNSP). Atuou como assessora de regulação; coordenadora do curso superior de Tecnologia em Gestão de Recursos Humanos; membro do NDE – núcleo docente estruturante de diversos cursos superiores; onde atua como docente por mais de 12 anos no CEUNSP. Tem experiência na área de Psicologia Clínica e Institucional.

Índice Remissivo

A

Aedes Aegypti 93, 94, 95, 96, 97, 98, 100, 104
Agenda 2030 29, 31, 43, 48, 57, 61, 62
Alfabetização Científica 6, 108, 109, 110, 112, 119, 121, 122, 123, 125, 132, 313
Alimentação 44, 48, 51, 61, 62
Alimento 125
Anos Finais do Ensino Fundamental 317
Anos Iniciais do Ensino Fundamental 6, 107, 320
Atividades Experimentais 109, 116, 119, 121, 122, 123, 125
Avaliação 73, 77, 90, 141, 159, 213, 214, 224, 225, 308, 314, 320, 321

B

Base Nacional Comum Curricular 71, 84, 94, 108, 130, 134, 147, 150, 166, 201, 248, 270, 277
Biologia 10, 12, 25, 27, 87, 88, 97, 103, 133, 315, 316, 321, 323
BNCC 63, 64, 65, 70, 71, 72, 79, 81, 84, 108, 112, 119, 124, 129, 134, 135, 136, 137, 147, 150, 242, 248, 270

C

Ciência 10, 16, 21, 25, 26, 27, 31, 61, 65, 68, 70, 80, 83, 84, 108, 112, 113, 130, 131, 132, 136, 150, 217, 269, 313, 316, 318
Competências Cognitivas e Socioemocionais 63
Conhecimento Científico 24, 26, 27, 30, 32, 33, 70, 80, 104, 109, 110, 112, 129, 175
Conhecimento Profissional 15, 315, 325
Contextualização 201, 307
Crítico 80
CTS 5, 10, 21, 22, 29, 30, 31, 63, 64, 65, 68, 69, 70, 71, 72, 80, 82, 84, 85, 86, 112, 113, 121, 127, 128, 130, 131, 314, 318, 319
Cultura Científica 25, 107, 109
Currículo 10, 11, 23, 107, 126, 151, 153, 154, 156, 163, 165, 167, 189, 190, 228, 243, 245, 314, 318
Curso Técnico de Meio Ambiente 5, 63, 64, 73, 82, 84

D

Deficiência Auditiva e Cidadania 12, 291, 294, 301, 302, 303, 304, 305, 306, 307, 308, 309
Dengue 103
Desenvolvimento Profissional 315
Desenvolvimento Sustentável 29, 31, 33, 44, 48, 57
Design Instrucional 11, 134, 138, 139, 142, 143, 315
Desperdício 43, 44, 45, 46, 47, 48, 49, 50, 51, 57, 60, 61, 62
Dimensão Formativa 210, 221, 222, 326
Dimensão Social 212, 223
Dimensão Utilitária 211, 212, 217, 219, 221, 222
Dimensões do Ensino 209, 223, 224

E

Educação Ambiental 315, 319, 321, 323
Educação CTS 5, 10, 29, 63, 64, 65, 68,

69, 70, 71, 72, 80, 82, 84, 112, 128, 314, 318, 319
Educação em Ciências 21, 25, 84, 108, 130, 131, 149, 289
Educação Especial 11, 312
Educação Humanista 63, 65, 66, 71, 72, 79, 81, 82, 84, 314
Educação Infantil 134, 135, 313, 315, 320
Educação Integral 64, 65, 66, 67, 71, 84, 85
Educação Matemática 5, 13, 14, 15, 16, 35, 36, 37, 42, 205, 225, 247, 265, 266, 267, 303, 305, 310, 312, 314, 315, 319, 320, 321, 322
Educação Superior 11, 205, 207, 213, 223, 224
Educar em Ciências 28, 32
Educar para a Ciência 32
Enade 6, 11, 215, 222, 224,
Ensino de Astronomia 11, 135, 148, 149, 150, 151
Ensino de Ciências 9, 10, 12, 14, 15, 22, 23, 28, 36, 37, 40, 43, 60, 61, 63, 69, 84, 85, 86, 87, 90, 105, 107, 108, 112, 124, 126, 128, 129, 130, 131, 132, 133, 135, 149, 150, 153, 167, 169, 205, 224, 225, 227, 242, 243, 245, 266, 269, 289, 291, 312, 313, 314, 315, 316, 317, 318, 319, 320, 321, 322, 323, 324
Ensino de Física 5, 82, 84, 85, 135, 151
Ensino de Matemática 10, 13, 209, 266, 267, 317
Ensino e Aprendizagem 318
Ensino Médio 6, 11, 63, 73, 104, 133, 134, 135, 136, 138, 139, 147, 149, 150, 245, 246, 317
Ensino Superior 9, 207, 209, 211, 212, 223, 224, 314, 321, 322
Estudo de Aula 18, 19

F

Fenômenos da Luz 63, 65, 73, 74, 82, 84
Física 4, 5, 10, 12, 27, 35, 40, 64, 75, 82, 84, 85, 133, 135, 151, 314, 317, 318, 319, 320
Formação Continuada 11, 165, 286, 291, 294, 295, 303, 320
Formação de Professores 5, 10, 15, 224, 289, 312, 315, 318
Formação Inicial 16, 17, 18, 35, 104, 127, 223, 308
Formación Docente 40, 41

G

Gastronomia 43, 44, 51, 320, 323

H

Habilidades e Competências 66, 102, 111, 114, 119, 206, 208, 215, 217, 219, 221, 270, 282, 287

I

Inclusão Social 113, 293, 299
Interdisciplinar 85, 228, 243, 318
Investigativo 18, 305
Itinerário Formativo 270

L

Lesson Study 15
Livro Didático 109, 110, 132

M

Matemática 4, 5, 6, 9, 10, 11, 12, 13, 14, 15, 16, 17, 22, 35, 36, 37, 39, 40, 42, 43, 60, 61, 63, 84, 87, 90, 105, 107, 131, 133, 135, 149, 150, 153,